格致社会科学

哲学与社会学的
联系

［加拿大］马里奥·邦格 Mario Bunge　著

董杰旻　译

格致出版社　上海人民出版社

译者说明

首先,我要交代一下作者姓氏的汉译问题。据我读到的中文文献来看,目前有四种译法:一是本格,二是邦奇或邦吉,三是本赫或本黑,四是邦格。在目前已出版的作者的五部译本中,除了最早一本将他译为"本格"外,后四本皆译为"邦格"。我选择译为邦格不仅仅因为"服从多数",还有更深层的考虑。

根据新华通讯社译名室编纂的《世界人名翻译大辞典》(2007年修订版),Bunge 因不同语言的不同发音而有不同译法:英语译为"邦奇",西班牙语译为"本赫",俄语译为"本格",德语和瑞典语译为"邦格",法语译为"班热"。事实上,只有西班牙语译法和德语/瑞典语译法是可取的。一方面,作者是阿根廷人,他的母语是西班牙语,而且他的中间名 Augusto 只作为西班牙语人名、葡萄牙语人名和意大利语人名出现,所以按西班牙语译为"本赫"是完全合适的(中国台湾的社会学家万毓泽也是出于这个理由,主张译为"本黑");另一方面,Bunge 这个姓氏起源于瑞典,今天瑞典仍有一个名为 Bunge 的村庄(但当地村民并未就它的正确发音达成一致)。作者父亲一脉的祖辈从瑞典迁移到德国,再从德国迁移到阿根廷,且万毓泽教授告诉我,作者以德语发音念自己的姓氏,所以译为"邦格"也合情合理。由此,我决定沿袭主流的译法,译为"邦格"。

其次,本书在诸多词语和哲学术语的翻译上与主流译法不同,因为在我看来，这些主流译法存在一定误区。所以我也逐一作出说明，它们包括：

idealism 观念主义：我拒绝了"唯心主义"这种译法，而是采用目前学界更普遍的"观念主义"。

realism 实在主义：我拒绝了"实在论"这种译法，因为-ism 往往不是具体的理论，而是宏大的哲学立场或纲领。实在主义和观念主义是最主流的两大认识论立场（就像物质主义和观念主义是最主流的两大本体论立场一样），它具有形形色色的变体，所以译成"实在论"是不妥的。不仅如此，有些-ism 还不能译为"论"，否则会造成歧义，比如 relativism 显然不是通常所说的"相对论"，evolution-ism 也有别于通常所说的"演化论"。因此，我把邦格所谓的 systemism 译为"系统主义"，以区别于"老三论"里的系统论。

-ist……主义的/-istic 唯……的：对于个别-ism 的形容词，我尝试区分了相应的-ist 与-istic。一般而言，-istic 涉及的范畴比-ist 更广，它泛指所有与-ist 有一定松散关联的立场。比如，idealist 是"观念主义的"，而 idealistic 意为"主要（甚至完全）依靠观念进行解释"。

irrational 不理性的/irrationalism 无理性主义：我拒绝把 irrational 译为"非理性的"，因为这样很难把它与 nonrational 区分开。就像 unscientific（不科学的）与 nonscientific（非科学的）一样，irrational 是指不理性，而 nonational 是指与理性无关，也就无所谓理性或不理性。类似地，为了区分 nonrationalism，我把 irrational-ism 译为"无理性主义"。

***a priori* 先验的/*a posteriori* 后验的/transcendental 超验的**：我拒绝了"先天的""后天的""先验的"这种译法。在汉语里，"先天的"和"后天的"主要是生物学意义上的词语（以分娩为界），比如先天疾病、后天性状等，而 *a priori* 和 *a poste-riori* 是指是否依赖于经验，所以"先验的"和"后验的"更佳。相应地，我把 tran-scendental 译为"超验的"。

explain 解释/interpret 诠释/construe 解读/account 说明，阐释：我拒绝把 explain 译为"说明"，因为"说明"往往是描述和解释的混杂体（比如，任何药的说明书都会有形如"本药品是白色的胶囊"的描述，任何家电的说明书都会描述它的长宽高）。construe 的本意是"对句子进行语法分析"，我把它译为"解读"。account 的译法最为复杂，根据邦格编纂的《哲学词典》，它是指对事实的描述或解释。因此，当它在语境里是描述或非机制性解释的意思时，我译为"说明"。但本书在批评各种伪科学和反科学的学说时，有多处地方出现了其他学者对account及其相关词的使用，我都译为"阐释"。

hermeneutics 释义学：hermeneutics 最初针对的对象主要是《圣经》经文，即"释经学"，后来在哲学里发展为一门围绕 interpretion 的学问。由于我把 explain 译为"解释"，所以 hermeneutics 不适合译为"解释学"。我不把它译成"诠释学"，不仅因为本书多处把 hermeneutic 和 interpretive 并用，如果两者的译法不做区分，那么译文要么显得冗余，要么只能删除一个词；而且因为邦格编纂的《哲学词典》指出，interpretion 除了涉及 hermeneutics 的意思（即猜想行动背后的意图、目标或目的）之外，也有语义学上的意思，比如揭示符号或概念的含义。因此，尽管古罗马学者在翻译亚里士多德的《工具论》时，就把 hermeneutics 的古希腊语词源与 interpretion 的拉丁语词源对应了起来，但我还是谨慎地不把两者视为严格的同义词，并把 hermeneutics 另行译为"释义学"。

truth 真：把 truth 译成"真理"其实是不当的，因为它有三个意思：作为性质而为真（being true），即"真性"；为真的命题（或理论等），即"真理"；为真的事实，即"真相"。所以"真"才是最精准的译法。当然，考虑到现代汉语的双音节趋势，我在一些语境下还是译成了"真理"，尽管换成"真相"也说得通。

concrete 具象的：我拒绝了"具体的"这种译法，因为这样不能和 particular 区分开。其实，concrete 一般与 abstract（抽象的）相反，所以应该译为"具象的"。根据邦格编纂的《哲学词典》，它就是指"物质的"（material）。

mechanism 机制，力学论/mechanismic 机制性的/mechanistic 力学论的：mechanism 除了"机制"的意思外，还可以指一种世界观，一般译为"机械论"。但结合语境和邦格的用法习惯，我认为译为"力学论"更合适。读者可参考邦格编纂的《哲学词典》里对 mechanism 的第二个释义，我在第九章也以译者注的形式翻译了出来。正因为 mechanism 的多义性且存在大量非力学的机制，所以邦格不满以 mechanistic 来表达"机制性的"，转而创造了 mechanismic 一词。因此，邦格所谓的 mechanistic 只有"力学论的"的意思。

quantitation 量化：quantitation 有"定量"和"量化"两种译法，但我认为两者有一定的区别。"定量"适用于已被普遍视为可以具有数值的概念，从而探讨它的具体数值是多少;"量化"则侧重于把被普遍视为只能定性刻画的概念转化为可用数值来刻画。在全书的语境中,几乎所有 quantitation 都是后一种意思,所以我全部译为"量化"。

measure 测度,量度/measurement 测量:根据邦格编纂的《哲学词典》,measure 有两种意思:一是数学里的"测度论"意义上的"测度",通常被用于求概率或长度、面积、体积;二是设计指标来衡量某个性质,比如用一个人每周去教堂祷告的次数来衡量其信教程度。我把这种意思译为"量度"。measurement 则是经验操作,比如用尺子测量长度,用表测量时间等。

exact 精确的:根据邦格编纂的《哲学词典》,它与 precise 是同义词。

freedom 自由/liberty 自由权:根据邦格编纂的《哲学词典》,两者是同义词。

plausible 靠谱的:plausible 的意思是"表面上挺有道理的",我译为"靠谱的"。邦格编纂的《哲学词典》提到,当假说未被检查或支持它的证据是无定论的时,参照某个知识体,可以认为它具有 plausibility。邦格认为 plausible 的同义词是 verisimilitude。

contingent 待定的:尽管 contingent 和 accident(偶然的)都与 necessary(必然的)相对,但 contingent 其实是"依赖于……"或"视……而定"的意思。《韦氏词典》认为它的同义词是 conditional、dependent、subject(to)等,而不是 accident,所以我把它译为"待定的"。邦格编纂的《哲学词典》提到,contingent 在逻辑学和语义学层面的同义词是 factual,在本体论层面的同义词是 fortuitous,但他又说 contingent 的意思很模糊,有时会被用作 conditional 的同义词。

notion, concept 概念/conception 构想:concept 是指被广泛接受或认可的概念,而 conception 是带有个人色彩的主观看法。notion 是指较为含糊的概念,在译文中我不区分 notion 与 concept。

individualism 个体主义:我拒绝了"个人主义"这种译法,因为在汉语中(特别是在官方文件报告中),个人主义有思想行为散漫、不遵守组织纪律的意思。

relevance 相干性:为了与统计学里的相关性相区别,我译为"相干性"。

economy 经济体系/polity 政治体系/culture 文化体系:我在大部分语境下把 economy 译为"经济"或"经济体",把 polity 译为"政治体"(为了与 regime 相区别,我没有译为"政体"),把 culture 译为"文化",但当邦格把社会分为 economy、 polity 和 culture 这三个子系统时,我认为无法以传统意思来翻译它们。在邦格的第四卷《基础哲学总论》第 182 页,他给出的定义是:如果 σ 是个动物社会,那么 σ 的 economy 是其成员从事着对 σ 的环境的主动且组织化的改造的子系统;σ 的 culture 是其成员从事着控制(或被)σ 的其他成员的一些活动(控制着)的精神活动的子系统;σ 的 polity 是其成员控制(或被)σ 的其他成员的社会行为(控制着)的子系统。而且从该书第 204 页和第五章第三节来看,邦格其实把 economy、culture 和 polity 当作 economic system、cultural system 和 political system 的同义词来使用,所以我译为"××体系"。

problem 难题/question 问题:因此,我把数学里所谓的"反问题"(inverse problem)译为"反向难题"。

其他个别难词我以译者注的形式在正文中加以说明。我也用译者注列出了作者在本书出版后的相关英语作品。如果读者掌握西班牙语、法语或德语,可以搜索作者后来撰写的更多相关作品。

从第一章开始,所有页下注都是我撰写的译者注。本书在极少数地方与原书有细微差异,也删去了人名索引和主题索引,还请读者见谅。

最后值得一提的是,由于作者是物理-数学博士出身,所以本书偶尔会出现一些本科程度的数学概念和物理学概念。不过在我看来,它们都非常基础,没有相关背景的读者应该随便查阅一下资料就能看懂,即便看不懂也不影响对全书的整体理解。

对于本书的任何问题,读者都可以和我交流,我的学术邮箱是 dongjm@bu.edu。

序　言

社会学与哲学的联系很古老。涂尔干认为自己的社会学为由康德和孔德提出的主要难题提出了科学解。韦伯把自己的一些分析建立在康德和尼采的想法之上。齐美尔在许多方面是新康德主义者，但他认真思考了马克思，虽然他拒绝了马克思主义。第一次世界大战后直到 20 世纪 60 年代，该联系似乎消失了。那个时代的社会学大家并不提及哲学大家的名字。帕森斯引用涂尔干、韦伯、帕累托和马歇尔并以他们的观点为基础，但他从不提及康德、黑格尔或马克思。然后，在 20 世纪 60 年代及之后，哲学大家重新出现在社会科学中。米歇尔·福柯自我呈现为忠实的尼采派，并启发了许多社会学家。令人吃惊的是，海德格尔的名字频繁出现在当代社会学写作中。现象学，这个第一次世界大战前后在德国发起的哲学运动的名字，成为在 20 世纪 60 年代的加州发展的运动的标签。

哲学与社会学的联系的历史还有待撰写，它将是观念史中的有趣话题。

撰写这种历史，并非邦格本书的目标。他的作品从这个印象开始：社会科学的状态远不能令人满意。并且他的主要论点是，诊断病人的状态并治愈疾病，科学哲学能帮上忙。通过这么做，他延续了由卡尔·亨普尔、卡尔·波普尔或欧内斯特·内格尔等科学哲学家建立并出色地例证的特殊类型的哲学与社会学的联系。

邦格的论点之一是,社会学家低估了社会学发现社会规律的能力,并过于怀疑这种规律的存在。

社会学家并不总是怀疑规律。波普尔的《历史主义的贫困》[1]的一个主要论点是,诸如斯宾塞或马克思等伟大的古典社会学家,更不用讲现代马克思主义者或受新达尔文主义启发的社会学家,都太容易相信历史趋势的存在。涂尔干提出了关于劳动分工的增加或者自杀率与一些独立变量之间关系的一些规律。

然而必须回顾的是,涂尔干的学生哈布瓦赫在其《自杀的原因》一书中表明,涂尔干所证明的关于自杀的一些规律已在几年内变为假。甚至连可能是最牢固的——至少是被最频繁援引的——经济规律,即关联着失业与通胀的所谓"菲利普斯曲线",也被证明依赖于环境变量,换句话说,为假还是为真依赖于环境。"技术进步伴随着失业"是邦格提及的规律的一个例子。它是由生产力提高会摧毁工作岗位这个"机制"导致的。但该"机制"只局域地运行。机器在这里和那里摧毁了工作岗位。但由于机器不得不被设计且不得不被维护和现代化,它也创造工作岗位。因此,平衡的迹象是个经验问题:技术进步能伴随着失业,但也能伴随着充分就业,就像第二次世界大战后的30年那样。"社会民主主义在所有地方都在失势",因为福利国家已满足了许多社会主义需求,这将是另一个规律。尽管西班牙是例外,但目前欧共体的所有政府都是社会民主党人,这是第一次。甚至连希拉克总统这个戴高乐主义者,也被施罗德总理半讽刺地恭维为真正的社会民主党人。

社会规律是存在的,但它们中的多数是模糊且一般的,并依赖于所有种类的环境变量。出于这些理由,决定社会生活中的规律,在很长一段时间里并不被认为是社会科学的主要目标。几年前,我系统性地阅读了关于发展的文献。它提出了许多规律,并启发了发展政策。它们中的多数被证明是脆弱的。[2]不过,邦格正确地让人想起存在社会规律。否则,社会将是完全不可预测的,而事实上,社会显然是可部分地和有条件地预测的。社会学家在这方面可能变得过于悲观了。

尤其有用的是邦格的这个警告:就像在其他科学学科中那样,在社会学中,

序　言

人们应该学会区分有效的理论与无效的理论。这个警告是至关重要的。如果理论的有效性维度被忽略了,社会学就只能变成糟糕的文学。邦格甚至走得更远,他在许多地方看到了学术性社会科学的许多招摇撞骗的行为。许多人实际想知道,他的"现象学"和许多其他社会学运动究竟教了我们什么,甚至它们是否教了我们或者解释了任何东西。

虽然苛刻,但邦格是对的。因此,几年前被大量引用和参考的社会学理论之一的"标签理论"教导我们,一个人从拘留所里出来时得到的评价不如他获得诺贝尔奖时高。这种"理论"不是通常科学意义上的理论。比如说,笛卡尔的折射理论解释了当棍子浸入水中时为什么看起来是断的——对这个现象的解释远非显然的,而"标签理论"则仅仅给任何社会中的任何儿童通常都熟悉的一个社会现象起了个名字。这种"理论"在社会上是有用的,因为它引起了公众对使有犯罪前科者更难回归社会的现象的关注。但它没有解释我们之前不知道的任何东西。许多其他由学术性社会科学生产的"理论"不仅未能解释任何东西,而且正如邦格指出的那样,它们连有用都算不上。

为了澄清什么使社会学理论有效这个问题,最简单的方法是思考被普遍视为启发性的且多年未被认真修订的理论。这些理论有很多。

因此,我全然从古典社会学中抽出例子。托克维尔提问为什么法国农业在18世纪末仍然停滞,而此时英国农业迅速现代化;或者为什么在相同时期,"理性"这个观念在法国比在英国更流行;或者为什么尽管现代化了,美国人仍信教而法国人或英国人变得不信教。韦伯提问为什么密特拉教本质上是通过公务员的渠道渗透到罗马帝国,就像共济会渗透到普鲁士那样。涂尔干提问为什么所有宗教都以这个或那个名字引入了"灵魂"概念,为什么在所有社会中都能观察到魔法信念——对无依据的因果关系的信念,或者为什么自杀率在政治危机时期下降。

这些非常古典的例子属于社会学的真正成就。它们提出了一些结论。

第一,我们能很容易地决定,所有上述问题都是真正的问题:答案并不比折射的原因这个问题更明显。

第二,上述问题中的一个处理"规律",即涂尔干的自杀率在政治危机时期下降这个规律,而其他问题处理**单一性**,例如美国宗教例外论——这个现象已被亚当·斯密,然后被托克维尔、韦伯和现代社会学家[3]观察到和分析过——或者处理**差异**,比如英法在农业的现代化或理性这个概念的流行方面的差异,还有一些处理**普遍现象**而非规律,比如所有宗教都包括"灵魂"概念这个观察。所以,陈述和解释"规律"仅仅是社会学的众多目标中的一个。

第三,托克维尔、韦伯和涂尔干对上述问题分别给出的答案被普遍视为有效的,因为在所有案例中,他们提出的解释都由或多或少复杂的陈述集组成,而所有陈述都是可接受的,因为它们要么是琐碎的心理学陈述,要么是有效的经验陈述。

我无法在这方面细致审视上述所有例子。所以我将简要思考最简单的一个。托克维尔解释了法国农业在18世纪的停滞是由于这个事实:法国地主比英国地主异地得多。为什么? 因为在法国当高级公务员比在英国更容易也更有吸引力:作为法国中央集权的结果,法国的高级公务员要多得多;此外,在法国当公务员会带来更多的声望、权力和影响,因为这相当于成为强大的中央国家的一部分。所以,富有的法国地主更喜欢购买王室职位,而非像英国地主那样开发自己的土地。由于这个理由,在法国没有与之等价的"以农耕为乐但不以此谋生之人"(gentleman-farmer)概念。

据我所知,托克维尔的分析从未因进一步的研究而失去资格。相反,它被延续和改进,最显眼的是被鲁特延续和改进,而鲁特在一本启发性的书[4]中承认了他欠托克维尔的恩情。

最后能指出的是,在托克维尔的分析中,他使用了后来被韦伯和熊彼特称为"方法论个体主义"的东西:要解释的宏观现象(法国农业的停滞)的终极原因是个体决策。这些决策是"可领悟的":它们的原因在于行动者为什么更喜欢购买王室职位而非开发自己的土地。显然,这些决策是在具象的社会情境下被考虑的,且平均来说,法国地主的决策不同于英国地主的决策,因为两地的情境不同,最明显的是中央集权方面。

该评说对我上文提及的所有例子也为真:所有都或隐或显地使用了方法论个体主义取径。

为了澄清"方法论个体主义"并不衍推任何原子主义本体论,一些作者提议把它限定为"结构的"(维普勒)、"制度的"(布尔里库德)或"情境的"(布东)。

序　言

　　在我看来,邦格的"系统主义"是我的"情境方法论个体主义"或韦伯的"方法论个体主义"的另一个名字。

雷蒙·布东

巴黎索邦大学

【注释】

　　[1] K. R. Popper，*The Poverty of Historicism*，London：Routledge and Kegan Paul，1957.

　　[2] R. Boudon，"Why Theories of Social Change Fail：Some Methodological Thought"，*Public Opinion Quarterly*，1983，Vol. 47(2)，pp. 143—160；*Theories of Social Change：A Critical Appraisal*，London：Polity Press，1986.

　　[3] M. Chaves and D. Cann，"Regulation，Pluralism，and Religious Market Structure：Explaining Religion's Vitality"，*Rationality and Society*，1992，Vol. 4(3)，pp. 272—290.

　　[4] H. L. Root，*The Fountain of Privilege：Political Foundations of Markets in Old Regime France and England*，Berkeley，C.A.：University of California Press，1994.

前　言

　　书名说了一切：我声称社会学与哲学联系着。此外，我认为所有科学——自然科学、生物社会科学、社会科学——都与哲学相交。那就是，科学与哲学相脱节这个实证主义论题为假。例如：社会这个概念既是哲学的，也是社会学的，因为它出现在所有社会科学中。然而，按照方法论个体主义，该概念是有问题的甚或可有可无的，而整体主义者认为它是不可分析的。有备选项吗？另一个想法居于社会学与哲学的交集，即社会具有涌现性质或超个体性质，比如具有结构。但"涌现"这个概念肯定是哲学概念，而多数人仍怀疑它。类似地，刻画社会指标这个难题既是哲学的，也是社会学的。确实，指标是被认为与不可观察变量相匹配的可观察变量，因为在一些情况下它们量度了隐藏原因的公开效应。注意前文句子中的哲学术语："不可观察的""隐藏原因"和"被认为"。任何研究社会学与哲学的关系的勤奋学者在审视社会学文献时，都会很容易探察到许多其他这样的混杂体。

　　我的论题不会令约翰·斯图尔特·穆勒或卡尔·马克思、埃米尔·涂尔干或马克斯·韦伯、约翰·凯恩斯或费尔南·布罗代尔、保罗·拉扎斯菲尔德或詹姆斯·科尔曼感到震惊，遑论欧内斯特·盖尔纳。它也不太可能令雷蒙·布东、罗伯特·金·默顿、阿尔伯特·赫希曼、阿瑟·斯廷奇库姆、查尔斯·蒂利、马文·哈里斯、内森·凯菲茨、欧文·霍洛威茨、阿马蒂亚·森或布鲁斯·崔格尔感到惊讶。然而，该论题要被一次又一次地改进和示例，因为它对主流社会学和占支配地位的哲学而言都很陌生。确实，社会学学生并不被教授哲学，且哲学家很少阅读社会科学。我在打磨斧头，因为它既钝又重要。因为做过一点社会学研究，所以我有胆量这么做。

总之，哲学与社会学相干。修正：只有一些哲学是如此，即处理在社会研究中出现的哲学问题意识的哲学。一些哲学，比如语言哲学，是贫瘠的学术游戏。还有一些哲学，比如解构主义，阻碍了研究且事实上阻碍了理性辩论。丰饶的科学哲学将挖掘关键预设、分析关键概念、改进有效的研究策略、打造融贯且现实的综合，甚或识别和帮助讨论重要的新难题。它将提出令人不安的问题，并提出虽非最终但令人信服的答案。简而言之，它将提供建设性批评和深远洞见。

例如，思考一下所谓的托马斯"定理"——实际上是个公设。它声称，人们对自己感知事实的方式作出反应，而非对事实本身作出反应。换句话说，社会行动涉及心灵过程，且社会关系经过人们的头脑。该论题为真，因为不像星星和细菌，人们根据自己的信息、信念和兴趣来行动。但它提出了这个哲学问题：它是支持观念主义，还是与实在主义相一致？乍一看，该"定理"与涂尔干的"社会事实与物理事实一样真实"这个论题相矛盾，且它似乎支持这个建构主义-相对主义观点：所有"社会的"东西都是观察者（或理论家）心灵的产物。社会事实如何能既是真实的，又是至少部分由主观经验引导的行动的结果？

我主张弄清哪个才是对该"定理"的正确诠释的方式是，观察或至少想象平常的科学的（scientific）观察者将以什么方式检验它。想必他将把主体视为真实的，提问主体他们如何看待给定的社会事实，把他们的答案与事实本身相比较，检查他们是否按照自己的信念行为，并尝试不曲解他们说的话。此外，想必探究者相信给出对主体的信念和行为的客观为真的说明的可能性。简而言之，他的行为像科学实在主义者，而非建构主义者-相对主义者或理性选择理论家——后两者都不为经验检验而费心。

实在主义者认为社会事实是客观的——甚至当社会事实包含在社会发明中，但他们也承认事实可以被不同个体不同地感知。他们也认为所有观念都是被建构的，而非现成的；他们是心理学建构主义者和认识论建构主义者，虽然不

前　言

是本体论建构主义者。简而言之,托马斯"定理"与涂尔干的实在主义之间不必有矛盾。但前者确实与涂尔干的这个唯整体论题相矛盾:社会事实在社会行动者之上发生——我们仅仅是某个高级棋盘上的棋子。人们建构社会,也建构自己在行动和理解时所运用的概念工具。所以,哲学讨论能阐明一些科学难题——尤其是也是哲学难题的科学难题。

我要感谢欧文·霍洛威茨鼓励我把这本书稿整理出来,以及劳伦斯·敏茨上乘的编辑工作。

致　谢

　　第一章和第五章是特地为本书撰写的。其他章节是对先前发表的论文的全面修订版。我要感谢世哲出版社允许我带有修改地使用在《社会科学哲学》发表的四篇论文（Mario Bunge，1991，"A Critical Examination of the New Sociology of Science，Part 1"，*Philosophy of the Social Sciences*，Vol.21（4），pp.524—560；1992，"A Critical Examination of the New Sociology of Science，Part 2"，*Philosophy of the Social Sciences*，Vol.22（1），pp.46—76；1996，"The Seven Pillars of Popper's Social Philosophy"，*Philosophy of the Social Sciences*，Vol.26（4），pp.528—556；1997，"Mechanism and Explanation"，*Philosophy of the Social Sciences*，Vol.27（4），pp.410—465）。第四章的早先版本曾在 1992 年锡耶纳大学举办的关于社会科学中的定量方法的研讨会上被宣读过，并发表在《定量语言学期刊》上（Mario Bunge，1995，"Quality，Quantity，Pseudoquantity and Measurement in Social Science"，*Journal of Quantitative Linguistics*，Vol.2（1），pp.1—10）。我要感谢普罗米修斯书社允许我使用第七章中的材料，它最初发表在《对启蒙运动的挑战：捍卫理性与科学》一书中（Mario Bunge，1994，"Counter-Enlightenment in Contemporary Social Studies"，in *Challenges to the Enlightenment：In Defense of Reason and Science*，eds. Paul Kurtz and Timothy J. Madigan，Buffalo，N.Y.：Prometheus Books)。我还要感谢纽约科学院允许我重印第十章，它曾在 1995 年纽约科学院举办的关于逃离科学与理性的会议上被宣读过，并发表在《纽约科学院年鉴》上(Mario Bunge，1996，"In Praise of Intolerance to Charlatanism in Academia"，*Annals of the New York Academy of Sciences*，Vol.775，pp.96—115)。

目　录

第一章　哲学与社会学的相干性

　　两个世纪前,似乎没有学者觉得需要证明哲学与社会研究的相干性,或其实它与任何其他探索领域的相干性。在那时,哲学与科学仍是一体的。但它们已经开始变得疏远:科学正变得越来越专业和严谨,而许多有影响力的哲学家开始在浪漫主义泥潭中打滚。

　　到了19世纪中期,哲学已失去了其对社会研究、心理学和语言学的掌控,且已远离自然科学和数学。诚然,孔德创立了一个整体哲学,但他并未从事社会研究。相比之下,穆勒是社会科学家,但他与孔德的体系保持得太近而不能算作原创的哲学家。至于马克思和恩格斯,以及门格尔和韦伯,他们同时是社会科学家和业余哲学家。但由于他们对自己的英雄——分别是黑格尔和康德——的依附,他们没有对哲学作出新奇的专业贡献。

　　一个世纪后,当卓越的社会学家保罗·拉扎斯菲尔德(Lazarsfeld, 1966: 463)能正确地抱怨"科学哲学家并不关注今天实际进行的社会研究中的经验工作"时,情形并未改善。他本可以引用波普尔(Popper, 1945[1962])对社会学的自主性的古怪论题,或者温奇(Winch, 1958)的社会学是知识理论的一个分支这个放肆断言。

　　自拉扎斯菲尔德的责骂之后,事情并未变化多少。例如,在其关于社会科学的逻辑的书中,哈贝马斯(Habermas, 1967[1988])没有引用一项当代社会研究。类似地,在其关于该主题的书中,两位美国顶尖哲学家希拉里·普特南(Putnam, 1978)和约翰·塞尔(Searle, 1995)都没有引用社会科学中的一篇论文或一本书。

他们写社会科学就像康德写地理学,即从未迈出过家门。①

　　然而,"实证"科学实际上从未获得孔德及其继承者宣称的对哲学的完全独立性。此外,能展示这种自主性不仅不受欢迎,而且是不可能的。第一,因为所有社会科学都运用哲学概念,比如事物、事物的性质、过程、知识、数据、假说、证据、真理、论证和社会等概念。第二,因为所有科学都预设了一些极其一般的原则,比如不矛盾这个逻辑原则、外部世界的真实性这个本体论原则和世界的可知性这个认识论原则。第三,因为科学哲学家注定会对社会学家研究社会事实和分析社会理论的方式作出某些贡献,无论该贡献是正面的还是负面的。回顾实证主义、历史唯物主义、新康德主义、实用主义、现象学和分析哲学施加的强大影响就够了。

　　简而言之,孔德的难题是切断连接着科学与哲学的脐带,而我们的难题是展示两者之间大而深的重叠。然而,并非所有哲学都对科学尤其是社会科学有益。例如,康德及其追随者裁决了对人的科学不可能是客观的;黑格尔和马克思主义者深陷于辩证法的神秘之中;实证主义者具有对事实的正常尊重,但具有对理论的病态恐惧;功利主义者和超理性主义者无视在个体能动性上的社会约束;后现代主义者请我们忽视事实并完全抛弃理性。所以我们仍不得不解决这个难题:如何最好地连接哲学与科学(尤其是社会学)。若用比喻的形式,该难题就是把吵闹、不育的法定结合(common-law union)转变为有序、多子的婚姻。

　　不是每个"新娘"都做得到:只有科学导向的哲学才能与科学尤其是社会学成果丰硕地互动。这种哲学能通过识别难题、分析和改进取径、阐明一般概念、发掘预设、分析和组织理论、评价检验、鼓励跨学科联系,以及揭穿伪科学和反科学的趋势,来对社会学的进步作出贡献。让我们窥视一下这些各种任务。

―――――――――――――――

① 康德于 1755 年在哥尼斯堡大学获得讲师资格后,为了生计陆续开设了许多非哲学的课程,这其中包括自然地理学。然而,康德终其一生几乎没离开过他的家乡哥尼斯堡。为了讲授自然地理学,康德参考了大量质量参差不齐的游记,这其中包括很多道听途说的内容。这也导致在他死后由他人整理出版的《自然地理学》一书中,有很多极为冷僻而难以考证的地名、动植物名和矿物名。

难题

哲学家应该具有在他人看不见难题的地方看见难题的本领。因此,他们可以帮助社会科学家识别新难题、质疑被接受的解,甚或提出以新方式来走近旧而未决的难题。这是因为真正的哲学家远非狭隘的专才,他们具有可以充当总方向或道路图的世界观。只有我们不知道我们想去哪里的时候,我们才能摒弃道路图——就像柴郡猫会告诉爱丽丝那样。

世界观可以帮我们发现我们背景知识中的漏洞,并且现存知识中的鸿沟恰恰是难题所在。这提醒我们,难题不是突然出现的,而是来自审视已知晓的东西。换句话说,每个难题都预设了某个知识体,无论它多么贫乏。这就是为什么我们知道的越多,我们能提出的新难题就越多。

虽然哲学家在提出具体科学难题上并没有特长,但他们对一般性的兴趣和他们的方法论怀疑论可以激起他们提出一些对社会学家而言是重要的问题。这里是看起来天真无邪的问题的一个随机样本:什么使人们加入志愿协会? 鉴于所有社会系统,甚至连革命党都抵制它们的变化,如何量化这种惯性? 如何定义社会秩序这个概念? 不平等是激励还是阻碍个人发展和社会发展? 所有乌托邦的社会思维是无用的还是更糟糕? 反事实思辨的用途是什么,如果有的话?

一旦发现有趣、重要且想必可解的难题,哲学家就可以在研究的一些阶段中帮助处理它。事实上,他们可以做以下事情:

1. 参照他们的一般视野并借助他们的逻辑工具,帮助澄清对难题的陈述。

2. 帮助列出处理有关难题所必需的概念手段和经验手段——如果这些手段不可获得,那么可能不得不去打造它们。

3. 帮助认知所提出的解是这样的,还是仅仅是用具体学派的黑话来表达一堆难懂的句子。

4. 帮助注意接受或拒绝所提出的解的逻辑后果。

5. 帮助识别与对所提出的解的检查相干的经验证据。

原则上，没有有趣的科学问题要问或无助于解决任何科学难题的哲学家，都不应该被科学家所注意。

取径

任何被看到的东西，都是从某个或其他视角被看到的：不存在不来自任何地方的视野。例如，社会整体能被看作不可分解的总体（整体主义），或者自主个体的加总（个体主义），或者相互关联的个体的系统（系统主义）。第四个取径被排除在外。然而，纯整体主义和纯个体主义都很难去执行，因为整体并不悬停于其成分之上，并且他们从不是完全自由地做自己想做的事情，因为他们现在被自己与他人的关系所约束和刺激。

例如，每个人都知道涂尔干是整体主义者而韦伯是个体主义者。在一定程度上，他们就是如此。例如，涂尔干假定了集体意识和集体记忆的存在，这使他成为整体主义者。但就像韦伯（以及在他之前的马克思）一样，涂尔干（Durkheim，1895[1988]：81—82）承认个体是社会的"唯一主动要素"，并且他陈述道，每当任何种类的个体结合时，它们会形成具有新（涌现）性质的事物。这两个论题放在一起，是典型的系统主义而非整体主义。简而言之，涂尔干——就像马克思一样——在整体主义与系统主义之间摇摆。

韦伯也不是一致的个体主义者：他在个体主义与系统主义之间摇摆。例如，他认为理性这个个体特性，与经济体系和政治体系协同演化。他把罗马帝国奴隶制的衰退解释为征服战争的结束的结果——征服战争是奴隶市场的主要供应者——而非奴隶主计算过的决策的结果。他关于新教与"资本主义精神"之间的联系的论题连接着个体的信念和感觉与资本主义，而资本主义是社会经济秩序，而非仅仅是资本家的加总。并且，韦伯的主要作品的标题由他含混的哲学信条所禁用的两个词组成："经济"与"社会"。简而言之，韦伯的科学作品并不遵照他通过他的朋友李凯尔特从狄尔泰那里学到的社会哲学。

那么，除了整体主义和个体主义外，社会物质还有第三个本体论，即系统主义。它是这个看法：每个事物要么是个系统，要么是某个系统的成分——当然，系统是其诸部分被一种或多种纽带维系着的复杂客体(参见 Bunge，1979b)。尤其是，社会的所有特征——经济的、文化的和政治的——都相一致。它们虽然可区分，但不可拆分。显然，系统主义既包含个体主义(由于它考虑了组成)，又包含整体主义(因为它强调了结构或组织)。

系统主义常常被误认为是整体主义，尤其是被误认为塔尔科特·帕森斯(Parsons，1951)对行动系统的模糊概念。他对系统的唯整体和唯观念版概念，以及他难懂的散文①，使"系统"一词在研究社会的学者中名誉扫地。类似的东西也适用于帕森斯的最后一个追随者尼克拉斯·卢曼(Luhmann，1990)。

但"系统"这个概念——尽管不是这个词——在社会科学中与在数学、自然科学和技术中一样有活力。理由是，每门科学和每项技术都处理着某种或其他系统，无论这种系统是概念的还是物质的：数系、函数族、流形或假说-演绎系统(理论)；诸如原子等物理系统，或诸如电池等化学系统；细胞、多细胞有机体、心血管系统、神经系统或生态系统；机器或通信网络；以及诸如商业企业、学校、宗教团体、军队、政府或非政府组织等社会系统。因此，就因为"系统"一词与帕森斯或卢曼的关联而试图回避它，就会像只因为"民族"(nation)一词被民族主义者滥用而抵制它一样。

"系统"这个概念对社会学来说是核心概念，因为每个人都是几个"圈子"(系统)的一部分，且在不同系统中行动时行为得有点不同。系统继而被其成分所影响。简而言之，在某个系统之外没有能动性，且没有能动性就没有系统。因此，把个体定义为在自我存在的社会网络中的节点——马克思的做法——与把个体刻画为更高层次的实体的被动玩具一样错误。没有人就没有网络，且没有人在所有网络之外。

诚然，一个具体的个体可以被识别为特定类别族中的每一个的成员。但反过来，每个类别被定义为具有特定共同性质的个体的集合。虽然出于分析目的，我们可以聚焦于个体或整体，但在现实中，每个个体都是整体的一部分，且每个整体都凭借其成分的行动而存在和变化。因此，个体主义和整体主义可以被视

---

① 值得注意的是，英语的"prose"一词要比汉语所谓的"散文"文体更宽泛，它其实泛指诗歌以外的任何文字作品。

为系统主义的成分或投射。个体主义强调组成并忽视结构,而整体主义最小化了这两者——且它们都忽视自然环境和社会环境,以及使系统运行起来的机制。只有系统主义者把社会系统分析为其组成、环境、结构和机制。任何这么做的人都是系统主义者,即便他不这样称呼自己。

我主张,对任何对社会结构感兴趣,且尤其对维持或改变该结构的机制感兴趣的人而言,系统主义都是要采取的自然取径。理由很简单,每个结构都是某个或其他系统的结构:与不存在无结构的系统一样,不存在结构自体。不久将有更多关于这方面的内容。

一般概念

哲学家就像数学家一样,专攻一般观念。尤其是,他们处理超一般概念,比如事物与性质、系统与成分、空间与时间、变化与稳定、因果关系与机遇、含义与真理、数据与假说、确证与反驳、价值与规范这些概念。所有这些哲学概念和更多概念都出现在社会学中。因此,对它们的澄清应该对社会学家而言是重要的和有价值的,由于它们既棘手又核心,所以更是如此。

以"社会结构"这个概念为例。虽然它对社会学且其实对所有社会科学都是核心概念,但极少有甚至没有社会学家以清晰的术语定义它。这里是哲学家能帮上忙的地方。他们可以从指出"社会结构"仅仅是"结构"的明细开始,由此很方便地通过阐明后者来开始。让我们动手吧。

在数学和其他高等科学中,结构被诸如集合和系统等复杂客体述谓,即复杂客体 X 的结构等于 X 的诸成分间的所有关系的集合。实际上,这就是可以被称为 X 的**内结构**的东西。如果 X 碰巧嵌入在环境中,那么 X 的诸成分与其环境之间的关系可以被称为 X 的**外结构**。并且两个集合的并集构成了 X 的**总结构**。

如果 X 碰巧是个社会系统,那么 X 的**社会结构**就是 X 的总结构。例如,商业企业的社会结构等于其诸成分间的工作关系加上该企业与其客户、供应商、律师和外部顾问间的商业关系。

然而,这不是故事的结局,因为存在两种关系:对关系项产生影响的关系和对关系项不产生影响的关系。前者可以被称为**纽带**（bonds）或**关系**（tie）。例如，婚姻、就业、贸易、教育和政治忠诚都是纽带。相比之下，时空关系并不影响关系项，它们最多可以使纽带变得可能或不可能。因此，社会系统的结构能被分成两个互补的集合：由纽带或关系组成的集合，以及由非纽带性关系组成的集合，比如更年长或更富有的关系，或者介于两个给定个体之间的关系。

如果接受先前的定义，那么诸如"年龄结构"和"收入结构"等表达就被证明是不正确的。由于它们由等价的年龄或收入等类别族组成，所以应该分别被称为"年龄等价类"和"收入等价类"。

显然，"社会结构"这个概念只是引起哲学难题的许多关键社会学概念中的一个。这堆概念中的其他概念有能动性、功能、理性、权力、社会阶级和社会进步。例如，每个行动都是个体的吗？或者，讲起社会行动，是合乎情理的吗，如果合乎情理，是在什么意义上合乎情理呢？就因为功能主义的缺陷，我们应该摒弃"社会功能"这个概念吗，或者每当我们描述具体的社会系统做的事情时，都意会地使用了它吗？"理性"是个毫无歧义的术语，还是它指定了许多不同概念？什么是影响和权力：是事物还是关系？如果是后者，在什么意义上你能讲起权力来源？在什么意义上，如果有的话，社会阶级比生物物种更真实（或不如生物物种真实）？如何定义"社会进步"这个概念：定义为等价于经济增长、技术进步、授予政治选举权、社会不平等的减少，或者生活质量的提高？这些问题中的每一个都不仅仅是科学的-哲学的：它还是意识形态的。这提醒我们，即便是严谨科学的社会研究，也能是意识形态雷区——这是在哲学上保持警觉的好理由。

一般预设

所有研究，无论是经验的还是理论的，都参照一些逻辑的、本体论的和认识论的预设或意会假设而进行。例如，对清晰性和逻辑一致性的需要，通常是理所当然的——当然，后现代主义者除外，他们以"弱思想"为荣。此外，多数社会科学家都承认存在不可还原的社会事实——那就是，虽然由有机体生产，但不像吃饭或感觉疼痛那样的生物性事实。这一预设远非显的，且事实上它被试图把社会科学还原为生物学的社会生物学家拒绝了。但这些人不能解释社会发明，比如集团公司、大学或体育俱乐部，不能解释种类繁多的社会秩序，也不能解释社会革命，比如农业的引入、国家的涌现、工业革命、群众扫盲、民主、奴隶制的废除、土地改革或刚刚开始的信息革命。毕竟，这些过程都不能被追溯到基因组的变化。

另一个重要的哲学预设是，存在社会总体（系统），而它们的特色是不能被归因于人的涌现性质，比如社会流动、经济增长和政治稳定。诚然，激进个体主义者拒绝了涌现假说，但他们这么做的代价很高：不能理解为什么同一个体因在不同社会系统中或者在相同系统中晋升或降职而扮演不同角色时，可能会有不同的行动。

此外，除非参考相同系统中的其他人，否则"社会角色"或"社会功能"这个概念说不通。例如，思考一下办公室勤杂工、学徒、职员、领班、销售员或经理等角色。每个工作描述都规定了该工作持有者应该实施的与该系统的其他成员有关的任务。例子："个体 B 是公司 C 的执行官，当且仅当 C 中除了 B 以外的一些成员向 B 汇报，且 B 被授权给予他们可能改善其绩效的指导。"因此，系统的任何成员的行动只有与该系统的其他成员的行动有关才"说得通"（是有功能的）。

科学的（scientific）社会学进一步的哲学预设是，社会独立于社会学家而存在。这是科学实在主义的本体论成分。其认识论伙伴是这样一个论题：社会事实至少能被粗略地知晓——或者等价地，存在客观的社会学真理，尽管在多数情况下是部分的。

这些论题与主观主义尤其是建构主义（第九章将遇到它）相矛盾。但当然，它们在任何科研中都是固有的。确实，假如不存在社会事实，就不可能研究它们，且如果我们不希望从它们的研究中学到任何东西，我们就不会费心。

但就像在前言中论证的那样，实在主义与所谓的托马斯"定理"相一致，而按照该定理，凡是被视为真实的东西，都会被对待为仿佛真实的。换句话说，不像多数其他动物，人们并不对真实事实作出反应，而是对他们看待真实事实的方式作出反应。尤其是，不像物理关系，社会关系经过人们的头脑。例如，政治老板与政治客户之间的关系，并非简单地就是领导人与投票者的关系。确实，老板期望来自其委托人的忠诚以换取他能通过使用或滥用自己的权力而给予的恩惠，且客户在某个实际上可能是滥用公共物品的公共恶人的人身上看到了可能的恩人。承认托马斯"定理"的真性，并不涉及对主观主义的让步：它只是把主观经验添加到需要客观研究的事实领域中去。

一般假说

反对以科学取径研究社会事务的人否认社会规律的存在：他们认为社会研究必然是个殊的（ideographic）或具体化的，而非通律的（nomothetic）或一般化的。但我们确实知道一些社会规律。这里是个随机样本：

1. 出生率与婴儿死亡率直接相关，并与生活水准负相关。

2. 社会变迁在异质社会中比在同质社会中更频繁，并且异质社会的分层更深入、更明显。

3. 经济权力的集中伴随着政治权力和文化权力的集中。

4. 社会系统的凝聚力与其成员在各种群体和活动中的参与成正比，且隔离减少凝聚力。

5. 现代化趋于用核心家庭取代大家庭。

6. 所有组织都会衰退，除非时不时大改造。

7. 贫困使生理发育迟缓。

8. 营养不良和缺乏技能阻碍生产率的提高。

9. 明显的社会不平等阻碍经济增长。

10. 可持续发展同时是经济的、政治的和文化的。

除了这些社会学规律、社会经济学规律和生物社会学规律外，还有一些经济学规律，比如报酬递减规律，以及政治学规律，比如托克维尔定律——人们不是在压迫最严重的时候造反，而是在压迫开始松懈的时候造反。所以社会科学既是通律的，也是个殊的。

不过，必须承认的是，与物理学和化学的规律集相比，已知社会规律集很微小。其中理由有很多。理由之一是，人类事务相当混乱，因为它们最终是由个人行为导致的，而个人行为很少是完全理性的且常常相互矛盾。另一个理由是，通常在错误的地方,即在诸如统计和时间序列等数据的集合中寻找规则性。虽然这些数据可能表明一些经验规则性,但它们不太可能指向严格意义上的规律。理由是,同一规律与一大堆备选的轨迹或历史相一致,而这些轨迹或历史由于初始条件或边界条件的差异而彼此不同。

真正的规律陈述是由数据来检验的,但不是由数据来生成的。它们必须首先被猜想,然后被检查。相似情况:直到牛顿发明了他的三大定律陈述,并对照着他所知道的少许运动学规律进行检查,这其中有伽利略定律和开普勒定律,理论力学才诞生。他不可能从这些低层次概括中推断出三大定律,即便只因为后者并不包括质量和加速度这两个关键高层次概念。

简而言之,即便假设所有社会行为都是遵循规律的(lawful),这也并不能得出,这些规律能从对社会数据的阅读中(即对社会行动的结果的描述中)推断出来。不像经验概括,真正的规律陈述是理论的:它们要么是公理,要么是假说-演绎系统中的定理,比如一般均衡理论。

然而,经验概括和规律不是社会科学中唯一的一般陈述。一般陈述还包括社会规范,那就是,带有解决社会难题这个意图而采取的行为规则。不像规律,规范是社会发明,故而它们能偶尔被打破并最终被丢弃。

理论

数据狩猎-采集者不信任理论,并把理论与研究相对立——仿佛理论研究并不存在。这个对理论的不信任有两个根源:一是实证主义,二是"宏大理论"的失败,比如斯宾塞、狄尔泰和帕森斯的理论。但一些尝试的失败并不证明所有把社会知识组织成理论族的努力的失败。所讨论的失败只表明,要从打造默顿(Merton,1949[1957])所谓的"中层理论"开始。这些是一般性程度介于通用的"宏大理论"与适用于狭小范围的事实的理论模型之间的理论。

哲学家本身并不具备建立社会理论的能力。然而,他们分析各种领域现存的和不复存在的理论的经验,应该允许他们提出支持理论建构的如下规则。

1. 从识别一种社会事实——或者相当于一类社会系统,比如家庭、帮派、商业公司或政党——开始。

2. 选择被指称项的一些特征(性质),即看起来很突出且可能与其他特征有关的特征。

3. 用精确的概念(比如集合或函数)表征每个特征。

4. 猜测因此产生的诸概念间的关系——比如"集合 A 包含在集合 B 中","函数 f 把集合 A 映射到集合 B","函数 f 的变化率与 f 本身成正比",或"个体从群体 A 到群体 B 的过渡(流动)频率,与 A 和 B 之间的距离或不相似性成反比(这个距离等于差集 A\B 的基数)"。

5. 把这些假说与相干社会指标结合起来,以获得能面对相干经验数据的命题。那就是,操作化这些假说。

6. 让操作化了的假说面对有关经验数据。

7. 评估理论与证据之间的差异:检查它是否显著,如果是,估计误差。

8. 根据与数据或其他理论的不一致,实施必要的修正。

9. 把理论或模型应用到除了产生它的难题以外的其他难题。

10. 把理论或模型推广到包括更多变量或适用于更多种类的系统。

简而言之,社会科学哲学家可以为恢复经验研究与理论研究之间的平衡做出贡献,从而帮助避免没头没脑的数据收集和狂野的臆断。

理论与数据的桥梁:指标

所有社会科学家都同意社会指标的重要性。但对于指标是什么仍没有共识。这个缺陷的理由可能是,该难题不是技术的而是哲学的。确实,指标是被认为显现了潜在的或不可观察的性质或过程的可观察变量。简而言之,指标是不可观察特征的征兆。例如,长寿表示生活质量,国内生产总值表示经济活动,投票者投票率表示政治参与,引用次数表示智识影响。

然而,相信指标只引起认识论难题和方法论难题,就太幼稚了。它们也提出因果关系的难题,而这是本体论难题(或形而上学难题)。确实,在许多情况下,征兆是深层(常常不可观察)原因的结果。例如,健康不良可能是由营养不良导致的,而营养不良本身往往是贫困的结果;技术进步可能会减少就业;政治骚乱是经济不满或政治不满的显现,等等。在所有这些情况下,可观察变量(发病、就业率、骚乱频率)的变化被用于推断对应的未被观察到的变量(营养不良、技术创新、不满)的变化。然而,这种因果链接不是理所当然的,因为有时(尤其在社会事务中)同一事件可能由于不同原因。这对疾病、失业和街头暴力示威也成立。由于这种多元因果关系,当提出或使用社会指标时,方法论警告就来了。

指标能是定性的或定量的。例如,政治稳定是满意或镇压的歧义指标。另一方面,联合国的人类发展指数是定量的。指标另可分成经验的和理论的。如果有理论表明理论指标表示了它意图展示的东西,那么该理论指标就被该理论证成了。迄今为止,多数社会指标是经验的。相比之下,一些经济指标是理论的。例如,价格弹性——被定义为需求对价格的偏导数——是消费者为商品支付更高价格的意愿的精确指标。

物理指标和化学指标是可靠的,因为它们被理论支撑着,而该理论中的可观察变量,比如磁针的偏离角度,是电流强度的精确函数。相比之下,多数社会指标是有问题的,因为它们不被理论支撑。结果便是,它们趋于歧义或有偏。在任何一个情况下,它们都引发哲学分析。例如,思考一下福利指标这个难题。标准的福利指标是货币-收入。然而,收入是输入而非输出。可以肯定的是,输出——福利——依赖于输入。但后者不只是货币-收入:事实上,它包括诸如医疗护理、教育、工作环境(有压力的或刺激性的)和社会地位等非经济变量。所讨论的输出是生理适应度,它包括伴随着工作满意度的低压力水平。

例如,儿时的营养不良和糟糕的医疗护理导致迟缓生长、高发病率和高死亡率,而这解释了低劳动生产率,而它继而有助于解释经济欠发达。顺便一提,这是罗伯特·福格尔(Fogel, 1994)关于经济增长、人口理论和生理学的引人注目的诺贝尔讲座的主题。除了别的以外,我们从中还学到,人口的平均死亡率与体重指数[该指数等于体重(公斤)除以身高(米)的平方]的关系图呈 U 形并在 25 时最小。结果便是,平均最佳体重等于 25 乘以平均身高的平方。我们还学到,法国大革命时期法国男性的平均体重和身高分别为 50 公斤和 1.63 米。

作为迟缓生长的后果,这继而是由营养不良导致的,约 20% 的人口每天只能做不超过三小时的轻活——由此当时的乞丐比例很高(也可参见 Tilly, 1998)。

这个故事在几个方面对社会元理论而言是重要的。第一,它表明当结果可观察时,良验证的(well-corroborated)因果关系能充当稳健的指标。第二,社会学家忽视生物特征和经济特征是考虑不全的——就像他们试图把社会学还原为生物学或经济学是错误的一样。学术领域的划分无需映射社会领域的划分。

理论间的桥梁

关于各门社会科学的标准看法是,它们互相独立。专攻一般性的哲学家可能指出,这个孤立是人为的且有害的,因为所有社会科学都研究同一事物,即社会事实。这并不能衍推出理性选择理论家赞成“经济学帝国主义”纲领是正确的,按照该纲领,所有社会事实最终都是由计算过的选择导致的,由此所有社会研究都可还原为对个体行为的研究。我将在第五章中论证,这个纲领表现得与人类社会生物学试图把社会科学还原为生物学尤其是遗传学一样贫瘠。

所有社会科学以不同方式处理相同材料这一事实,只表明它们之间一定存在桥梁。事实上,存在几座这种桥梁或科际科学(interscience),比如社会心理学、生物经济学、社会经济学、政治社会学和经济史。此外,至少有两门社会科学,即人类学和考古学,审视它们所研究的社会系统的所有方面,从亲属关系到生产,到贸易,到政治组织,再到价值与信念系统,并把这些关联起来。

总之,诸社会科学是一体的,并非因为它们都被还原为一门更基础的科学,比如生物学或心理学,而是因为它们凭借它们之间的桥梁构成了一个概念系统。这个概念系统性继而反映了主题的系统性,即社会的系统性。可以肯定的是,我们必须区分社会的各种子系统——生物的、经济的、政治的和文化的——但我们不应该拆分它们,因为它们彼此强烈地联结着。结果便是,一些初始局限于特殊科学的变量,最终被科际科学处理。例如,生育率依赖于经济地位和教育水平,且它能通过政治措施来调控。

价值与道德①

马克斯·韦伯给社会学家的回避价值判断这一禁令,有其哲学根源。这是休谟的情绪主义②或主观主义的价值观和道德观,认为价值和道德是纯品位问题。由于情绪主义没有为价值评定的明显认知成分创造一席之地,所以韦伯的规则是可疑的。此外,如果坚持这一点,就会导致文化相对主义——在所谓的后现代主义者中很时髦的看法——所有文化都是等价的,由此不可能存在社会进步。确实,"采取这种立场必须付出的代价是,除了纯主观的依据外,使谴责甚至最自私和最具社会摧毁性的观念和行为,并为这些观念和行为提出备选项都变得不可能。它没有留下为改善全人类而采取行动的基础"(Trigger,1998:5)。

可以肯定的是,韦伯不是文化相对主义者。相反,他强调现代化带来的总体进步,并控诉容克在德国东部巩固了社会落后性。韦伯在社会学中布道价值中立的动机,是纯方法论的:他希望维护客观性,而这确实是科学取径的核心成分。遗憾的是,韦伯混同了客观性与无偏性。让我用一个例子为之立论。

研究印度教的社会学家应该陈述,这个宗教证成了种姓制度。这是众所周知的事实,且韦伯(Weber,1920—1921:Vol.2,Chapter 1)明确指出了它。但这无需到此为止:没有什么能阻止客观的社会学家指出种姓制度中固有的压迫和道德堕落,并宣称相竞争的平等主义宗教(诸如基督教和伊斯兰教等)与平等主义准宗教(诸如佛教和耆那教等)的社会优越性和道德优越性。③然而,迪蒙

---

① 读者可进一步阅读 Mario Bunge, "Did Weber Practise the Objectivity He Preached?", in *Max Weber's "Objectivity" Reconsidered*, ed. Laurence McFalls, Toronto: University of Toronto Press, 2007。

② 情绪主义认为诸如"善"(good)等价值判断仅仅提出情绪或态度,并不传达任何信息,也就无所谓真假。所以它们相当于"哇"等语气词。

③ 由于原始佛教、耆那教、道教、儒教等没有神祇的信念,所以邦格把它们视为世俗意识形态,而非严格意义上的宗教。读者可参考 Mario Bunge, "Religion", in *Philosophical Dictionary* (enlarged ed.), Amherst, N. Y.: Prometheus Books, 2003; *Political Philosophy: Fact, Fiction, and Vision*, Chapter 4, New Brunswick, N.J.: Transaction Publishers, 2009。

(Dumont，1966：52)声称"种姓是心灵状态"——他忽视了这个事实：直到不久前，任何试图在种姓制度中向上爬升的行为，甚至从鞋匠爬升到裁缝，都会受到死亡的惩罚。简而言之，科学客观性与伦理有偏性和政治有偏性相兼容。

想必韦伯没有意识到，他所布道但几乎未实践的本体论个体主义和方法论个体主义有个道德相伴物，即自私——就像卑微的顺从主义是整体主义的道德相伴物一样。另一个例子：马克思采取辩证法，即冲突的本体论，导致他陈述"暴力是历史的助产士"。万幸的是，他没有足够一致到称颂贩卖战争。但遗憾的是，在冷战中，有些虚伪者一边布道国际和平共处，却一边教授战争哲学。也有些政府在全世界支持与自己同属一个阵营但政治体制截然相反的腐败国家。意识形态能掩盖事物，也能揭示事物。

总之，科学的社会学家不能忽视价值和道德，而应该客观地识别和研究它们。并且为了在这项事业中成功，他们不能不使用某个价值理论和道德哲学。

结论

科学已解决了一些最艰难的哲学难题。例如，什么是物质、生命和心灵，空间、时间和机遇？类似地，所有最深刻的科学难题都涉及某个哲学。例如，什么是社会：加总还是系统？社会生活中什么更重要：争斗还是合作？社会事实如何被最好地研究：科学地还是释义学地？数学建模对理解社会事实是必要的、充分的，还是都不是？既然如此，没有一点哲学，这种难题就不能被成功处理。

因为他们是职业的通才，所以哲学家应该对社会科学的一般观念自然地感到好奇，并且因为他们应该掌握特定的形式工具，他们对分析一般观念这个任务也应该是擅长的。然而，这些期望很少得到满足：事实上，多数哲学家对当前的社会研究漠不关心，甚至在假装写社会研究时也是如此。

多数哲学家在认真考虑并着手处理社会科学的哲学问题意识上的失败，具有糟糕的结果。它导致多数社会科学家对哲学感到冷漠或不屑，而在处理他们遇到的一些哲学难题时,既没有一般的哲学观,也没有诸如形式逻辑和语义学等哲学工具的帮助。

这种对社会学/哲学的交界面的现状的即时诊断提出了补救措施:让哲学家熟悉社会研究;让社会学家尝试为自己的学科的哲学作出贡献;让这两个群体的人一同相处,并交流谜题、方法、猜测和发现。

第二章　机制[①]

　　如果希望理解真实事物,无论是自然的、社会的、生物社会的还是人工的,我们就必须查明它如何运行。那就是,真实事物及其变化是通过揭开其机制来解释的:在这方面,社会科学并不异于自然科学。因此,分子运动解释蒸发,发酵解释葡萄转变为酒,合作解释协调。以下例子应该有助于为之立论。

　　医保为所有加拿大居民服务的方式是这样:每当你需要医疗护理时,你把你的医保卡给你选择的医生或医院,无需直接付任何钱就会得到治疗。医生或医院向省政府收费,而省政府从税收中付费。这两个涉及病人-照料者关系和照料者-政府关系的交织着的过程,构成了加拿大医保的机制。就像所有其他社会过程一样,该过程在两个层面上发生:微观社会层或个体层,以及宏观社会层或集体层。

　　第二个例子:如何解释贫困与失业之间的强正相关? 人们是因失业而贫穷,还是因贫穷而失业? 结果是,这两个简单的因果箭头都是过分简化的,即便只因为它们忽略了一个关键因素,即营养不良,而营养不良降低了人的生产率(参见诸如 Dasgupta and Ray,1986;Fogel,1994)。这表明所讨论的相关性是一个更复杂的社会过程的结果。一个可能机制是这个因果循环(又称正反馈回路):贫

---

① 读者可进一步阅读 Mario Bunge,2004,"How Does It Work? The Search for Explanatory Mechanisms",*Philosophy of the Social Sciences*,Vol.34(2),pp.182—210;2004,"Clarifying Some Misunderstandings about Social Systems and Their Mechanisms",*Philosophy of the Social Sciences*,Vol.34(3),pp.371—381。

困→营养不良和缺乏技能→边缘(marginality)→失业→贫困。

然而,对社会机制的研究非常少。例如,在 1975—1995 年间《社会学年鉴》(*Annual Review of Sociology*)上发表的综述文章中,没有一篇是专门处理社会机制的。这个忽略至少部分是由于经验主义科学哲学所预示的研究策略吗?按照该策略,科学的唯一目的是收集数据并把它们精简为经验概括,回避猜想在可感知的事实之下的隐藏机制,故而回避解释对应的数据。这个怀疑激发了对机制(尤其是社会机制)与解释的当前哲学探索。这个探索需要阐明一些关键概念,比如系统、过程、机制,以及经由揭开驱动(或阻碍)自然系统或社会系统中的过程的机制的解释。

机制的重要性

让我们从指出这一点开始:自自然科学被力学所主宰的 17 世纪以降,对机制的最初概念已被相当大地拓宽了。(对于力学论世界观在物理学本身中的衰退,参见 D'Abro, 1939。)确实,当代科技所研究的一些机制是力学的,但多数不是。确实,存在多种机制:电磁的、核的、化学的、细胞的、细胞间的、生态的、经济的、政治的,等等。例如,包含与排斥、冲突与合作、参与与隔离、强制与反叛,都是显眼的社会机制。模仿与贸易、移民与殖民化、技术创新与各种社会控制方式也是如此。类似地,诸如学校、商业企业或政府部门等正式组织的办事方式(*modi operandi*),也是社会机制。

例如,默顿(Merton, 1957:111)猜想了各种"社会机制(比如地位排名、权力和权威的分配,以及私人领域的创造的运转),而它们有助于表述在角色丛(伴随着地位的角色的集合)中的人们的期望,从而使地位的占有者面对的冲突要比这些机制不运行时少"。蒂利(Tilly, 1998)分析了导致和维持社会不平等的四个机制,并把它们关联起来,他把它们称为剥削、机会囤积(获得对资源的垄断)、模仿和适应。请注意,默顿和蒂利提到的机制不是事物而是过程,即状态变化。在下文提出的对机制这个概念的定义中,这一点是核心。

任何涉及指称机制的解释,都可以说是**机制性的**。这个限定词区分了严格意义上的解释与仅仅殊相在共相下的涵摄——就像在新实证主义者提出的对科学解释的标准"覆盖律模型"中那样。遗憾的是,这个区别只是偶尔被划出(比如Bunge, 1959 [1979]; 1964 [1998]; 1967 [1998]; 1983b; Wallace, 1983; Athearn, 1994)。但它应该是显然的。确实,特定事实以其发生的方式发生因为它是概括的一个例子,这个陈述根本不是解释,因为它没有提供任何理解:它就是把所讨论的事实识别为给定概括所定义的类别的一个成员。

例如,推理某人注定最终会死,因为他或她是人而碰巧所有人都终有一死,这正确但没有启发性。虽然在逻辑上无可挑剔,但这个论证是无启发性的,因为它并不指向任何机制。为了理解为什么人一定会死,一些科学家正试图揭开衰老和死亡的机制,比如反复的脱氧核糖核酸损伤和脱氧核糖核酸重排,以及意外和细胞凋亡(基因设定的死亡)。类似地,众所周知,存在两个主要的自杀机制,而它们有时强烈地耦合着:临床抑郁症和社会边缘。

又一次,(平等的)三人组趋于不稳定,这个陈述涵摄但并不解释为什么这个或那个具体的商业或政府三巨头没有持续下去。当然,确实解释了平等的三人组的不稳定性的东西是,三人组中的两个成员可能会合伙反对第三人:在这个具体案例中,机制是联合。相比之下,在不平等的三人组中,第三人可以分裂、利用要不然巩固最初的二人组,这依赖于他们启动的过程——例如助长异议、仲裁或建立桥梁(Simmel, 1950:87—169)。在这两种情况下,第三人(tertius)注定会改变在二人组中运转的一些机制,无论是通过从中捣乱还是通过充当缓冲剂、润滑剂甚或黏合剂——沉溺于工程学比喻。

机制性解释不仅异于仅仅涵摄,而且异于释义学派或领悟(Verstehen)学派赞成的"理解性"说明或"诠释性"说明。按照这个看法,理解社会事实就是"诠释"它,那就是,展示(实际上是猜测)它对所讨论的行为体具有的"意义"(实际上是目的或目标)——就像诠释文本一样。领悟操作被各种解读:狄尔泰解读为共情,韦伯解读为对目的的归因,帕累托和布东解读为对驱动着行为体的理由的重建,无论理由是好是坏。无论是哪个版本,产物都是直觉的、不可由经验检验的猜想,而非可检验的科学假说。确实,社会科学家本身——尤其是历史学家——并没有工具来"进入人们的心灵"——尤其是如果像涂尔干、帕累托和韦伯那样拒绝心理学的帮助的话。

此外,对领悟的调用并不指称任何**社会**机制,它只暗示了个体行动的内在(心灵)来源,无论是不是社会的。例如,陈述我"理解"(领悟)为什么二等兵约翰尼当逃兵,因为假如我处在他的局面,我也会当逃兵,或者他当逃兵是因为他一定想活下去,这可能为真。但在这两个情况下,都没有猜想或发现任何严格意义上的机制:两者都是以日常语言和平民心理学术语进行描述。因此,释义学家见谅,在社会科学中,领悟(理解或诠释)不能取代解释:它顶多可以暗示探究,或者出于启发式目的或教学式目的而补充严格意义上的解释。然而,鉴于狄尔泰和韦伯在方法论问题和哲学问题上的晦涩,对他们的释义学作任何释义,都是可商榷的(参见 Schelting,1934;Albert,1994;Bunge,1996)。①

最后,机制性解释也异于功能性解释或目的论解释,就像"特征 A 是为了功能 B 而演化出来的(或被建立的),而功能 B 对(生物或社会)生存能力是必要的"那样。确实,猜想特定系统被某些机制驱动着,并不涉及参考适应或价值,尤其是对给定系统或某个其他系统的有用性,因为有机体或社会系统的特定特征可能是适应不良的,所以更是如此。有趣的新事物或事物的新性质的涌现,当然应该根据某个或其他机制来解释,但未必通过参考它的价值,因为其价值可能是零甚或为负,而非为正。②(例如,美钞不能是蓝色而非得是绿色吗? 为什么每个社会中都存在功能失调的机制? 为什么学术界要通过生产和扩散"后现代"冗繁天书来摧毁自己呢?)

可以肯定的是,一些人类行动是目的明确的,但指出其(已知的或猜想的)目的、功能或有用性,只实施了部分工作。我们还需要知道(或猜测)关于可能带来意欲的目标或阻止其实现的机制的某个东西。例如,陈述采取紧缩的货币措施来抑制通胀是不够的,我们还必须知道这种措施是否有效——那就是,给定原因是否具有预期结果。此外,如果紧缩的信贷控制在给定案例中被证明对抑制通胀是有效的,那么我们还需要知道它是否可能不具有可怕的事与愿违的负效应,比如大规模失业甚或社会动乱以及相伴而来的对民主制度的威胁。并且所有这

---

① 读者可进一步阅读 Mario Bunge,*Philosophy in Crisis：The Need for Reconstruction*,Chapter 6,Amherst,N.Y.：Prometheus Books,2001。

② 读者可进一步阅读 Martin Mahner and Mario Bunge,2001,"Function and Functionalism：A Synthetic Perspective",*Philosophy of Science*,Vol.68(1),pp.75—94。

些都需要恰当的宏观社会经济学理论,而该理论迄今为止避开了经济学家——也许因为他们通常无视在所有大型社会变迁之下的复杂社会-经济-政治机制。除非这种机制被知晓,否则对应的变迁仍未被解释。并且除非机制被知晓,只要是粗略的,否则它不能被高效地调控。这对社会系统以及脑、汽车和事物都成立:没有机制,就既没有理解,也没有高效控制。这就是下文要详述、讨论和例证的主要论题。

机制:一般而言

我规定**机制是具象系统中的过程**,它能在作为整体的系统或其一些子系统中带来或阻止某个变化。简而言之,机制是使复杂事物运行的任何过程。换句话说,机制是过程进行的方式。例如,漂浮(一个过程)的机制是两个互相对立的力的合力:重力和浮力。植物通过两个机制(过程)生长(一个过程):细胞膨胀和细胞分裂。伴随着中风的运动协调(一个过程)或言说(另一个过程)的突然丧失,是由两个血管机制(过程)中的一个导致的:脑出血或脑中的血循环受阻。生物演化(一个过程)主要通过两个机制来进行:基因变化和选择。社会系统主要经由两个机制(过程)来"运行"(一个过程):合作和竞争。科学团队和科学共同体由几个机制(过程)驱动着前进(一个过程):观察、假说、计算、讨论,等等。

想必全知的存在不需要"机制"这个概念,因为对他而言,所有箱子都是透光的。他能凑合着用单一的"过程"概念,因为他会把每个过程设想为(简单或复合的)机制。他会认为只有有限的存在才需要求助于功能/机制的区别,而有限的存在必须猜测表象的背后是什么。然而,无论是否全知,每个知晓者都需要区分系统中的本质过程与非本质过程:使系统成为其所是的过程,与不改变系统的本性而被停止的过程。只有前者有资格作为机制。例如,贸易是使商业企业保持运作的机制。企业中发生的其他过程,比如平稳协调或内讧、增长或衰退都很重要,但不像贸易那样定义了系统的类型。

赫斯特洛姆和斯威德伯格(Hedström and Swedberg,1998)关于社会机制的文集①——这是关于该主题的首部文集——的多数贡献者都把这些定义为模型。相比之下，在我看来——就是在自然科学家和工程师间盛行的看法——机制不是推理的碎片，而是真实世界的用具的碎片。只有对机制的概念模型，属于我们关于世界的科学推理。以至于通常同一机制可以以不同的方式建模，且一些假说机制，比如天意和看不见的手，没有真实对应物。

几个例子应该例证和澄清所提出的定义。生理机制是有机体内的过程的集合，而政治机制——比如赞成或反对一项提案的民众动员——是政治体内或政治体间的过程的集合。又一次，在理想的自由市场中，价格机制是当需求增加时价格上涨，当供应过剩时价格下跌的过程。银行、保险公司、国际货币基金组织和石油输出国组织是被赋予了特定机制以抵消或至少缓冲收入和开支的巨大意外变化的影响的系统，即富饶时期储蓄，艰难时期花钱。

泛泛得多的机制是位移与旋转、振荡与阻尼、吸积与损耗、化合与解离、反馈与前馈、发酵与代谢、细胞分裂与自然选择。相比之下，就像传染、出生和死亡一样，集中与扩散不是机制，而是由机制——比如在出生的情况下，细胞分裂和形态发生这两个机制——的运转导致的过程或事件。类似地，经济增长是由技术创新、资本积累和有时对殖民地的劫掠等机制导致的过程。并且，经济周期不是机制，而是其机制在很大程度上仍未知的过程。

前文需要澄清系统和系统中的过程这两个概念。**具象系统**是被一些键/纽带或力维系着，在一些方面作为单位来行事且（除了作为整体的宇宙）嵌入某个环境中的一束真实事物。原子、分子、晶体、星星、细胞、多细胞有机体、生态系统、有凝聚力的社会群体——比如家庭、企业和整个社会——都是具象系统。所有物质的人工制品也是如此。相比之下，理论、分类和条文是概念系统；记号系统（比如语言）是符号系统。另一方面，仅仅是物项的集合，即便它们属于相同种类，也不是系统，因为它们没有结合在一起。例如，一伙人、同收入群体和社会阶级不是社会系统而是加总，最好称之为"人类群体"。

区分五个基础类型的系统，可能是有帮助的：（1）**自然系统**，比如分子或有机

---

① 1996 年 6 月 6 日至 7 日，彼得·赫斯特洛姆和理查德·斯威德伯格在位于斯德哥尔摩的瑞典皇家科学院召集了一场关于社会机制的研讨会。然而，邦格的文章（即本书第二章和第三章）并未被收录在这本会议文集里。

体;(2)**社会系统**,比如学校或企业;(3)**技术系统**,比如机器或电视网络;(4)**概念系统**,比如理论(假说-演绎系统)或法律条文;(5)**符号系统**,比如语言或蓝图。每种系统的特色都是其自身的性质,且没有一种可还原为另一种,尽管它可能由不同类型的物项组成。因此,有机体由化学实体组成,但有机体不是化学系统;类似地,组织由人组成,但组织是非个人的。

　　警告就位了。系统有时被称为"结构",这用词不当,因为每个结构都是性质而非事物。(存在无结构的客体,比如光子,但不存在无客体的结构:每个结构都是某个客体的结构。)混淆"系统"与"结构"这两个概念的人,有招来诸如"结构的结构"等矛盾修辞法的风险。至于事物中的"过程"这个概念,它可以被阐明为所讨论的事物的状态序列,比如习惯的扩散、经济体的复苏或政治体的民主化——所有这三个都是不可还原地社会性的。

　　具象系统可以被分析为其组成(诸部分的集合)、环境和结构(系统成分与该环境中影响成分或被成分所影响的事物之间的纽带集或耦合集)。显然,有种类和规模繁多的具象系统。尤其是,存在类型不计其数的社会系统,从无子的夫妇到非正式社会网络,从街区超市到跨国集团公司,从村委会到联合国,等等。(对于被应用于社会学的对系统的半形式化一般理论,参见 Bunge,1979b。顺便一提,提防无需经验探究的帮助而意图说明一切的系统理论,以及只不过重新加热的旧整体主义的系统哲学。)

　　进一步的澄清来了,即每个机制都是过程,但反之为假。例如,经济增长是由特定生产、贸易和政治机制的运转(比如研发、营销和对外交事务的干预),连同不可预见的有利环境——又称"好运"——导致的过程。

　　对于术语问题,就说这么多。现在让我冒险提出一些实质性假设。首先,我主张**所有具象系统都被赋予了一个或更多驱动或阻碍其转变的机制**。(规则是,一个机制一个系统,而非反之。)注意限定词"具象的":讲起理论等概念客体的机制是说不通的。可以肯定的是,存在数学系统,比如群、空间,以及它们的对应理论,但不存在数学机制——虽然当然存在对一些机制的数学表征。也请注意"系统"一词:不可分割的事物,比如电子和光子,无需任何机制的干预而变化。这种简单事物只能是系统的成分。(对于定义和假设,参见 Bunge,1979b:282。)

　　因此,每个机制都是支持变化或对变化进行控制的机制。因此,存在无需解

释,而变得存在(涌现)和灭亡(没失)都需要解释。变化可以是量变、质变,或者同时都是。例如,位移与旋转、吸积与损耗是量变——虽然它们偶尔导致质性飞跃。相比之下,生产方式、贸易方式或治理方式的改变是定性的。所有质变中最重要的是结构的改变,比如发育中的有机体或正式组织的重建。这种变化可能由或可能不由该系统的组成或环境的变化导致,可能导致或可能不导致该系统的组成或环境的变化。例如,商业企业可能被重组以应对新的技术挑战或市场挑战,而无需解雇或雇用任何人。

机制的披露从分析所讨论的系统开始,即通过展示(或猜想)其组成、结构(诸部分间的关系)以及与环境的联系,接着通过展示(或假说化)系统成分做什么(特定功能)和它们如何做(特定机制)。例如,你通过揭示其诸部分及它们的互动方式,以及重力场对驱动重量施加的作用,解释了落地摆钟的行为。药效学通过展示药物引起或阻碍、加快或减慢的生化反应,解释了药物如何运行。类似地,通过展示其组成、组织和环境(尤其是市场),我们解释了商业企业的绩效;我们展示了企业成员做什么,他们做的方式,以及他们彼此互动和与环境互动的方式。如果企业出了什么错,你应该试图把过失定位在系统的组成、结构或环境中:这是对系统的概念分析的实践意义。(对于更多关于组成-环境-结构的分析,参见 Bunge,1979b;1996;1998。)

每个重大社会变迁都可能是生物的、心理的、人口的、经济的、政治的和文化的——同时或相继。(想想由战争、快速工业化和大规模失业带来的微观和宏观社会变迁,或诸如国家、税收、征兵、大学、保险、资本主义、大规模制造、交通网络、联邦制、计划生育、工会化或者公共卫生或教育方面的社会项目等重大社会发明。)因此,每个重大社会变迁的机制都可能是耦合在一起的各种机制的组合。(例如,现代化与工业化、城市化、国家的强化、教育和政治参与的提高、官僚化和世俗化以及污染、传染病的传播和社会动乱一起出现。)因此,对社会变迁的所有单因素(尤其是单因果)解释顶多是部分的。

让我强调之前提出的立论。因为变化只发生在具象的复杂事物上,所以谈论诸如集合、函数、算法或语法等纯观念或抽象客体的机制是说不通的,因为它们(抽象事物自体凭自身)不发生任何事情。换句话说,"机制"这个概念对逻辑学、数学和普通语言学而言都很陌生,它们都未听闻时间。这就是为什么逻辑学、数学和普通语言学本身不解释任何东西。（当然，这些领域的工作者可以解释其一些行动的动机，但这是方法论、心理学或教学法的一部分。）

同样，在推定的非物质的灵魂或心灵中，不可能有机制运转的问题，因为它不发生任何事情。（柏拉图意识到观念客体，比如数学建构物是不变的。他只错在认为观念凭自身存在且永远存在，这个双重错误首先被亚里士多德修正，然后被观念史修正，最后被生理心理学修正。）

因此，严格来说，我们必须把"心理机制"的表达视为对对应的神经生理机制的速记。换句话说，只有生理心理学能解释古典（或"空心有机体"）心理学所描述的心灵过程。心理学能告诉"什么"和"何时"，但只有神经心理学能查明"何处"和"如何"。（并不令人吃惊的是，卡尔·拉什利在 1929 年出版的主要作品就题为《脑机制与智力》。）例如，神经心理学家正试图根据神经机制尤其是额叶中的神经机制来解释决策过程（及其损伤）（参见诸如 Damasio，Damasio，and Christen，1996）。（对于根据生物机制，比如细胞集群和细胞死亡的机制，对心灵过程的解释，参见诸如 Hebb，1980；Kosslyn and Koenig，1995；Beaumont，Kenealy，and Rogers，1996。）计划、策略、方法、算法、计算机程序之类的之与相似：只有它们在物理物质、化学物质、生物物质或社会物质中的执行才是机制。

求助于非物质机制，是精神主义甚或魔法思维的指标，就像根据压抑对遗忘的精神分析说明所示例的那样。相比之下，谈论感觉或思考所涉及的**脑**机制，或者利于或抑制宗教变迁、语言变迁和其他文化变迁的**社会**机制，在科学上都很说得通。例如，提问为什么纯数学自第二次世界大战以来一直在轰轰烈烈地发展，而数理社会学在 20 世纪 70 年代开始衰退，是说得通的。这两个问题都急需因果答案，那就是，急需除了在一些脑中发生的纯智识过程之外，涉及在所讨论的时期在科学共同体及其东道主社会中运转的因果机制的假说——后者是探索性的，且前者敌视清晰和严谨。

机制可以是因果的、概率的或混合的。结果便是，解释能根据因果关系、随机性或两者的组合来建构，如同碰运气过程、故意随机洗牌和随机交配等情况。例如，根据相对剥夺来解释反叛，这种解释是因果性的。相比之下，根据随机相遇或随机抽样来解释给定物项的集合的异质性，这种解释是概率性的。根据随机突变、杂交、共生、地理隔离和其他一些"力量"来解释物种形成的演化，这种解释是混杂性的。传染机制也是如此：病原体是因果因子，但疾病携带者与他人之间的许多接触是随机的。谣言的传播相似。技术发明的扩散不是如此：它们可以是先验地更可能（likely）或不太可能发生，而非更或然（probable）或不太或然。①

必须区分两类因果机制：I 型或涉及**能量转移**，比如手工作业和打仗；II 型或涉及**触发信号**，比如下令开枪或解雇员工（Bunge，1996）。在第一种情况下，被转移的能量大小很重要，而在第二种情况下，小的能量转移可能会触发涉及大能量的过程。因此，I 型和 II 型因果关系可以分别被称为"强能量转移"和"弱能量转移"。（警告：不存在纯信息这种东西，即无物理载体的信息。）换句话说，在 II 型过程中，结果可能与原因"不成比例"，即非常小的原因可能会触发以灾难性结果结束的过程，比如众所周知的峡谷中的喊声触发了山崩。不稳定的系统，比如依赖于一个强大但可惜终有一死的领导人的社会系统，以及只依赖于强制的不得人心的政府，情况尤其如此。在这些情况下，除去一个非常有权势的人可能导致整个系统的崩溃——倘若后者一开始就不稳定的话。

可以被猜想的是，这两类因果机制在实在的所有层次上都存在。然而，II 型机制在生物层次和社会层次上尤其显眼和重要。这是因为所有有机体和所有社会系统：（1）都被赋予了交流系统；（2）顶多处于稳定或亚稳定状态，最差则处于不稳定状态。也许所有重大（即结构性）社会变迁都涉及这两类因果箭头的缠结，被诸如恶劣天气、新自然资源的发现、新观念的发明或正确的人在正确的地点和时间的干预等"意外"或干涉性环境所加强或削弱。

猜想与形式化

多数机制，无论是社会的还是物理的，都是隐蔽的。因此，与我们并未感知行星运动、电通信、光合作用或代谢更新的机制一样，我们并不会感知到商业企

---

① 根据邦格编纂的《哲学词典》，likely 用于定性概念，而 probable 用于定量概念。读者可参考 Mario Bunge，"Probability，Vulgar Notion"，in *Philosophical Dictionary*（enlarged ed.），Amherst，N.Y.：Prometheus Books，2003。

业的衰老机制,比如低再投资率、技术保守主义、工作不满和垄断产生的自满情绪。现在,玄秘的机制不能从经验数据中推断出来:它们必须被猜想。例如,天文学家能测量位置和速度,但他们不能从自己的数据中读出引力定律:这种定律不得不被发明(且当然被检查)。类似地,经济学家不能从经济指标、统计相关性或时间序列中读出社会经济机制;政治学家不能从群众集会、骚乱或政治犯罪的统计中读出结构性变迁。在这种经验信息之下的机制必须被猜想。

但当然,如果一个猜想被视为科学的,那么它必须可经验检验。(理想上,一个科学假说除非是极端一般的,否则既可确证又可证伪,参见 Bunge,1967 [1998]。)并且,要被视为在某个程度上为真,该猜想必须被经验确证。例如,自 20 世纪中期以来,人们知道肺癌与吸烟强烈地相关。但只有关于尼古丁和焦油对活体组织的作用的实验室实验,成功检验(并确证)了在统计相关性之下存在明确的因果链接这一假说:我们现在明确知道,吸烟可以导致肺癌。(并且我们还听闻进一步的癌症机制,比如特定基因的开启或关闭。)类似地,人们发现肥胖症——它影响了约 20% 的美国人口——与过度看电视强烈地相关。机制似乎是这个:约一半的美国电视广告宣传着食物,尤其是垃圾食品,所以电视成瘾者在盯着屏幕时被刺激去过度进食,另外他们也不锻炼。简而言之,流行病学——一门生物社会科学——是必要但不充分的:我们必须尝试搜寻在每个流行病学关联之下的机制。例如,只有行为流行病学家能确立密集的烟草营销使青少年开始吸烟的风险翻倍,而这继而使他们感染与尼古丁相关的疾病的风险翻不止一倍。

因为多数机制都是隐蔽的,所以在被实际发现之前,它们必须被猜想。结果便是,没有一个自我尊重的经验主义者(或实证主义者)能纵容机制这个想法。事实上,托勒密-休谟-孔德-马赫-基尔霍夫-皮尔逊-迪昂-奥斯特瓦尔德-华生-布里奇曼-斯金纳传统中的一致的实证主义者是描述主义者:他们拒绝了根据隐蔽机制的解释(尤其是根据原因的解释),因为他们认为它们在形而上学上合不来。他们只关心对可观察事实的描述,以及可直接观察变量(比如输入与输出)之间的关联。出于相同理由,他们不信任超越数据库太多的概括。

因此,尽管他们自称热爱科学,但实证主义者拒绝去解释,比如说,为什么生物医学研究者为了改变疾病机制以恢复健康而希望挖掘症状以追踪疾病机制。实证主义者也不会试图解释为什么所有官僚机构(无论是政府的还是私人的)都是保守的。然而,通过展示是什么使官僚机构运行起来,尝试解释这个老套但为真的描述性陈述是值得的。一个靠谱的假说是,每个官僚机构的建立或维持都是为了巩固建制派或执行给定政策而非捣乱——且官僚机构本身就是为了其成员的利益而要被维护的系统之一。

描述主义不仅削减科研,它还鼓励收集支离破碎的轶事材料和盲目寻求统计相关性。这个策略可能还鼓励根植于仅仅是巧合或"同步"的迷信信念,而对靠谱的机制性解释的需求会把它们排除在外。并且,描述主义把神秘奉为圭臬,而非把它们转为研究难题。例如,日食、月食过去常常催生恐惧,直到其机制(即月亮或太阳的遮挡)被披露。疟疾、鼠疫、肺结核、梅毒、癫痫和其他疾病过去常常被归于超自然起源,直到各自的因果因子被发现。没有什么比机制的披露更能摧毁神话并授权我们控制自然过程和社会过程。

描述主义还鼓励认真对待诸如不朽和"超自然"等妄想。确实,如果终有一死的条件只能通过死亡率统计来确证,那么我们就不能排除有一天会出现不死之人的可能性。(顺便一提,在现实中,这个假说是不可经验反驳的。)只有生物学家能证明所有多细胞有机体注定会死,即便它们没有遭遇任何意外(回顾本章第一节)。因此,"所有人都终有一死"不再仅仅是只被观察支持的经验概括,而是变成了生物规律。机制性术语——故而是非归纳术语——解释了归纳。

类似地,如果评价"超自然"的唯一方式是继续对声称拥有超自然能力的个体进行观察和实验,那么超心理学家不顾一个半世纪的失望而保留自己的信仰就是正当的。但是,甚至连对生理心理学的少许了解也足以使人意识到,在传心术、预知、意念移物之类之下**不可能**存在机制,因为心灵过程是脑过程,故而与消化一样不可超距传递。一般而言,对靠谱且可经验检验的机制的需求,注定会减少轻信,并为我们省去思路错乱的研究课题。

虽然抨击实证主义已在反科学阵营中成为时髦运动,但即便在该阵营中,实证主义实践仍很猖獗。因此,尽管他们大声谴责实证主义,但现象学社会学家(比如阿尔弗雷德·舒茨)、释义学家(比如克利福德·格尔茨)和常人方法学家(比如哈罗德·加芬克尔)也拒绝概括和机制。事实上,他们的发现只涉及日常生活["生活世界"(*Lebenswelt*)]中的平淡事情,而不指出他们记录的事实的心理来源或社会情境,更不指出机制。优秀的小说家和剧作家,比如塞万提斯、莎士比亚、奥斯汀、巴尔扎克、托尔斯泰、易卜生或马尔克斯,用伟大得多的心理学洞见和社会学洞见处理相似的经验材料,且没有自命不凡的黑话。

在自然科学中,经验主义者系统性地偏袒运动学而非动力学,且他们公然抨击原子主义并支持对动物行为的刺激-反应(或行为主义①)说明。并且在社会研究领域中,实证主义者把自己的所有精力都投身于数据收集和"数据挖掘",那就是,寻求变量间的关联(尤其是统计相关性)。(想象一下,假如牛顿回避了提出诸如质量和引力等不可观察量,也回避了假定规律,而聚焦于可观察的性质和事件以及它们的统计相关性,那么将发生什么? 有人指出,对科学而言幸运的是,统计回归这个概念在牛顿的时代并不为人所知。)

众所周知,自休谟以降的实证主义者拒绝因果机制。如果愿意的话,他们会把因果关系重新定义为规则性关联或规则性接续。这解释了他们对诸如"在恒温的理想气体中,压力乘以体积是个常数"和形如"X 的变化率是 X 与时间的某某函数"的变化率方程等现象性规律陈述的偏好。这种方程是严格的描述性的。前者并不告诉我们随着体积减小,分子撞击容器壁的次数增大——这是内压增大的机制。变化率方程也不告诉我们什么可以驱动或停止所讨论的变化。

顺便一提,我虽然欣赏数理社会学,但并不分享这个信念:形式化,尤其当它涉及微分方程时,迫使探究者详述过程的机制(Sørensen,1979)。事实上,采用中世纪的表达,变化率方程可以表征纯运动学的"形式的流变"。因此,它只对描述和预测是好的。热沿着板块传播的傅里叶方程就是一个例子。正如傅里叶(Fourier,1822[1888]:538)自己强调的,该方程仅仅描述了扩散过程:它并不表征任何机制,虽然它不排除任何机制。尤其是,傅里叶方程与热是流体("热量")这个假说,或者与随机的原子或分子的运动和碰撞这个假说相一致。

实际上,一些机制无需微分方程的帮助就能建模。这一点经得起详述,因为数理经济学家滥用这个数学工具,而除了恐吓或诱惑社会学家以外没有任何结果。例如,思考一下对人类自愿移民的如下机制性(和系统性)解释(Bunge,1969b)。假设吸引人们去其他国家的东西是机会的差异,或者实现特定基础个

---

① 这里是指心理学的行为主义(behaviorism),而非政治科学的行为主义(behavioralism)。行为主义心理学认为,心理学应该只研究客观的可观察行为,并用它来解释心理状态,故而有时被称为"刺激-反应"心理学。

人目标的可能性的差异,而这些目标的范围可能是从仅仅生存到自我或家庭的提升。(请注意,这里既提到微观层次又提到宏观层次。)这个驱动的强度可以被称为**移民压力**。让我们把这个直觉假说扩展为形式模型。

把 P_{ij} 称为从区域 i 到区域 j 的移民压力,并假设它只是差值 $E_j - E_i$ 的函数,其中 E_k 是区域 k 提供的诱惑——例如,就像区域 k 的年可支配收入的中位数所量度的那样。更具体来说,假设移民压力是该差值的线性函数:

$$P_{ij} = a \cdot \frac{E_j - E_i}{E_i + E_j} + b \tag{2.1}$$

其中 a 和 b 是要从有关 (i, j) 对的数据中估计的实数。对这些参数的一个可能诠释是:a 代表($i \rightarrow j$ 方向)边界的渗透性,b 是所有剩余的诱人性变量的全局代表。

现在,让我们增加第二个假设:即在任何给定时间 t,区域 i 和 j 之间的移民流量 φ_{ij} 既与移民压力 P_{ij} 成正比,又与当时迁出方区域的人口密度 $\delta_i(t)$ 与迁入方区域的人口密度 $\delta_j(t)$ 的相对值成正比。用符号表示为:

$$\varphi_{ij} = P_{ij} \cdot \frac{\delta_i(t)}{\delta_j(t)} \tag{2.2}$$

显然,进入区域 j 的总移民流量,等于所有社会相邻区域(但也许地理上不相邻)的式(2.2)之和:

$$\Phi_j = \Sigma_i \varphi_{ij} \tag{2.3}$$

通过把式(2.1)和式(2.2)代入式(2.3),得到对进入区域 j 的总移民流量的明确表达式:

$$\Phi_j = \Sigma_{i \neq j} a \cdot \frac{\delta_i(t)(E_j - E_i)}{\delta_j(t)(E_i + E_j)} + b \tag{2.4}$$

请注意以下几点方法论意义。第一,式(2.1)是典型的机制性假说:它说出了是什么驱动人们从一个地方到另一个地方。第二,流量是社会学变量,而诱人性因素是生物心理社会学变量。因此,就像科尔曼(Coleman, 1990)会说的那样,Φ_j 描述的社会过程被"降到个体的层次"所解释——虽然没有到底,因为没有提到脑机制。然而,移民的决策不仅依赖于个人环境,而且依赖于不可还原的社会

(或系统)特征,比如生活水准和过境设施与过境障碍。这里和其他地方一样,选择与约束(或能动性与结构、个体与系统)齐头并进。第三,可量度的变量是诱人性因素 E_k、人口密度 δ_i、部分移民流量 φ_{ij} 和总流量 Φ_j。相比之下,移民压力 P_{ij} 是假说建构物:它的值必须通过式(2.2)从人口密度和部分移民流量中推断出来。第四,通过包括所有已知的诱人性变量,上述模型能被很容易地复杂化,故而变得更现实。此外,相同初始假设可以以概率术语来表达——实际上是以两个备选方式来表达(参见 Bunge,1969b)。第五,也是本练习的要点,这个模型描述了过程的猜想机制,而不涉及任何微分方程。该模型实际上与数据是否匹配,在目前语境下不是重点。

结论是,描述是不可或缺的,而描述主义是极有害的。这再一次提醒我们这句格言的贴切性:采取肤浅的哲学,你将从事浅薄的科研。

机制性假说和机制性理论

如果对过程的描述并不指称深层机制,那么可以说它是**运动学的**。运动学说明缺乏解释力。因此,谷底是滚下山坡的巨石的最终落脚点,因为这是能量最低的状态,这一陈述为真,但几乎与亚里士多德的"这是巨石的'自然之地'"这个看法一样不具有启发性。确实有点解释力的陈述是:谷底施加了反作用,平衡了巨石的重量,故而阻止它进一步下降。类似地,气泡、水中的油滴和细胞膜的球状型构对应于最低能量的状态,这为真但没解释多少。解释这种事物的球形的原因是,它们受制于所有方向的分子冲击,且它们的成分被特定的力维系着。这是严格意义上的解释,因为它指向了机制。

任何对某种机制的研究,都可以说是**动力学的**。(遗憾的是,几乎所有所谓的关于社会变迁的动力学模型实际上都是运动学的,参见 Tuma and Hannan,1984。)过程的(实际的或可能的)机制能被展示,衍推了该过程能被描述,但反之为假。换句话说,具象系统的组成和结构联合决定了其行为,而非相反。同样,动力学衍推了运动学,而非反过来。换句话说,机制性解释涵摄了涵摄,而非相反。确实,同一运动学可以由备选的诸动力学所导致。

（形式上说：形如 A⇒B 的运动学规律陈述被一对动力学规律 A⇒M、M⇒B 所衍推。用备选的假说机制 N 取代 M，将产出相同的现象性结果 A⇒B。对实证主义者而言，这只表明机制是可有可无的。对实在主义者而言，这表明机制性假说比对应的黑箱假说更丰富，但在被宣布为真之前必须被检查。）

例如，手表的指针可以由机械运行或电子运行来驱动。计算可以由脑或计算机来实施，虽然在这两个系统中运转的机制完全不同。头痛是各种备选的生理过程的症状。类似地，人类人口变化可能是由自然出生率和死亡率的变化所导致的，而这继而依赖于生活水准或生活方式的变化；或者它们可能是由捕食、移民、战争、流行病或自然灾难所导致的。价格上涨可能是由于突发的稀缺性、市场"力量"——比如需求过剩——或寡头加价。

方法论后果很清晰：给定（或假设）过程的机制，你可以演绎其运动学；但给定运动学，你只能猜测各种可能的深层动力学。在对机器的一般理论中，有一个定理陈述道，组成和结构决定了行为，而对行为的知识不足以找到组成或结构。前者是直接难题，后者是反向难题。直接难题如果可解则有单一解，而反向难题有多个解或没有解。①

例如，给定经济体（系统）中的通胀（一个过程）能被诸备选机制所解释，比如需求拉动、成本推动、由宣传刺激的过度消费信贷、宽松信贷或政府超支。无论是经济统计学还是计量经济学，都不能告诉我们这些机制中的哪个带来了给定通胀过程：机制必须被假说化。另一个例子是：形如 $O=BI$ 的里昂惕夫投入-产出矩阵，通过用 B 指谓的黑箱关联着产出 O 与投入 I，而 B 仅仅总结了经济体的每个部门对其他部门的贡献。B 和 I 决定了唯一的 O。但 B 背后的机制不能从 I 和 O 的数据中读出：它必须被猜测，并且该猜测必须被检查。

这就是为什么通过查看社会系统的行为来推断其"运动规律"的项目，在逻辑上是不可能的。（一般而言，归纳逻辑课题注定失败，参见 Popper，1935［1959］。）例如，仅仅关于特定国家的反常的低出生率或不合律则的性别比的人口数据，并不告诉我们各种人口控制机制中的哪个在运转：精子数量下降、避孕、

---

① 读者可进一步阅读 Mario Bunge, *Chasing Reality：The Strife over Realism*, Chapter 6, Toronto：University of Toronto Press, 2006；Mario Bunge, 2019, "Inverse Problems", *Foundations of Science*, Vol.24(3), pp.483—525。

杀婴或忽视儿童(尤其是女孩)。同样,仅仅通过分析数量、价格、收益、破产或诸如此类的时间序列,是不可能有希望发现市场规律的。计量经济学只能记录经济过程和检查经济学假说。类似地,流行病学家能描述流行病,但并不具备解释传染机制的能力,这需要更深的研究——例如,伤寒沙门氏菌一旦被摄入,其对消化系统施加作用的方式。然而,"概念深度"这个概念很少被阐明,由此它需要一点讨论。

考虑到深度、明了性或解释力,可以区分出三种科学假说或科学理论(Bunge,1964[1998],1967[1998],1968a,1983b):

(1) **黑箱、描述性的或现象性的假说或理论**,它只回答"它是什么?"这类问题;

(2) **灰箱、半现象性的或半透光的假说或理论**,它对"它如何运行?"这种问题只给出概略的或表面的答案;

(3) **透光箱、机制性的或动力学的假说或理论**,它细致地回答"它如何运行?"这类问题。

黑箱假说或黑箱理论只涉及外部(可观察)变量,最显眼的是输入和输出,并把它们关联起来:它是严格现象主义的。灰箱理论,比如自动机理论,增加了内部状态(或"干预性变量"),而没有根据假说建构物来细致描述任何机制。只有透光箱(或机制性)理论细致描述机制。会计师赞成黑箱模型,而创新的管理者——当然还有科学家和原创的技术师——更喜欢灰箱模型和透光箱模型。并且实证主义者只赞成黑箱模型,而实在主义者支持透光箱模型,并把灰箱范式视为害处较少。

请注意,上述分类与决定论-概率主义的二分法相抵触,因为除了因果机制和随机机制外,还有半随机机制。例如,长距离通信的机制是电磁波经过噪声或大或小的有噪信道的传播,比如经过电缆、大气圈或真空,而其中任何一个都会导致原始信号的不规则失真。现在,让我们展示几个例子来巩固迄今为止我们学到的东西。

黑箱假说或黑箱理论的例子:开普勒定律;几何光学(尤其是斯涅尔定律和费马的最短光程原理);古典热力学;电网络理论;放射性衰变的指数定律;催化剂(比如酶)使特定化学反应变得可能这一论断;古典生物形态学;灾变理论

(catastrophe theory)在生物学和社会科学中的应用;行为主义或刺激-反应学习理论;没有"硬件"的心理学;角色理论(角色→行为);对社会过程(比如移民)的任何严格的描述性模型;产业经济学家运用的标准线性生产模型;时间序列(比如价格或数量);路径分析(或结构方程)模型;组织结构图;箱形-箭头图。

灰箱假说或灰箱理论的例子:牛顿引力理论和安培-韦伯电动力学,两者都涉及超距作用;古典化学动理学;催化剂(比如酶)通过与其中一个反应物相结合然后离开它(就像 A+B+C→AC+B →AB+C,而不解释 AC 和 AB 的结合那样)而使特定化学反应变得可能这一论断;根据特定基因的开启("表达")对有机体的发育的解释;表现型演化生物学(就像对演化的博弈论解释所示例的那样),它忽视了在表现型之下的遗传机制和发育机制;根据未以神经生理学术语来分析的驱动和动机的新行为主义心理学;自动机理论,尤其是物质中立的且以"⟨刺激,当前状态⟩↦ 下个状态"的对应为中心的图灵机理论;统计信息论;信息加工(或"计算")心理学,它利用"信息"一词的多元含义以及诸如"传入信息→编码→短期存储→存储→检索"记忆图式的比喻性解释;大多数社会系统网络模型;社会流动理论;参照群体理论。

透光箱假说或透光箱理论的例子:爱因斯坦的引力场理论;(根据电荷产生的场和作用于电荷的场的)电动力学;波动光学(主要机制为光波的传播、干涉和衍射);气体动理学理论;统计力学;任何量子理论(比如对放射性衰变的量子理论);图灵关于两个机制的组合产生化学波的理论:化学反应和扩散;根据酶(比如在唾液中发现的唾液素,它把熟淀粉转化为糖)对消化的解释;(根据抗体和适应性细胞的选择的)获得性免疫理论;种群动力学(主要机制为出生、自然死亡、捕食、寄生和扩散);演化论(主要"力量"为基因突变与基因重组、自然选择和扩散);(根据由肮脏空气中的致癌物与脱氧核糖核酸的组合导致的突变的)对污染-癌症的链接的分子解释;赫布的学习理论(机制为一起放电的神经元趋于联合或自集群成具有其成分所缺乏的性质的系统);根据形成新神经元系统的能力对创造力的解释;默顿关于涉及地位和角色的社会机制的猜想;理查德森关于军备竞赛的数学理论("你积累的武器越多,我就会越多");(根据主观概率和主观效用的)新古典微观经济学;(根据源于合作或叛变的期望收益的)对社会过程的任何博弈论模型。

在数理经济学中,透光箱/黑箱的区别出现在众所周知的**结构**模型与**化约**模型之间的区别中。前者包含的公式展示了每个因变量与自变量在不同层次上的关系;另一方面,对应的化约模型展示了因变量与终极自变量之间的净关系或总关系。例如,结构经济学模型可以归结为形似如下的公式:

$$z = f(x, y) \qquad (2.5a)$$

继而:

$$x = g(u) \text{且} y = h(v) \qquad (2.5b)$$

把式(2.5b)代入式(2.5a),产出了对应的化约模型:

$$z = \varphi(u, v) \qquad (2.6)$$

请注意这两个模型之间的如下方法论差异。第一,式(2.5b)"解释"(计算)了中间变量 x 和 y,想必它们表征了所思考的系统的真实突出特征,而式(2.6)甚至不包含它们。换句话说,式(2.6)比式(2.5)更表面,故而更简单,因为它跳过了一个层次,即 x 和 y 所表征的性质的层次。第二,式(2.5a)和式(2.5b)联合蕴涵了式(2.6),但反之并不成立。那就是,从结构模型到化约模型的任务,仅仅是计算的(故而演绎的)。相比之下,反过来,即从化约模型或黑箱模型式(2.6)到结构模型或透光箱模型式(2.5),是反向难题,故而是有无限解的难题。这个难题可能比发明更丰富的模型需要更多的聪明才智。道理是显然的:把你的才干应用到建立结构模型上,把化约模型留给计算机辅助的曲线拟合。

在数学中,基础工作——尤其是公理化——促使揭开更深的层级,就像大卫·希尔伯特教导我们的那样。相比之下,在事实科学中,对深度的寻求就是对机制的寻求:它在于揭开更低或更高的组织层级,而非挖掘更深的数学基础。(这就是为什么经济学越来越高的数学精致性很少产生对经济系统或经济过程的更深洞见:它主要美化了百年之久的假设。)换句话说,在事实科学中,**深刻的**理论是在不同的组织层次上假定了某个机制的理论:它是**机制性的多层次**理论,与现象性的单层次理论形成对比。在这方面,一些社会学理论可能比最迷人的事实科学(即尚未找到蛋白质合成甚至蛋白质折叠的精确机制的分子生物学)走得更深。(脱氧核糖核酸包含"信息"并充当蛋白质合成的"模板"和发育的舵柄这个标准陈述,顶多是令人安慰的比喻,最差则是寻求机制的障碍。)

在绝大多数情况下,驱动着系统的"运行"是不可感知的。(这甚至对落地摆钟也成立,因为拉着重量的重力场是不可见的。)但当然,如果一个理论是科学的,那么所讨论的机制一定是可经验触及的,无论多么间接。因此,固体量子理论根据由离子和在离子间运动的电子群组成的相对刚性的系统,成功地解释了固体物体的宏观性质;生理心理学根据神经元活动和神经元间活动,正逐渐成功地解释情绪、认知和公开行为,包括正常的和反常的。这些假设是可实验检验的,此外,检验已确证了其中的一些假设。相比之下,社会学、经济学、政治学和历史学中的时髦的博弈论模型,是不可经验检验的,因为对应的收益矩阵是为了"解释"任何事实而精心特设的(Bunge,1996,1998)。同样,马克思、恩格斯的所有历史事件都是阶级斗争的结果这个假说,是机制性的——但可惜并不普遍为真,就像由立法、技术创新和意识形态变迁导致的许多社会变迁所展示的那样。道理:没有真性,深度就没有价值——就像肤浅的真理因大量而廉价。

前文提到的组织层次意图表明,每当涉及系统时,全局变化或系统变化(比如现代化、城市化、收入再分配、军用经济转民用或者民用经济转军用)可能是由内部过程和环境刺激导致的。这就是迫使你采纳多层次取径的东西——或者换句话说,实施层次分析。

例如,电网络理论允许你计算任何金属电路中的电流强度。但它并不回答诸如"是什么使电流流动?"和"为什么用相同电阻器,交流电路中的电阻比直流电路中的电阻大?"等问题。只有电动力学能回答这些问题,即:电流流动是因为电线中的电子被发电机产生的电场拉动;可变电流引发可变磁场,这继而引发逆电流,所以净效应能被现象性地描述为电阻的增加。因此,电动力学是机制性理论,而电网络理论仅仅是运动学理论。此外,前一个理论涵摄了后者。同样,大爆炸的宇宙学模型是有缺陷的,因为它并不涉及解释了假说性初始爆炸的机制。类似地,未能涉及任何特定的"播种"机制和扩散机制的社会运动理论,应该被视为严重不完整的。

深刻的理论不仅仅告诉我们发生了什么(的一部分),而且告诉我们是什么使它发生,要不然是什么阻止某事发生:它涉及某个因果机制、概率机制或混合机制。这就是为什么它具有解释力。例如,对社会网络的图论模型从灰箱变成了透光箱,如果添加链接着其成员的关系的强度的话——如果图中的每条边被赋予权重的话。这就是格兰诺维特(Granovetter,1983)在一篇经典论文中,如何解释求职过程中的"弱关系的力量"。类似地,线性生产模型能通过详述生产机制和把给定物(尤其是目标)转为市场变量(比如需求)的函数,而变得透光。

此外,深刻的假说或理论可以被证明是有实践利益的,因为如果我们知道事物如何运行,我们就可以有效地改变其机制来获利。例如,知道鱼类资源的枯竭主要是由过度捕捞导致的,负责任的渔业管理者将减少允许的捕捞配额,以使鱼群恢复到早先水平。类似地,知道可支配收入的上升会降低生育率,人口计划者将建议提高生活水准作为有效的避孕措施。此外,知道在缺乏失业补偿保险的情况下,失业率增加1个百分点会伴随着犯罪率增加约1个百分点,这表明充分就业能比法律和秩序更好地遏制犯罪。(机制是显然的:挨饿者一定会偷东西吃。)同样,知道医疗护理的机制既是社会的又是生物的,这鼓励采取环境、公共卫生和教育相组合的预防性措施。这是社会医学(或规范流行病学)的核心。最后一个例子:"没有税收,就没有文明"这个陈述可能是个社会规律。之所以如此,不仅仅因为它对所有已知文明都成立,还因为我们能容易地推测深层机制是什么。确实,文明涉及对昂贵的公共物品(和公害)的创造或维护,而这只能经由某种贡品来资助。显然,实践意义就是时髦的政治口号,"没有纳税"相当于"请不讲文明:我们想当野蛮人"。对应的道德教导是,投票者教育(而非说服)涉及关于一些关键社会机制的指导。没有它,公民仅仅是选举的炮灰。这展示了寻求机制性解释的社会相干性。

许多物理机制、化学机制和生物机制是由力驱动的,但并非所有都是。例如,在热沿着管道传播或烟雾在稀薄空气(分子碰撞不频繁)中扩散时,力只扮演了极小的角色。在自发的放射中,外力根本不扮演任何角色。一些复杂过程,比如电磁波在真空中的传播,根本不涉及任何力:只有当电磁波碰到带电的物体或粒子时,力才涌现。(诚然,电磁场常常被称为力,但这是个错误,因为真空中的场的麦克斯韦方程组不包括任何力。这对爱因斯坦的广义相对论所描述的引力场也成立。物理场施加力,但它们是物质而非力。)其他熟悉的与刺激无关的过程是,核酸分子在包含其前体物质的介质中的自组装;感觉、印象和思想的"突然"形成;朋友集团或同伙集团的自发涌现。

让我强调，虽然力的存在暗示了机制的存在，但反之不为真。例如，投票、公开辩论和群众动员是支持民主政治变迁（或停滞）的机制，但它们不是力。另一方面，舆情、强制、贪污和为特殊利益集团游说都是政治力量，因为它们改变了民主政体的机制。这对于文化也成立：科学、技术、人文和艺术的培养和消费都不是力，而是文化变迁的机制。但当然，诸如学校或科学机构等文化系统并不存在于社会真空中，而是受制于（维持性的或削弱性的）经济力量和政治力量。

简而言之，存在力之处就存在机制，但反之为假：一些机制的运转没有力。当力确实作用于系统时，可以说它驱动或制动了后者的机制。例如，重力是驱动落地摆钟的东西；光束通过引发减少光电管中的一些电子的电力来激活光电管；新人的行动可以强化或破坏婚姻关系。

换句话说，要解释社会变迁，你不需要总是援引社会力量或社会权力——除非它们实际存在且是良定义的（well-defined），而情况很少如此。[我在可敬的《社会力量》（Social Forces）期刊上，没有发现关于社会力量的一般概念的论文。] 按照上文所述，我提出如下的粗略定义。**社会力量**（或**社会权力**）是内部或外部的社会因素，它改变了在某个（些）社会系统中运转的机制的节奏或模式。社会力量的例子是人口过剩、供需之间的差异、政治恐吓或文化恐吓。另一方面，武装"力量"以及法律与秩序的"力量"是社会系统而非力量——虽然它们当然能施加决定性的力量。并且环境灾害（比如洪水和地震）可以被视为力量且可以具有社会结果，但它们显然不是社会力量。这提出了这个一般假说：**每个社会原因（根据定义）都具有社会结果，而不是每个社会变迁都由社会原因导致**。方法论后果是显然的：**在社会科学中，不是每个正确解释都属于因果类型**。这个结果与亚里士多德的传统背道而驰，且与希克斯（Hicks，1979）提出的亚里士多德与休谟的交叉口相悖。①

方法论警告就来了。为了弄清给定社会力量事实上是否在系统中运作或对

---

① 希克斯的原书提出，"旧因果性"把因果关系理解为行为体的行动或决策，从而导致了结果；而休谟开启了"新因果性"，即把因果关系理解为在先的事件，而且我们需要理论来断言事件之间的因果关系。希克斯还指出，现代经济学既致力于"新因果性"，即寻求可以帮我们确立因果关系的规律或概括，又关注人类行动和决策，故而比自然科学更接近"旧因果性"。在这个意义上，可以说希克斯站在了两种因果性的"交叉口"上。我感谢卜若柏和万毓泽的邮件指教。

系统施加作用,你必须能识别和改变这种推定力量以达到抵消它的程度,并(直接或间接)观察这种变异的结果。否则,谈论社会力量或社会权力,就是比喻的或程序性的。例如,我们知道资本确实是社会力量(尤其是经济力量),因为它是现代生产的一个要素——正如你通过改变投资并观察对应的产出变化来查明的那样。相比之下,工作不只是生产的一个要素:它不亚于任何经济组织的核心机制,不管其自动化程度如何。

下表可能有助于理解刚刚得出的差异。

系统	主要机制	主要的社会力量
工厂	生产	资本、需求、供给、利润、工资
商店	贸易	资本、过度需求、利润、工资
办公室	管理、信息加工	需求、供给、激励
学校	教育	社会需求、家庭压力
研究团队	探究	同行认可、批评、资助
医院	治疗、预防	需求、激励、资助
军队	打仗	国防、纪律、政治
政府	公共物品的管理	政治、舆情、特殊利益

存在许多种类的社会力量,一些是泛泛的,而多数是特定的。例如,冲突、合作、交流、激励、强制和国家监管是泛泛的社会力量,它们改变了现代社会中各种社会系统的"运行"。另一方面,资本、技术专长和契约是非常特殊的社会力量,它们只改变或保持在现代商业中运转的机制——主要是工作和贸易。

总之,社会力量(或社会权力)——无论是经济的、政治的还是文化的——形塑和撼动事物。它们通过改变社会机制的模式或节奏,或者对应的社会系统的均衡,来这么做。社会力量可能强大到迫使人们建立或拆除某个系统。(另一方面,谈论弱机制或强机制是说不通的。)并且,无论是弱还是强,社会力量都改变了它在其中运作或所施加作用的社会系统的结构:它修改了维系着系统的纽带的强度,故而可能改变其办事方式。

无需多说的是,一些力量是合流的(即加起来),而其他力量是互相对立的——但未必是互相摧毁的。例如,组织的有效性依赖于诸如标准化与创新、纪律与主动性、合作与竞争等力量的平衡。当没有实现这种平衡时,系统可能会停滞、衰退或崩溃。这把我们引向下一个话题。

最后,关于近年来成为热点的线性-非线性的区别,让我们说几句。绝大多数科学理论都是线性的:它们假设基础变量是可加的,且其中一个变量的小变化会引发某个(些)其他变量的"相称"(既非外爆也非内爆)变化。用直白的话说,一个原因更多,则相同结果更多。例如,作用在一个物体上的总机械力等于所有力的(矢量)和,且受力的小变化导致加速度的小变化。然而,一些重要理论,比如爱因斯坦的引力理论、流体动力学、化学动理学、生物种群的增长规律和沃尔泰拉-洛特卡捕食者-猎物理论,是非线性的,并且非线性机制是(正的或负的)乘数:它们把小原因(输入)转变为非常大(或非常小)的结果(输出)。此外,一些非线性机制导致系统进入不稳定状态或不规则运动,另一些则导致崩溃。

被广泛怀疑的是,越来越多的过程最终将被证明为由非线性机制所驱动。这可能尤其对特定流体动力系统(比如大气系统)、生物系统、生态系统和社会系统而言是成立的,在这些系统中,初始非常接近的状态可能最终相距甚远,或者有规则变化(比如周期性变化)被转变为无规则变化(比如非周期性变化)(参见诸如 Glass and Mackey,1988)。

部分由于"混沌"理论的流行,以及部分由于越来越多的对非均衡和不稳定的兴趣,在不久的将来,我们可能看到非线性动态模型在社会科学中激增。然而就目前而言,关于混沌理论与社会科学的相干性,几乎只有暗示性的比喻和无耻的炒作。确实,迄今为止,似乎没有对任何社会机制的精确(即数学)混沌理论模型被表述出来,并被诸如时间序列等数据集确证(参见诸如 Baumol and Benhabib,1989;Brock and Dechert,1991)。因此就目前而言,社会科学将不得不凑合着用非混沌的因果机制、随机机制和混合机制,以及对应的概括和解释。

可以肯定的是,对社会过程的混沌理论模型确实已露端倪。不过,没有理由惊恐或喜庆,因为至少原则上,在实验主体和诸如社会系统等制成物的情况下,对混沌动力学的知识允许你控制它——而随机性几乎不可控。确实,非线性机制能通过"转动把手"来控制,即通过修改描述机制的方程中的控制参数(或调整参数)的值,以及按照你希望避开或引发混沌的意愿,来避免或寻求"危险的"区间。例如,最近通过故意改变昆虫种群的死亡率,实验性地引发了混沌(Costantino, Cushing, Dennis, and Desharnais, 1995)。相反,最近的数值"实验"

(计算机模拟)表明,混沌行为能被无序驯服(变得有规则)(Braiman,Lindner,and Ditto,1995)。这一发现对社会科学的一个可能且令人困惑的后果是,如果社会系统确实是潜在地混沌的,那么它们可能永远不会实际地变混沌,因为就像它们的人类成分和人工成分一样,它们容易发生意外。意外(和机遇)可能使它们保持在混沌的边缘——就像考夫曼(Kauffman,1993)相信有机体的情况就是如此。无论如何,迄今为止在对混沌理论在社会科学中的潜力的探索中,炒作和承诺多于成就(参见诸如 Kiel and Elliott,1996)。

　　对于机制,就说这么多。接下来让我们探索它们与科学解释的相干性。

第三章　解释

从词源上看，"解释"意味着剖析，或使意会的东西变得明确。然而，不是所有演绎都能解释。例如，定理被演绎，故而被证明，但不被解释——除了在教学意义上。严格来说，只有事实能被解释。

为了**解释**某个具象事物的涌现或其任何变化，我们必须揭开它成为它所是或它变化的方式所凭的机制。因此，恒星的"诞生"根据被引力吸引而聚集在一起的原子的组装来解释，其"死亡"则由于核"燃料"耗尽而产生引力内爆。类似地，政治体的变化有时被其领导人和公民为回应（真实的或虚构的）经济问题或文化问题而改变态度所解释。

一些最早的解释是神话性的：它们援引超自然行为体或奇迹事件。但其他则是因果的，那就是，它们根据或多或少靠谱的因果机制来解释特定事实（真实的或虚构的）：原始人并不相信巧合，也对随机性一无所知。因果机制当然是被特定种类的事件（原因）激活的机制。原因可能是外部的或内部的，那就是，环境刺激或内部事件。环境原因可以是自然的、社会的，或两者的组合，比如声波传递着命令，该命令被听到后触发了脑过程，这继而触发并引导行动。并且，给定的猜想机制事实上是否就位，这个问题有待科学探究。不过，一般的哲学思考足以将神话机制干脆痛快地勾销。因此，没有科学家会进行实验来检查人祭保持了太阳升起这个阿兹特克神话。

人类公开行为的一些内部原因是心灵事件，比如由意图（这继而是灵长动物也许还有其他高等脊椎动物的额叶中的过程）激发的决策。在后一个情况下，原因通常被称为"理由"。然而,从心理生物学视角来看,理由解释仅仅是因果解释的具体案例。只有当把理由从发生在活人脑中的推理过程中拆分出来时,我们强调理由解释的特质才是正当的。并且当权衡采取任何行动的理由的认识优点、道德优点或实践优点时,我们必须这样做。

目的明确的行动或目标导向的行动,也不会逃脱日常因果关系或动力因果关系。[①]确实,如果个体为了实现目标 G 而实施行动 A,那么他是被他对 G 的当前心灵表征 M 驱动去做 A,而非被 G 本身驱动。确实,非存在物(比如未实现的目标)缺乏因果效力。因此,在目的明确的行动中,因果链接不是 G→A,而是 M→A。换句话说,传统上被称为**目的因果关系**的东西,只不过是带有结果(目标)的动力因果关系。"理性因果关系"可能是更好的名字,假如不是因为我们常常选择愚蠢的目标或错误的手段。对这种机制成立的东西,经适当更改后对对应的解释也成立。那就是,根据目的、意图或功能的解释,归根结底是因果解释。

然而,虽然功能性解释在社会科学中很重要,但它是不充分的。发现深层机制一样重要,由于任何给定功能都能通过不同机制来执行,所以更是如此。例如,你能以各种方式来谋生、交流或教授,那就是,经由不同机制来谋生、交流或教授。功能集与机制集之间的关系并非一对一这个事实,展示了功能主义的严重局限性,无论它在生物学、心理学还是社会科学中。这并不是说功能主义为假:它只是肤浅。功能主义在实践上也是贫瘠的,因为我们只能通过改动事物的机制来改变其过程。因此,对被叫去修理飞机发动机的机械师来说,知道有缺陷的机制是螺旋桨发动机还是喷气推进发动机是至关重要的。类似地,被叫去帮助国家从衰退中恢复的宏观经济学家,必须从查明是什么导致它衰退开始,以便去除原因。例如,知道英国、加拿大、阿根廷和其他地方近期推行的零通胀政策已导致严重且持久的萧条——通过削减工作岗位并大规模削减社会开支——具有社会责任感的宏观经济学家将建议改变该政策,提出降低通胀下行的速率并使之与社会福利相兼容。

[①]　这里出自亚里士多德的四因说,即质料因、形式因、动力因和目的因。比如对木桌而言,木材是质料因,木桌的设计式样是形式因,木匠是动力因,"用它摆放东西"是目的因。

机制性解释的条件

在现代科学或现代技术中，支持机制性假说或机制性理论被认真对待的唯一条件是，所讨论的机制是**具象的**（而非非物质的）、**遵循规律的**（而非奇迹的）和**可懂的**（而非玄秘的）。前两个条件使算法失去了作为可能机制的资格，因为算法是形式设备。（相比之下，"具身"算法，比如指导着计算机辅助的计算或设计的磁盘，确实有资格作为机制。但它们当然是人工制品，而非自然物项。）

现在，具象的、遵循规律的和可懂的机制是特定的，或者如果你更喜欢这么说，是物质依赖的。因此，不可能存在普遍种类的机制性解释。因此，物理学中的解释不太可能在社会学中有任何用。即便在给定的宽泛领域中，比如物理学或社会学，乞求普遍答案的普遍性问题也应该像浪漫主义自然哲学、马克思主义、帕森斯主义、理性选择理论、批判理论以及信息论和系统论的流行版本等"宏大"理论一样，被可疑地看待。

然而，经济学家和管理科学家仍在辩论诸如"企业为什么借钱？"的宽泛问题。这个问题预设了所有企业都大致相同——而这当然不为真。一家企业借钱因为它想扩张，另一家因为它需要重新装配以采取新技术，第三家因为支付利息可减税，第四家因为它赌通胀，第五家因为它被债主追债，等等。除非你对参与着的具体机制和力量连同环境略有所知，否则你无法给出对最初问题的正确答案，并且一旦你获得了必不可少的知识，你就应该把最初的问题限于如"为什么A型企业在B类情形下会发现自己很方便借到其资产的C%的钱"的更窄故而更可管理的范围内。不同种类的系统具有不同机制，且在不同力量下需要不同解释。总之，机制性解释与机制一样是系统特定的。

还原性解释可以被视为机制性解释的重要特例。一个解释会被说是**还原性的**，当且仅当在其中出现的诸前提中至少有一个是还原性命题。例如，根据具有共同利益的个体的自集群而对非正式社会网络等具象系统形成的解释，属于**微观还原**（或自下而上）种类。相比之下，根据系统成分在系统中的位置或角色来解释其行为，是**宏观还原**（或自上而下）。赞成微观还原的研究策略可以被称为

微观还原主义。类似地,以宏观还原为中心的研究策略可以被称为**宏观还原主义**。在社会科学中,这些策略分别被称为方法论**个体主义**和方法论**整体主义**(或方法论**集体主义**)。我将论证两者都不充分,虽然每个都包含"金块"。

例如,思考一下谢林(Schelling,1978:139)被高度称赞的对社会隔离和社会聚集(就像美国的全白人社群和全黑人社群的形成那样)的自下而上的解释或微观还原性解释。这一切主要依赖于由偏好指导的个体选择:"选择街区就是选择邻居。例如,选择有好学校的街区,就是选择想要好学校的人的街区。"谢林没有花时间澄清大多数人选择不起好学校,由此进不了"好"街区,故而被迫生活在贫民区。这位一致的个体主义者无视了这个事实:个体意图和个体期望,故而个体选择,在很大程度上被社会环境形塑着,极少个体有自由来选择自己希望属于的社会等级。这种对能动性的社会情境的忽视,注定会导致对社会事实的完全为假的模型,以及因为人们没有理性地选择自己的环境而惩罚他们的不道德的社会政策。

可以肯定的是,关于生命的起源或私人组织的涌现的研究,需要自下而上的解释——但即便在这些情况下,也必须考虑到环境。相比之下,汽车机械师和偏向社会学的社会心理学家通常求助于自上而下的解释。然而,我提出最恰当的还原性解释是两个基础类型的**组合**——就像政治事件被解释为一些个体为回应诸如高失业率、通胀或政治压迫等不可还原的社会问题的协同行动的结果那样。微观还原与宏观还原的组合是**系统**取径(或基于系统的理论取径)的特色。按照系统主义,要解释系统如何运行——要揭开其机制——你必须不仅把它拆成碎片(微观还原),而且展示碎片如何组合在一起从而产生涌现特征(宏观还原)。

图 3.1 总结了前文。

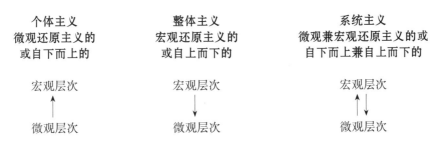

图 3.1　个体主义、整体主义和系统主义的特征

如果一个解释被发现是不正确的或表面的,科学家的意会信仰便是它能通过猜想不同机制来改善。此外,如果没有找到靠谱机制来解释有争议的材料,比如关于奇迹、传心术、信仰疗法、集体幻象和群体心理的材料,科学家可能会质疑该材料:他可能会中止自己的判断,甚或质疑该材料是否描述了任何客观事实。此外,他可能会要求进一步的探究,或终止探究,就像美国不明飞行物调查办公室的情况那样。科学上靠谱的机制,无论怎么反直觉,都是满足已知规律或至少准规律的机制。

机制性解释涵摄了涵摄

机制性的解释观异于所谓的对科学解释的**覆盖律模型**,但与之相一致。后者首先由穆勒(Mill,1872[1952]:305)提出,被波普尔(Popper,1935[1959])采用,并被亨普尔和奥本海姆形式化(参见 Hempel,1965)。正如我们将回顾的那样,按照这个"模型"提出对事实的科学解释,在于从规律和案例的环境——比如运动方程(或场方程)连同初始(要不然边界)条件和约束——中演绎出事实。用图式表示如下:

规律和环境
∴被解释项(描述着要被解释的事实的命题)

在我看来,这个操作不完全是解释,而是殊相在一般性下的**涵摄**。确实,它无视了严格意义上的解释的本体论方面,只阐明了它的逻辑方面——前提的"剖析"(Bunge,1959[1979];1967[1998];1983b)。例如,知道在给定工作范畴中女性薪水比男性低 25％,"解释了"为什么玛丽每周赚 375 美元而她的同事彼得每周赚 500 美元。但这个论证真的算作解释吗,或者我们想知道在这个不平等待遇之下的机制吗?

社会统计学家可能会认为薪水差额和其他社会不平等是理所当然的,而它们对社会学家提出了疑问:他想知道产生和维持它们的机制。并且社会政策制定者必须获得这种知识,如果他要设计有效的社会平等化政策和项目的话。这就是为什么蒂利(Tilly,1998)只有在把六个章节用于讨论持久性不平等的各种机制后,才开始处理不平等的政治。出于相同理由,被叫去修理变速器的汽车机械师,从查明它是手动挡还是自动挡开始。

思考一下这个生态学难题:种间竞争是否真实。这个问题直到最近才出现;竞争曾被认为是理所当然的,且著名的洛特卡-沃尔泰拉方程对此予以穷尽解释这个假设也曾是如此。然而,一个对超过 150 个旨在检验该假说的田野实验的分析未能验证它:近一半的物种研究并未展示出竞争。提尔曼(Tilman, 1987)把这一失败归因于这个事实:实验决定了一个物种对另一个物种的总效应,而非互动的机制。在以洛特卡-沃尔泰拉方程为中心的标准现象性理论的影响下,这些注定是物种特定的而非普遍的机制继而被无视了。只有对属于个体物种的有机体的生理、形态和行为的研究能提供相干机制,进而提供想要的解释。在社会科学中,尤其是长期以来一直受一般均衡理论支配的经济学中(一般均衡理论并不指出任何具体机制,其结果是它不能提出任何有效措施来恢复失去的市场均衡)难道不需要类似的东西吗?

对覆盖律模型的不满导致一些学者[最显眼的是埃尔斯特(Elster, 1989)]倡导用机制来取代规律。但这会纵容关于奇迹"机制"或超自然"机制"的幻想,比如神的干预、感官以外的感知以及卡里斯马的磅礴之力。类似的不满引发阿塞恩(Athearn, 1994)提出用独立于任何规律的"叙事性因果解释"来取代标准"模型"。但如果我们这么做,我们将获得非科学的且进一步是特设的(*ad hoc*)解释——或多或少靠谱的故事——而非**一般的科学**解释。正确的研究策略不是用机制或因果叙事来替代规律,而是更喜欢并入了某种机制——因果的、随机的、混杂的或其他——的规律陈述。

不像仅仅涵摄,科学解释明确指称某种已知的或猜想的机制:因果的、随机的或混合的,且它可以是自然的、生物社会的、社会的或人工的。那就是,真正的科学解释的结构是这个:

可检验的机制性假说或机制性理论和环境
∴被解释项

我主张,任何对社会事实的正确解释基本上都符合相同图式,差异则是解释项集合可能还包含价值判断和某种规范——技术的、法律的或道德的。(请记住,不像规律,规范是制定的;且它们要么是约定的,比如礼节规范,要么基于法律,比如技术规范。)例如,默顿(Merton,1949[1957]:134)把失范或不规范解释为社会规范(或愿望)与机会之间不匹配的结果:社会可接受的、合乎需要的东西,与个体能通过社会许可的手段实际获得的东西之间的差异。这个规范-事实的分解会是离经叛道的行为的机制。

由于社会规范的重要性,多数社会科学解释的逻辑结构可能会比自然科学中的解释的逻辑结构稍微复杂一些,即:

可检验的机制性假说或机制性理论和价值判断以及规范和环境
∴被解释项

例子1:社会分层如何涌现? 可能解释如下。

概括:除非社会被强大的互惠利他链接维系着,并包括有效的平等化机制或补偿机制(比如共识和散财宴),否则一些个体注定会比他人获得更多的生物权力、经济权力、政治权力或文化权力,故而可能构成统治阶级。

数据:社会X中的团结链接和平等化机制被自然灾害、战争或暴政所削弱。

价值判断:自我和亲属的生存和提升是首要要件。

规范:做除了被明确禁止以外的任何方便的事情。

例子2:为什么建立福利国家? 可能解释如下。

概括:贫困既是个人不悦的来源,也是社会动乱的来源。

数据:在我们的社会中有一些穷人。

价值判断:贫困是不受欢迎的,因为它对穷人来说是痛苦的、有辱人格的,对富人来说是危险的。

规范:为了避免社会动乱,通过用税收支付社会项目来再分配社会财富,以提高基础生活水准。

简而言之,所谓的对科学解释的覆盖律模型正确但不完整,因为它只覆盖了相同的逻辑结构。依照实证主义的反形而上学立场,对科学解释的这个说明无视其本体论核心。亚里士多德在他的四因理论中强调了后者。在现代,笛卡尔强调了它,而他拥护力学论解释——真正的科学解释最早的、尽管有限的形式。亚里士多德和笛卡尔提出的多数具体机制(前者如目标寻求,后者如旋涡)都是虚构的这个事实,在目前语境下不是重点。最重要的是,尽管亚里士多德和笛卡尔在观点上存在巨大差异,但他们都强调了需要猜想可能在表象之下运转的机制。惠威尔(Whewell,1840[1847]:Vol.1,652)也是如此,他写道:"没有病因学,就没有完备的理论。"(对于"解释"这个概念在自然科学中的历史,参见 Meyerson,1921)

前文把许多社会科学家和统计学家寻求的所谓的**根据变量的解释**留在哪里呢? 严格来说,就是不存在这种东西。确实,说某某变量"解释了"给定变量,是以不正确的方式陈述了后者是前者的可计算函数,就像"$y = f(x)$"那样。换句话说,不存在根据变量的解释:只存在根据变量的分析,或者根据可被特定函数相关的变量描述的机制的分析。

生物社会机制与解释

在自然科学与社会科学之间,我们发现了可以称为**社会自然科学**或**生物社会科学**的东西,比如人口学、地理学、人类学、社会心理学、语言学、流行病学和生物经济学。所有这些混杂体都是由社会科学与生命科学的"联姻"导致的。(顺便一提,仅仅这种混杂体的存在和成功,就是反对由释义学派、诠释学派或领悟学派发明的自然科学与精神科学之间的二分法的决定性论证,这些学派努力使社会研究保持人文主义形态,并阻止它们走上科学道路:参见 Bunge,1998。)

在它们成功解释任何事物这个限度内,社会自然科学通过发现或猜想可以称为**生物社会(或生物心理社会)机制**的东西来解释事物。这些机制弥合了个体与社会。它们解释了是什么使人们在给定社会环境中如此行为:他们的驱动力、利益和意图是什么;他们如何应对社会约束、压力和机会;以及这些如何形塑(抑制、刺激或阻止)个体行动。(心理学式社会心理学探究第一个问题,而社会学式社会心理学探究第二个问题。)

打个比方,生物心理社会机制是微观层次和宏观层次之间的链接或流动——一些自下而上,一些自上而下,还有一些是双向的。因此,任何可以使"物以类聚"的东西,都是自下而上类型的生物心理社会机制。相比之下,使草原上的年轻雄狒狒远离其队伍中的雌狒狒的等级组织,是自上而下类型的生物心理社会机制。当然,这两类机制能组合,就像在对犯罪的如下古典解释中那样:社会结构→个体剥夺和约束→挫折→气愤→犯罪行动→社会影响。

让我列出一些其他例子。无论是在人、企鹅还是果蝇间,求爱仪式都是交配的生物社会机制。杀婴和避孕是人口控制的生物社会机制。合作是支持协调的社会心理机制。酷刑和"族群清洗"是社会控制的生物社会(更确切地是生物政治)机制。不满的配偶、顾客、学生或公民能用两个机制:"退出"(遗弃)和"呼吁"(抗议或行动),要么二者择其一,要么二者相结合(Hirschman,1970)。任何社会系统的规模变化,都是由于以下机制中的一个或两个:吸积(比如通过加入)与损耗(比如通过撤回)。类似地,给予与接受的过程,以及面对面地以物易物和交易货物或服务的过程,都是生物心理社会机制。帮助和攻击的过程,以及在正式学校场景中的教学过程,也是如此。

这些是生物社会机制,因为它们是在某个社会系统内的个体行动。那就是,这种事件发生在个体/社会的交界面上:它们涉及嵌入社会整体中并被其结构所约束或刺激的个体之间的互动。(无需多说的是,这种事件无需根据心灵控制物质的神秘力量来说明,也无需根据社会产生观念的同样神秘的能力来说明。支持这种事件的靠谱机制没有已知的,甚至没有靠谱的。)因此,这种事件不能用纯唯个体或纯唯整体的术语来解释:它们需要系统取径(Bunge,1979b,1996)。

只有这种取径链接着微观层次与宏观层次,而非尝试把任何一个还原为另一个。例如,在以农业为主的社会中,很难把低水平的工作能力仅仅解释为理性选择或结构性特征的结果。但该事实可以被解释为全国粮食低产量的偏态分布的营养不良的结果,而粮食低产量继而在很大程度上源于营养不足的劳动者的严重发育迟缓所导致的低水平的工作能力。因此,在法国大革命时期的法国,"最底层的 10% 的劳动力缺乏正常工作的能量,再往上的 10% 的劳动力有足够能量来从事每天不超过三小时的轻活"(Fogel,1994:373)。这个可恶的宏观-微观-宏观循环很清晰:全国粮食低产量→营养不良→低水平的工作能力→全国粮食低产量→……

因此,出于两个理由,假设社会因果关系的能动性→结构方向**或**其对偶——结构→能动性方向——都为假。第一,所有个体行动,无论是亲社会的还是反社会的,都被诸如稀缺性和社会冲突等不可还原的社会环境所制约,且有时甚至被这些社会环境所激励。第二,所有社会行动都旨在改变他人的行为,甚或在某个或其他方面的整个群体结构。想想把产品带到预先存在着的市场或开辟新市场的商人,想想被征召而杀敌或逃跑的士兵,想想形塑着其成员的人格的教会或政党,或者想想收税和罚款的国家。这些过程都没有停留在单一层次上,无论是微观社会的还是宏观社会的。相反,它们都发生在层次之间(更确切地说,发生在属于不同层次的实体之间)。

例如,思考一下如下假说:"人类冲突有两个主要的可能来源:对相同稀缺资源的兴趣,以及相同社会系统内趋异的目标。"合作或叛变的决策,可以被视为脑过程,但它至少部分是由个体脑之外的某个东西引发的过程,比如由诱人的资源或者保护性或威胁性的社会系统引发。顺便一提,上述假说与对冲突的辩证(尤其是马克思主义)说明,即冲突只发生在"对立面"尤其是不同社会阶级之间背道而驰。两条狗会争同一块骨头,恰恰因为它们具有对特定稀缺资源的相似需要。平等者之间的竞争可以与不平等者之间的竞争一样激烈。对于"对立面的斗争"是所有变化的来源这个辩证"规律",就说这么多。

援引了生物社会机制的解释,并非社会自然科学所独有。它们中的一些在社会科学中,比如人类学、社会学、经济学、政治学、历史学及其各种组合,也适用。这种遍布的理由应该是显而易见的。一个理由是,所有人都具有相同基础需要:这就是为什么"人性"这个概念说得通。另一个理由是,任何社会事件或社会过程中的行为体,都是在社会母体(matrix)中行动的、被社会地联结着(以及冲突着)的个体。这两个因素是跨文化概括的基础,比如:"社会变迁在异质社会中比在同质社会中更频繁";"民主比独裁更和平、更繁荣、更长寿,因为它开发了更多样化的人力资源,为个体主动性留出更多空间,使用和平的冲突和解机制,并使更大的社会部门受益";以及"当国家未能修改其制度以适应时代的变化时,它会被摧毁"——就像马基雅维利在其《论李维》中写的那样。

社会机制与社会学解释

"社会机制"这个概念有些模糊,因为它未被充分分析和理论化。为了得到对它的直觉把握,让我们从列出几个例子开始。

经验发现	假说机制
1. 合作和冲突在所有社会系统中都在场。	每个社会系统都通过合作而涌现,但其成员为稀缺资源而竞争。
2. 所有社会制度都会衰退,除非大改造。	收益下降,内部冲突加剧,对环境变化反应迟钝。
3. 社会系统越大,变化得越慢。	所有社会变迁最终都是由一些反对其他人的习惯和反应的个体发起的。
4. 绿色革命使大多数农民陷入贫困。	高产粮食昂贵,且需要大量资本来支付高产种子、灌溉和化肥。
5. 美国的社会不平等自 1969 年开始加剧。	制造业部门的萎缩,对无技能的工人的需求减少,对富人减税。
6. 技术进步伴随着失业。	生产力的提高减少了生产时间,削减了工作岗位。
7. 社会民主主义几乎在所有地方都在失势。	福利国家已经满足了许多社会主义需求,没有新的社会主义观念,消费主义,电视瘾。
8. 苏联在 1991 年解体了。	更大的异议自由,经济停滞,族群冲突,缺乏机制来执行改革。
9. 迄今为止,只有金融资本被全球化了。	自由贸易以及人和观念的自由流动的许多障碍仍然存在。
10. 军用工业向民用工业的转化是艰难而缓慢的。	军工寡头企业的管理者既头脑呆板,又没有营销技能。

现在,我们准备得出正式定义。我们把**社会机制**定义为社会系统中的机制。由于每个机制都是某个系统中的过程,所以社会机制是涉及至少两个从事着形成、维持、转变或拆除社会系统的行为体的**过程**。存在许多类型的社会系统,例如,想想无子的夫妇与大家庭、街头帮派与非正式社会网络、学校与教堂、工厂与超市、经济体系与政治体系,以及地方政府与多国集团。相应地,存在种类繁多的社会机制。

请注意,我们的定义预设了系统与机制之间的区别:后者是系统中的过程。这个区别在自然科学中很常见,在那里,比如说,你应该不会把心血管系统误认为是血液循环,或者把脑误认为是心灵过程。但这在社会研究中并不寻常,在那里,你会发现这种表达:"家庭是孩子社会化的主要机制","市场是资源分配机制","组织化的慈善是社会控制机制",以及"民主是支持把分裂与凝聚相组合的机制"。参照提出的定义,相反你应该说:家庭**生活**是孩子社会化的主要机制;市**场交易**构成了资源分配活动;组织化的慈善**工作**构成了社会控制机制;各方面的民主**过程**(比如公开辩论、投票和公共物品的管理)是平衡冲突与合作的机制。

我们的定义既强调又避免了理性选择理论的如下关键难题。理性选择理论同时认为:(1)个体行动是所有"社会的"事物的唯一来源;(2)所有行动者在所有有关方面都是等价的——尤其是他们具有相同且不变的效用函数(参见诸如 Stigler and Becker,1977)。然而,这两个假说的合取衍推出这个结论:只有环境因素(社会"情形")解释了个体行动的差异——这是典型的外部主义论题和唯整体论题,它使个体是被动的,甚或可牺牲的。〔亚里士多德、伊本·赫勒敦、黑格尔、孔德和马克思都同意,托尔斯泰在《战争与和平》中也是如此。他们都认为个体仅仅是社会的棋子或大写历史(History)的工具。〕

这个不一致并不出现在系统观中,而按照系统观,能动性既被结构约束,又被结构激发,结构继而被个体行动维持或改变。换句话说,社会机制既不存在于人中,也不存在于其环境中——社会机制是在社会系统中或社会系统间展开的一部分过程。因此,通过改动社会机制,你能修改系统的一些特征,故而间接改变个体行为的一些方面。例如,对刑法的彻底改革注定会影响犯罪,虽然也许不如彻底的经济变迁,就业、就学和边缘的显著升降随后者而来。另一个例子是,社会的生育率能通过有计划地控制两个互相对抗的机制来改变或保持恒常:增加(或减少)出生率和死亡率。

系统/机制的区别可能看起来很微妙,且在社会研究领域有点费解,但在自然科学和技术中相当清晰。因此,你把光合作用指称为植物细胞中叶绿素的生产机制,把血液循环指称为身体中氧气分配和废物排除的机制,把反馈过程指称为控制系统的机制。机制之于系统,就像运动之于身体,化合(或解离)之于化合物,以及思考之于脑。

就像早先指出的那样,与许多类型的社会制度相对应,存在种类繁多的社会机制。存在经济发展的机制(比如技术创新),以及经济停滞或经济衰退的机制(比如勾结);存在文化进步的机制(比如自由探索),以及文化停滞或文化衰退的机制(比如审查);存在政治进步的机制(比如大众参与)和政治退步的机制(比如军事化);存在国际竞争的机制和国际合作的机制等等。我主张每类社会变迁都至少有一个机制,接下来,我将展示读者可能希望用来检验这一假设的一些例子。

社会机制的例子。(1)战后不正常的单身女性比例是男性战争伤亡的结果。(2)一些亚洲国家不合律则的性别比是由杀女婴所导致的,而杀女婴继而是由贫困和男性支配的社会低估女性的经济价值和文化价值导致的。(3)作为隔离、长期贫困、无知、缺乏社群组织和福利依赖的结果,美国黑人家庭目前正在解体。(4)第三世界城市周围的棚户区的快速增长,是由(a)传统农业的衰退导致的,这继而是由市场导向的农业的增长、土地所有的集中、养牛场的扩张导致的;(b)由工业化导致;有时也由(c)乡村的内战导致。(5)技术进步导致失业,因为它提高了生产力,同时减少了对无技能劳动力的需求。(6)在工业化国家,失业是由产业淘汰、生产力提高、工作岗位出口到发展中国家或政治变迁导致的。(7)凯恩斯主义政策在一定程度上运行良好,因为转移支付和(一些)政府开支加到国民收入中,刺激了需求,故而刺激了生产。(8)生活水准、生活质量尤其是生存正处于危险中这一信念,驱动人们自我组织起来——故而互助会、工会、游说团体等激增,并动员一些组织,最显眼的是教会和商会,这些组织最初是为完全不同目的而建立起来的。(9)人们不是在压迫最严重的时候反叛,而是在压迫开始松懈的时候反叛,因为只有在那时,他们才能公开抱怨、相互辩论并动员起来(托克维尔)。(10)目前伊斯兰教的复苏及其政治立场,是由石油财富与由殖民主义和宗教基要主义培育的传统主义以及对西方的仇恨的组合所导致的。

注意:不是每个看上去是机制性的说明实际都如此。例如,技术沿着"阻力最小的路线"演化(要不然扩散)这个陈述是同义重复的,因为如果阻力很大,那么技术就停止演化(或扩散,视情况而定)。类似地,说特定的经济发展因遇到瓶颈而夭折了,仅仅提出了有关这种障碍的原因的问题:是规划不周、资金不足、官僚作风、交通不便、有技能劳动力的短缺,还是其他原因?

所有机制都是**系统特定的**:不存在普遍的或基质(substrate)中立的机制这种东西。例如,不同政府可能会以不同方式管理其税收和开支。因此,导致目前美国天文数字的财政赤字的机制,是减税与1970年至1990年军事开支增至三倍的组合。在其他国家的财政赤字之下的机制则不同。例如,第三世界国家的财政赤字是由税收短缺与管理不善、规模浩大的工程、腐败、过度军事开支以及自1960年左右以来其主要出口产品的国际价格的持续下跌或停滞的组合导致的。

虽然所有机制都是特定的(或基质依赖的),但根据它们的相似性把它们分组是可能的和合乎需要的。例如,选择和扩散——用柏拉图的写法——在所有种类的问题中被"例示":物理的、化学的、生物的和社会的。同样,人和商业企业的自发聚合,在表面上类似于分子和细胞的自组装/自集群。社会变迁就像化学反应,因为在这两个情况下运转的机制都在于建立或打破键/纽带或关系。并且两家企业为给定物项的竞争,类似于两个化学反应物为第三个化学反应物的竞争,以及两个生物种群为给定资源的竞争。此外,竞争能与合作相组合。例如,虽然鸟类与啮齿动物和蚂蚁争夺种子,但后者通过有利地改变土壤和植被,无意中促进了鸟类觅食(Thompson,Brown,and Spencer,1991)。被管理或受监管的竞争是这种复合机制的一个社会例子。

这种混杂的机制既在自然中出现又在社会中出现,暗示了打造竞争性合作或合作性竞争的一般模型(参见 Bunge,1976)。它还暗示了对偶(或互补)机制这个一般概念:其中之一趋于扰乱其对偶所做的事情。这个概念继而暗示了这个有点狂野但可能有趣的臆断:每个机制都有或产生至少一个对偶。例如,自组织被扰乱性机制所抵制;劳动分工引起协调;竞争需要监管;任何支持 X 的组织的形成,都被反 X 的人的集群所抵制。(注意:这些猜想与辩证法只有表面上的类似,而辩证法的核心原理是,每个事物都是"对立面的统一"——这个"规律"具有的反例与例子一样多。)

可以肯定的是,上述所有通过开膛破肚和收集具体案例而获得的一般性,都仅仅是形式的,故而是浅薄的,尽管是大胆的。结果便是,对增长、衰退、选择、扩散、自组织、竞争、合作或任何其他泛泛机制的超一般假说或理论,不能解释任何具体事实——遑论预测它们。但碰巧捕捉到真实机制的突出遍布特征的一般(或结构性)假说或理论,可能在对特定机制的建模上有一定的启发。例如,虽然拉格朗日形式体系和哈密顿形式体系诞生于理论力学,但它们能在从热力学和场物理学到经济学和管理科学等几乎任何领域指导理论研究。(对于协同学,即对一般的自组织的研究,参见诸如 Haken,1989。)

当然,社会机制与其他类型的机制之间有相似也有差异。根据定义,共同点是所有机制都带来或停止变化。特殊性源于组成系统的物质的具体种类(物理的、化学的、生物的或社会的),故而源于在系统中运作或对系统施加作用的特有力量。因此，与自然机制相比，社会机制的特质之一是，虽然被自然规律所约束，但它们被遵循约定规则的(虽然未必是任意的)行动所驱动——一些规则是明确的，一些是意会的。(习惯和窍门①可以被认为是适合的意会规则，可以通过艰苦的心理学研究浮现出来。)例如，想想足球队、管弦乐队、学校、工厂、政府部门或政党的运转。这些社会系统中的每一个都是按照被(正确地或错误地)相信会带来最佳效率的特定规范集运转的。换句话说，在这种情况下，机制等价于一个或更多规范和策略的执行。

　　一些社会系统及其对应的机制或多或少自发地涌现，而其他是被设计出来的。前者的例子有家庭、朋友圈子、非正式社会网络、街头帮派、当地市场、多数城镇甚至整个经济区域(参见诸如 Krugman，1996)。被设计出来的系统及其对应的机制，通常被称为"组织"。组织的一个例子是执法系统，它是尤其旨在保护权利或特权以及执行义务的社会控制机制。另一个这样设计出来的机制是欧洲货币体系，它被设计出来以控制货币波动。第三个是任何大规模的疫苗接种项目——被设计出来通过提升免疫系统来阻止流行病暴发的机制。一般而言，所有社会发明都是或涉及支持获得或维持特定迫切需要的机制。想想作为支持提高销售的机制的广告，作为支持学习的机制的教育，作为支持确保学术自由的机制的终身教职。

　　假设每个社会都由三个人工系统——经济体系、政治体系和文化体系——组成，就会产生区分对应类型的社会机制。因此，生产和贸易是经济机制，投票和动员是政治机制，学习和教授是文化机制。当然，区别并不衍推出拆分：这三种机制中任何一种的运转都可能影响其他两类机制的运转。因此，生产力的急剧提高可能导致失业，而失业继而可能产生文化剥夺和政治动乱。公共教育的改善不太可能具有持久的结果，除非伴随着生活水准的提高，而生活水准的提高继而只能通过大众在民主过程中的参与来实现和捍卫。因此，所有三种社会机制(经济的、政治的和文化的)耦合着。

----

① 吉尔伯特·赖尔在其《心灵之概念》一书中，首创了 know-that 与 know-how 这对概念。前者是陈述性的、可言传的知识，后者是意会的、实践性的知识。比如，运用伯努利原理解释上旋球的运动轨迹就是 know-that，用球拍打出上旋球就是 know-how。这对概念尚无普遍认可的汉语译法，我把它们分别译为"事理"和"窍门"。

但几种社会机制间的强大耦合，需要而非妨碍它们的分析。所有社会机制都应被分解成层次及其互相作用。（注意：由于组织层次是集合而非事物，所以"层次之间的互动"这一表达必须被理解为"属于不同层次的个体之间的互动"的简写。）这种分析是必要的，一个理由是社会关系经过人们的头脑。那就是，任何给定社会事实最终都是个体行动的结果；结果便是，它可能被不同个体不同地"感知"或"诠释"，而不同个体然后可能作出不同反应。（顺便一提，我主张这是本体论个体主义和方法论个体主义为真的成分——随后的系统观分享这个德性。）系统分析的另一个理论基础是，所有社会关系都在社会系统内或社会系统间持有，并且存在系统之处，必须记住至少两个层次。它们是微观层次或系统成分（比如人和社会子系统）层次，以及系统（或超系统）层次。（当然，任何数量的中间层次可能不得不被插入。例如，一些国营集团公司处于经济中观层次，而多数跨国公司处于经济极巨层次。）

例如，思考一下宏观社会过程：收入上升→生育下降。这是纯运动学的同层次描述。乍一看，它也是令人困惑的，因为没有机制是显而易见的。此外，局限于宏观层次，它可能会满足涂尔干等整体主义者，但不会满足韦伯等个体主义者。只有参考微观层次才能解释给定的相关性。一个可能机制为：

第二个例子是，正在流行的"重新调整"（或"精益生产"）和"缩小规模"影响收入分配所凭的机制：

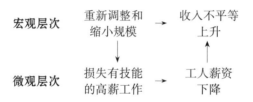

我们的第三个也是最后一个例子，取自政治科学。据一些社会心理学家和政治科学家（比如 Gurr，1970；Di Tella，1986；Moaddel，1994；Muller，1995）所

言,众所周知的现代社会中的极端收入不平等与政治民主之间的统计负相关,被一个更复杂的机制所解释:

我把上述所有称为**布东-科尔曼图**,以纪念两位一致使用它们的卓越社会学家(Bunge,1996;1998)。我提出,尽管他们自称方法论个体主义者,但他们实际上都采取了系统取径,并展示了如何通过把社会系统分析为其成分及其互相关系来披露社会机制(Boudon,1979;Coleman,1990)。因此,他们是不公开的系统主义者——正如科尔曼自己在给我的信中承认的那样。

结论:机制研究的一些方法论规则

在自然科学中,除非其实际的或可能的机制被揭开,否则任何事件或过程都不会被视为得到了令人满意的理解。例如,过敏这个观念过去常常被嘲笑,直到抗原-抗体机制被揭开。并且只是在仅仅几年前,细胞增殖的机制首次被猜想然后被发现时,癌症研究才走上了正确的道路。相比之下,因为不涉及任何机制,所以一些物理学家不满意冯·诺伊曼的这个公设:测量动作导致表征着微观物理事物的状态的波包的瞬间坍缩。你应该能把坍缩(或更确切地说,渐进的、尽管迅疾的还原)解释为被测量的事物与测量仪器之间的相互作用的结果。但不同种类的测量想必涉及不同机制,故而需要不同理论。

另一个例子为如下案例。即便发现关联性(比如统计相关性)在两个变量之间成立,可能也不会相信该关联性,除非支持它的机制看上去很靠谱,因为与已知规律相一致。例如,斯坦利·杰文斯的太阳黑子周期能解释经济周期这个假说没有被认真对待,因为无法想象出连接着太阳黑子与经济活动的机制。只是在近几年,太阳黑子被表明影响陆地气候,故而影响农业。我们现在知道原因是,太阳黑子是强烈的磁流体风暴,它导致辐射减少,故而导致我们星球获得的太阳能减少,而这继而影响农业——虽然还不足以解释商业周期。

要从自然科学中吸取的一个重要方法论教训是,统计规则性(不像概率规律)没有解释力:相反,它们要求解释。这个评说足以与统计解释(即根据所谓的统计"规律"的解释)的整个哲学理论断绝关系(参见诸如 Hempel,1965:376ff.)。统计规则性不能作为解释项前提(解释者)出现,因为无论怎么重要,它们仅仅压缩了许多个体过程的结果:它们并不指向任何机制。

相比之下,概率规律,比如量子力学、遗传学和一些社会流动理论的规律,能作为解释项前提出现,因为它们描述了机遇(随机)机制,而其中的一些由成串的互相独立的因果线组成(参见诸如 Stinchcombe,1968:67—68)。因此,如果原因 C 产生结果 E 的概率是 1/4(这是个理论陈述),那么在所有**观察到的** C 类事件中,约 1/4 会紧随其后发生 E 类事件(这是个统计陈述)。(把频率等于概率的经验主义者无法体会这个差异,故而未能理解概率量度的是个体物项的倾向,而频率涉及整个总体。)简而言之,概率规律能解释统计规则性,而非反之。

要从自然科学中吸取的另一个重要方法论教训是,只有机制性解释能提供令人满意的(虽然可能仅仅是暂时的)理解。因此,方法论规则是:没有机制,就没有机制性解释,故而没有真正的理解。用图式表示为:

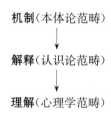

以半形式的术语来陈述,我们有如下串联:

　　我理解事实 f,当且仅当我知道对 f 令人满意的解释 e。

　　e 是对 f 的令人满意的解释,当且仅当 e 涉及与 f 相干的、与已知规律(或规范)相兼容的良确证的(well-confirmed)或至少靠谱的机制(而非空想的或特设的机制)。

　　∴我理解事实 f,当且仅当我知道支持 f 的被证实的或至少靠谱的机制。

以康德拉季耶夫、熊彼特、库兹涅茨、布罗代尔、罗斯格和其他一些人探究的经济活动是否存在"长波"(或长年周期)这个问题为例。假设给定的对经济时间序列的计量经济学分析确证了存在"长波"的怀疑,那么其可能的深层机制是什么? 迄今为止,对这个难题的多数研究都被证明是无定论的,因为它们是纯运动学的。相比之下,贝里、金惠子和金学民(Berry, Kim, and Kim, 1993)对1790—1990年间英美经济的研究,提出了如下机制性解释。第一,存在两类波:长波(或康德拉季耶夫周期),每个价格周期持续约半个世纪;短波(或库兹涅茨周期),每个国民收入(国内生产总值)周期持续约四分之一世纪。第二,短波内嵌于长波中,且每个这种周期在上升和下降时都是逻辑斯蒂曲线的形状。第三,周期机制为:居支配地位的技术-经济系统的淘汰→新的技术-经济系统和因此产生的社会变迁→市场饱和→价格下降。这些发现是否成立还有待观察。即便如此,它们例证了方法论规则:**寻找在每个恒常关联和每个变化之下的机制**。

可以肯定的是,两个所谓的普遍的社会机制被吹捧:自下而上(或能动性→结构)和自上而下(或社会→个体)。然而,前者低估甚或无视对个体行动的社会约束和社会刺激,而后者最小化甚或忽略了个体能动性的加总效应。(例如,微观经济学无视对家庭和企业的宏观经济约束,比如国际形势和正在进行的税收和利率,而宏观经济学忽视了财富的微观经济来源,并且两者都漠视了政治因素和文化因素。)简而言之,个体主义(或原子主义)和整体主义在社会科学中与在自然科学中一样不成功。

个体主义和整体主义的失败表明,两者的恰当备选项是**系统主义**(Bunge, 1979a, 1979b, 1985a, 1996, 1998)。它就是这个看法:我们形塑社会,且社会形塑我们。那就是,个体行动与社会环境——或者能动性与结构——总是结合在一起,因为它们生成彼此。因此,当个体行动被置于其社会母体中时,就得到了最好的理解,且当社会母体被分析为其个体成分及其互相作用时,就得到了最好的理解。这个系统观导致了在各种组织层次上识别社会系统和社会变迁,以及披露宏观-微观机制和微观-宏观机制。只有这些能解释有时令人困惑的同层次(微观-微观或宏观-宏观)关系和相关性,比如"琼斯一家刚买了新车→琼斯一家的邻居有了买新车的冲动"和"就业率上升→股市下跌"。

此外,系统取径连同多层次分析和对机制的寻求,有助于识别、诊断和修复社会机制的失灵。确实,如果我们知道是什么使社会系统运行起来,我们就可以查明是什么阻碍了其常规的功能发挥、它施加作用的层次,以及如何修正其机制的失灵。关于这个进路的效力的一个例子是,对市场先驱者比紧随其后者做得更差这个众所周知但令人困惑的事实的如下解释(Tellis and Golder,1996)。新产品线上的物项通常有缺陷且昂贵,故而在商业上不成功。早期起步者从这个失败中吸取教训,做必要的改变,并拿出好得多的热销产品。结果便是,他们的失败率是最低的,且他们的平均市场份额几乎是先驱者的三倍。另一个例子是把集团公司建模为多层次系统,其中同时活跃着一些机制,故而可能互相有点干涉,这应该有助于寻求在集团公司整体的功能发挥中可能出现的任何缺陷。这是前文所采取的理论进路的实践衍生品。

由系统观连同对微观-宏观链接和机制的寻求所提供的启发力、系统化力以及实践有用性,暗示了尝试如下的一般方法论规则。

M1:把每个社会事实置于其更广泛的情境(或系统)中。

M2:把每个系统分解成其组成、环境和结构。

M3:区分各种系统层次,并展示它们的关系。

M4:寻找保持系统运行,或是导致其衰败或增长的机制。

M5:合理地确保提出的机制与已知的相干规律和规范相一致;且如果可能的话,通过实验性地摆动有关变量来检查机制性假说或机制性理论。

M6:其他条件相同,更倾向于机制性(动力学)的而非现象性(运动学)的假说、理论和解释,继而更倾向于这种运动学说明,而非均衡模型和数据总结。

M7:万一系统失灵,检查所有四个可能来源——组成、环境、结构和机制——并尝试通过改变它们中的一些或全部来修复系统。

第四章　社会科学中的质性、数量、伪量化与测量

自从伽利略嘱咐我们测量任何可测量的东西以来,量化和测量被视为现代科学的标志。他的建议被热烈地采纳,并产生了巨大收获。甚至连语言学和历史编纂学也变得越来越定量。这两个操作所享有的声望是如此之高,以至于有时候数学上定义不良的概念被当作真正的定量变量,且在其他时候,琐碎的测量比有洞见的定性评说更受喜欢。

以下随机举的例子,强调了量化在社会研究和社会政策制定中的重要性。

例子 1:乍一看,拉美人过得比非洲人好。然而,统计表明拉美的(收入不平等)基尼指数是世界上最高的(Deininger and Squire,1996)。

例子 2:直觉上,外商投资帮助了发展中国家的经济增长。然而,统计并不支持这一假说。相反,它们表明外商投资只有初始效应是有益的。从长远来看,它增加了失业(通过引进节省劳动力的技术)、收入不平等和社会动乱(Dixon and Boswell,1996;Kentor,1998)。

例子 3:(Feld and Carter,1998)假设一个学区由四所学校组成,即一所旧城区(inner-city)学校和三所城外学校。第一所学校有 300 名白人学生和 100 名黑人学生,其他三所学校各有 200 名白人学生。学校当局决定通过取消学校间的隔离来改善族裔间接触,它向每所城外学校各送 20 名黑人学生,以换取 60 名坐公交车到旧城区(inner-city)①学校的白人学生。在进行这项改革前,原则上 100

---

① 在英语里,inner-city 是指市中心的贫民区,往往拥挤、破旧、治安差。

名黑人学生中的每一个都能与白人学生建立 300 个关系。由于有 100 名黑人学生,潜在的族裔间配对总数为 $100 \times 300 = 30\ 000$。取消隔离后,潜在的族裔间配对总数为 $40 \times 360 + 3 \times 20 \times 180 = 14\ 400 + 10\ 800 = 25\ 200$。"取消隔离"实际上使潜在的族裔间接触总数减少了 16％。道理:不懂算术的社会工程可能适得其反。

哲学家有义务研究量化和测量的一般特征。遗憾的是,哲学家很少对这个主题作出有用的贡献。更糟糕的是,他们中的一些人圣化甚或发明了一些糟糕的错误。这其中有反对量化和测量的浪漫主义偏见、量化与测量之间的混同、可能存在关于测量的一般先验理论这个信念,以及对诸如主观概率和主观效用等有争议的概念的赞誉。我们将审视这些错误,并试图纠正它们。

质性与数量

科学革命开启了系统且全面的量化和测量工程。这个工程由启蒙运动继续。不可避免的是,对一般的科学和理性的浪漫主义抗拒,涉及反叛量化和测量。事实上,最早对量化和测量的明确指责,是由反启蒙运动的哲学家提出的。浪漫主义哲学家——尤其是费希特、谢林、黑格尔、赫尔德和叔本华——把质性与数量相对立,声称前者优于后者,并宣称没有什么重要的东西——尤其是心灵——是可测量的。

这些信念近来被新浪漫主义浪潮尤其是后现代主义所复兴。因此,批判理论家、符号互动论者、结构主义者、常人方法学家、现象学社会学家、相对主义-建构主义科学社会学家、女性主义理论家、激进哲学家、激进环保主义者及其亲属痛斥精确性。例如,领军的女性主义哲学家把精确性(尤其是量化)、客观性和对经验检验的关注公然抨击为"男流方法论"(Harding, 1986)。以认识论无政府主义出名的当代反科学运动的主要哲学导师保罗·费耶阿本德(Feyerabend, 1981:Vol.1, ix)教授向科学的这些敌人安抚道,不精确是成果丰硕的——想必就因为大多数成果丰硕的想法生来是不精确的。道理很清晰:阻止婴儿般的初生想法长大。

反精确性,尤其是反定量偏见,是如此错误和有害,以至于我们必须尝试从来源上修正它。首先,数量与质性是互补的而非互斥的。确实,每个数量要么是分享着特定质性的物项的集合的基数,要么是质性的强度。因此,在概念形成的过程中,质性先于数量。因此,它们之间不可能存在对立。让我们澄清这一点。

其特色是特定质性的事物的集合 S(比如属于特定类型 T 的企业的集合)的基数或势,是某个正整数。所讨论的质性或性质出现在集合 S 的构造中,即 $S = \{x \mid Tx\}$,其中 T 指谓所讨论的企业类型。简而言之,关于基数的问题形如"有多少个 T 类物项?",其中 T 代表某个质性(或被 T 定义的集合)。

就像下文那样,定量性质或量值——比如国内生产总值或人口密度——能被分析为函数。首先让我们指出,每个性质都是某个或其他客体的性质或特征:不存在性质自体——当然,除了在柏拉图主义形而上学中。因此,物理性质是物理事物的性质,社会性质是社会系统的性质等等。

最简单的情况是内在的(非关系的)定量性质,比如长寿和收入。这种性质能被概念化为从(实际的或可能的)事物的集合 A 到数字的集合 X(比如自然数或实数)的函数。那就是,$P : A \rightarrow X$。例子:人口、年龄和工资。

多数量值都具有某个或其他量纲,比如人口密度的 L^{-2},质量密度的 $M \cdot L^{-3}$。因此,单位的(约定)选择必须被包括在它们的定义中。(顺便说一句,看到量纲和单位在社会研究和所谓的测量理论中经常被忽视,让人很苦恼。)因此,前文的公式常常必须被取代为 $P : A \times U_p \rightarrow X$,其中 U_p 代表 P 的所有可能单位的集合(比如在持续时间的情况下,日、年等)。

如果所讨论的性质是关系性的,就像互动这个情况一样,对应函数的定义域将至少是有序对的集合,例如,卖家和买家的集合。一般而言,量值的定义域是 $n+1$ 个集合的笛卡尔积,且其值域是数字或数值区间的某个集合 X。那就是,$P : A \times B \times \cdots \times N \times U_p \rightarrow X$。在此,质性,比如由函数的定义域中的因素示例的质性,也(在概念上)先于数量。

当未能建构量值时,我们可能不得不至少临时勉强接受一组定性概念,比如"通过、没通过"或"小、中、大"。例如,当我们评价学生的熟练度或企业的规模时,我们例行地使用这种概念。对许多目的而言——尤其是总体评价、比较、数据加工和(非参数)统计——常常很方便给这种概念赋予数词(numeral)——例如,0、1/2 和 1 分别代表差劲、合格和优秀。在这种情况下,你可以推荐**半数量**。

半数量不是严格意义上的数量,因为其值是数词(数字名字)而非数字——以至于可以用字母或某个其他符号来取代。然而,半数量可以与数量结合,且它可以刺激对应量值的形成。由于不是严格意义上的数量,半数量不可加。例如,如果我们把两个个体的判断力(或效率、幽默感、自尊心)都归于 1/2,那么把两者一起的判断力(或效率、幽默感、自尊心)归于 1 是错误的。然而,这可能只表明,最终可能是从这些直觉量值中诞生的量值是强度型的(intensive),而非广延型的(extensive)。在主流经济学和理性选择理论中出现的效用似乎就是如此:它们不能被加总,就像著名的阿罗不可能性定理表明的那样。

回到质性与数量的联系。我们已经宣称,在建构定量概念时我们运用至少一个定性特征。然而,一旦定量概念在手,它显然能被用于改进对应的定性概念和比较概念。例如,如果商品集合的每个成员都能被赋予值,那么该集合 C 中的物项能通过被定义为如下的偏好关系≥来排序:对于 C 中的任何 x 和 y,$x \geq y$ 当且仅当 $V(x) \geq V(y)$。偏好关系≥的传递性遵循数字大于或等于关系≥的传递性。概括如下:定量概念比对应的定性概念和比较概念更强。不过,正如我们在上文看到的那样,质性仍然是数量的启发式概念来源。

在概念领域中成立的东西,无需反映在外部世界中发生的事情。尤其是,在物理世界或社会世界中,质性先于数量,或者数量先于质性,都不为真。在那里,质性和数量结合在一起。因此,每个产业部门都有明确的年产量,那就是,以特定数量"出现"的给定类型的制成品,例如,这么多辆汽车或这么多码布料。

参照上文,"量变到质变"这个短语说不通。这个短语是辩证法的标志,必须将其理解为"在(所有或一些)数量增长或下降的过程中,存在新质性涌现或旧质性消失的关键点"的简写。该短语的对偶,即"质变到量变",处境相同。它必须被理解为这个陈述:事物一旦获得或失去质性,其增长或下降的方式(变化率)就会改变。

我们把前文精简为以下原则,第一个是本体论的,第二个是认识论的。

原则 1:所有事实物项同时是定性的和定量的:具象实体的所有性质,除了存在,都属于某个或其他(自然或人工)种类,且它们都以明确的程度出现。

原则 2:在概念的形成中,质性先于数量:任何定量概念的建构在逻辑和认识论上都预设了至少一个定性概念。

真正的社会量化的一个样本

为了澄清真正的定量概念的本性，让我提出新的社会学量值的一个简短清单。让我们从失范开始，它被定义为愿望与获得，或需要之物与消耗之物之间的不匹配。把前者称为 D 并把后者称为 C，失范的定性概念可以被定义为这两个集合的差集：$D\backslash C$。这是在 D 中但不在 C 中的所有物项的集合。用这个差集的势或基数 $|D\backslash C|$ 除以需要之物的数量 $|D|$，我们得到失范的定量程度：$\alpha = |D\backslash C|/|D|$。如果获得了所有需要之物，即如果 $D=C$，那么 $D\backslash C=0$ 且 $\alpha=0$。相比之下，如果没有获得任何需要之物，那么 $D\backslash C=D$ 且 $\alpha=1$。

我们的第二个概念是，社会网络等社会系统的联系性。它可以被定义为系统中实际的二人关系或纽带的数量。更合理的量度是，实际配对数 A 与潜在配对数 P 的比值。因为对总共 n 个成员来说，$P=n(n-1)/2$，联系性被证明是 $\kappa = 2A/n(n-1)$。通过把关系分成弱关系和强关系，即把 A 分析为 $W+S$，可以得到更好的概念。

现在，我们引入两个个体之间的"水平社会距离"这一概念。两个彼此有不止一次随意握手的个体，可以说是相接触的。相比之下，如果有第三个人介于他们之间，那么他们的社会距离等于 1；如果介于他们之间的个体数量为 2，那么他们之间的社会距离等于 2，以此类推。例如，卡尔·马克思与我自己之间的社会距离是 3，因为马克思与弗里德里希·恩格斯握过手，恩格斯继而与斐迪南·滕尼斯握过手，滕尼斯是雷蒙·克里班斯基的老板，而克里班斯基是我的朋友。两个个体 a 与 b 之间的水平距离的一般公式是 $\delta(a, b) = \{x \mid Tax \ \& \ Txb \ \& \ a|x|b\}$，其中 Tax 代表"个体 a 与个体 x 联系着"，$a|x|b$ 代表三元关系"x 介于 a 与 b 之间"。无需多说的是，水平社会距离异于垂直社会距离或社会梯级之间的差异。

现在，让我们审视一个社会群体在另一个群体活动中的参与，比如农民在农耕社会中的政治参与。群体 G_i 中参与了东道主群体 H 的活动的成员，是 $G_i \cap H$ 交集或部分重叠的成员。取这个集合的基数并归一化，我们得到 G_i 在 H 中的参与度：$\pi_i = |G_i \cap H|/|G_i|$。换句话说，$\pi_i$ 是 G_i 参与 H 的百分比。参

与的对偶,即边缘,能被定义为 π_i 对1的补充,或 $\mu_i=1-\pi_i$。通过把社会中的所有社会群体加起来,我们得到视情况而定的总参与度或总边缘度。

对于我们真正的、尽管迄今为止还未被使用的社会学量值的微小样本,就说这么多。请注意在所有情况下,我们都是从定性概念开始,然后进行量化。

最后,让我们从概念走向命题。假设帕金森定律在正式组织社会学中被认真对待——我认为应该如此。你怎么把它形式化呢?让我们从用日常语言陈述它开始。组织的效率随着其成分数量的增加而增加,直到达到最大值;从那以后,效率下降直到变为零。在这个点上,组织的规模是最佳规模的 b 倍,从那以后,效率转为负,即组织消耗的超过了它生产的。刻画了这一命题的最简单的公式是:

$$E=aN(N_0-N/b)$$

其中 E 指谓效率或生产率,a 和 b 指定了该组织类型的特色正实数,N 指定了组织成分的数量,N_0 指定了最佳规模(对应于最大生产率)。

可以肯定的是,前文所述的就是个未经考验的假说。但它可能是个值得检验的假说,尤其是在围绕企业的生产率与正确规模有如此多不明确争论的时候。在形式化和经验检验上的少量"投资",可能会为我们省去关于这些社会经济主题的无定论的大量文献。

每个特征都能被量化吗?

每个特征都能被量化吗,即可变为量值吗?我十分确定地主张,只有一个性质是内在地定性的,即存在。我还主张在其他每种情况下,量化全然依赖于我们的能力和兴趣,所以面对量化失败,我们应该中止判断,并鼓励他人尝试。

似乎显然的是,存在是个质性:存在没有程度之分——除了某些特定的神学。(换句话说,存在是二分变量,或为是或为否的变量。)不太显然的是,"存在是个性质",因为从罗素到奎因的逻辑学家向我们保证道,"存在"量词精确化了对存在的"唯一"概念。但可以被论证的是:(1)至少存在两个完全不同的存在方式,即物质的和概念的;(2)"存在"量词精确化的是某个概念,而非存在这个概念

[即"（∃x）Fx"应该被读为"一些个体是 F"，而非"存在 F"]。①此外，定义一个精确的存在谓词是可能的且是高度合乎需要的；事实上，这已经完成了（Bunge，1977）。然而，这一点在此几乎不重要。

重要的是这个问题：关于为什么除了存在其他每个性质不都能被量化，我们是否听闻任何理由。我主张我们并未听闻任何这种理由。此外，我主张科学史展示了量化在所有科学中的"凯旋行军"。回顾定量历史学自 20 世纪 30 年代以来的爆炸式发展，以及社会指标在过去 20 年里的激增就够了。每个严肃的当代社会科学家都熟悉数据集和矩阵、直方图和概率分布、平均数和标准差、时间序列和趋势、相关系数之类。量化和测量在社会研究中已变得如此普遍，以至于它们有时候隐藏了理论的贫乏。

当未能量化特定无形物时，我们试图为它们找到客观的定量指标。例如，寿命是社会康乐或生活质量的指标之一；投入-产出比（或更一般的投入-产出矩阵）是技术进步水平的指标；生产率是对技术水平、组织效率和工作激励的联合量度；因旷工或罢工而损失的工作时间的百分比是工作不满的指标。

诚然，当前运用的多数社会指标、经济指标和政治指标都是经验性的，那就是，它们与在良确证的理论中出现的概念并不相关。因此，它们绝非不可谬；结果便是最好拥有整套这种指标。不过，它们在满足精确性和与实在的接触这两个需要上，确实有很大帮助。（只有存在包含了可经验触及的变量与理论概念之间的功能关系的理论，前者才是后者的可靠指标或操作化。）

然而，臭名昭著的是，众多建构量值和定量指标的尝试都失败了。想想愉悦、痛苦、美、美味、需要性、简单性、产品质量、用户友好性、相信度（或确定度）、轻信、责任、主动性、忠诚或无所顾忌这些概念。我们能根据特定类型的物项的美或需要性对它们进行排序，但迄今为止我们尚未成功地给这种程度赋予数字。诚然，一些学者声称一些这种性质可还原为概率（要不然就是低或然性），且其他性质可还原为效用。然而，所讨论的概率和效用是主观的，故而不可测度且很难是科学的（下一小节有更多关于这方面的内容）。

---

① 读者可进一步阅读 Mario Bunge，*Doing Science：In the Light of Philosophy*，Chapter 6，Singapore：World Scientific Publishing，2017。

但请注意,上述所有抵制量化的例子也是第二性质或主观性质的例子,那就是,只存在于观看者眼中的性质。并且很可能发生的是,这些性质中的一些最终将被证明对生理心理学而言是可触及的。因此,你可以臆断愉悦感的强度等于位于脑深处的愉悦中心的神经元的活动强度。继而就像生理心理学通常那样,我们可以假设放电频率是该强度的恰当客观指标。此外,你能想象有朝一日有人能在人类的愉悦中心植入电极,以便测量该放电频率,从而测量主体感受到的愉悦的强度。那一天,生理美学的定量科学将诞生。我们可以假设其他第二性质可能会照着做。诚然,这是个空想(*Zukunftsmusik*)。但除非我们在这个乐观的假设下工作,否则永远实现不了这个空想。

我们把前文精简为以下原则。

纲领性原则 1:具象事物的每个性质,除了存在以外,原则上都能被量化。

纲领性原则 2:给定具象实体的任何性质,除了存在以外,能为其设计至少一个客观指标和至少一个测量技巧。

乍一看,性别是第一个原则的反例。确实,性别看起来是二分变量的典型例子:男或女。但它不是。第一,存在间性人和雌雄同体的情况。第二,动物学家已发现有必要在特定物种中区分不止两个性别。第三,可设想的是,甚至在人类间,以解剖、生理、激素和行为的术语来定义男性程度和女性程度,可能成为可能。

价值论概念和伦理学概念,比如善和德性等概念如何呢? 直觉主义哲学家(比如摩尔)认为它们是非自然的质性,而且是不可分析的、不可定义的和内在定性的质性。但他们并未为这个论题提供靠谱的理由。此外,如果承认需要和想要是价值的终极来源,那么该论题则被证明为假。确实,你可以规定一个客体或过程 a 对个体 b 是善的,当且仅当 a 对满足 b 的需要或欲望作出了贡献,其中 b 未必不同于 a。类似地,你可以规定一个行动是有德行的,如果它是无私利的并帮助某人满足需要或合乎情理的欲望的话。那么,这些和其他价值论谓词和伦理学谓词是可定义的,故而是可分析的。(对于对这个难题的系统探究,参见 Bunge, 1989a。)

此外,一些价值论谓词和伦理学谓词能被变为定量的,或至少比较的。例如,如果需要或想要能被赋予定量的值,比如数量或价格,那么这个数字就量化了对应的善。类似地,如果一个行动能被归于量度,比如以小时或美元衡量,那么它的德性(或邪恶)就被量化了。毕竟,立法者、法官、教师、牧师和父母一直在进行这种衡量。

请注意,上述原则被限制于具象客体(或物质客体)的性质,比如身体、场、人、家庭和正式组织。它并不延伸到所有建构物。例如,否定、合取、衍推和一致等逻辑学概念是内在定性的。这对基础的集合论概念、代数学概念和拓扑学概念,比如成员、串接和连通性等概念也成立。甚至连"数值函数"这个概念也包括不可还原的定性成分,即两个集合之间的对应这一概念。

显然,上述原则都不能被证明。它们也不能被证误,因为任何执行它们的失败都能怪罪于我们缺乏能力或手段。它们是且仅是启发式指南,以及科学导向的哲学的成分。

社会科学中的伪量化

在社会研究领域,量化诞生于几个世纪前,主要来自解决税收和保险中的实践难题的需要。但直到 1830 年左右,社会统计学才扩张并成为学问的一个分支,这多亏了阿道夫·凯特勒。从那以后,它以指数形式增长并变得如此有影响,以至于它对统计物理学的涌现作出了贡献(参见 Porter, 1986)。

遗憾的是,在很长一段时间里,社会统计学的非凡增长对社会理论只有边缘影响。实际上,它花了近半个世纪来影响经济学,并花了一个多世纪来影响其他社会科学。例如,多数经典著作几乎不运用量值。即便在今天,经济学的整个学派——比如新奥地利学派、制度主义学派和宪政主义学派——本质上也是非定量的。

更糟糕的是,许多量化的尝试都流产了。让我解释一下。就像任何其他智识活动一样,量化可以是真正的或伪造的,且造假可以是故意的或无意的。通过将想象力与对精确性的热爱和对相干变量的嗅觉组合在一起,你可以努力精确化甚至量化一些最难应对的概念。社会史学家戈德斯通(Goldstone, 1991)最近的著作提供了一个很好的例子。他提出了对诸如财政压力(或稀缺的公共财产)、精英流动和群众动员潜力(或走上街头的倾向性,不要与实际社会暴力水平相混同)等社会-经济-政治变量的数学上精确且可经验触及的指标。给定足够数据,这些函数中的每一个都能被评价并对照时间作图。(例如,群众动员潜力在第139页被定义为工资、城市人口增长和年龄结构的简单函数。[1]此外,戈德斯通主张(Goldstone,1991:142)这三个变量的乘积等于政治压力指标[2],他用它来分析几个历史案例。如同几乎所有的社会指标,你可能想知道这个指标是否恰当,以及是否可获得足够多的在现在之前的任何给定历史时期的数据。然而,这个指标在形式上没有任何伪造。

一些研究社会的学者急于把社会研究提高到硬科学的地位,或者为了使自己的研究看起来值得尊敬,因而犯了**伪量化**之罪。那就是,他们运用了看起来像数值函数但实际上不是这种东西的符号,因为它们在数学上不是良定义的。(关于早先对社会科学中的这一恶习的激烈指责,参见 Sorokin,1956:Chapters 7—8,他称之为"量化狂"。)他们模仿了科学的风格,但未模仿其实质,故而招来了被哈耶克称为"科学主义"的东西,我更喜欢称之为"伪科学"。

陷入这个错误的最简单的方法是,用日常语言陈述定义或猜想,然后用字母或其他符号来缩写字词,希望通过某个奇迹将这些符号变为数值函数。例如,我们可以假设幸福(H)越大,需要(N)和想要(W)被满足得越多,在这个过程中经验到的痛苦(P)越少。一个似乎可以表达这个想法的简单公式是:H=N×W/P。

当然,这个公式的麻烦在于独立"变量"没被定义:它们就是字母而非概念。确实,我们甚至不知道它们的量纲可能是什么,遑论它们的单位。结果便是,无法保证"方程"两边具有相同量纲。简而言之,这个公式不是合式的(well-formed)。因此,该公式没有精确含义,故而不可经验检验。简而言之,我们应该说上述案例是一个**伪量化**案例。不幸的是,社会研究文献充斥着类似的伪量化案例。让我们审视一个样本——万幸的是,这个样本远非随机样本。

例子1:维尔弗雷多·帕累托无疑是位有原创洞见且博学的研究社会的学

---

[1]　原书公式为:群众动员潜力$=\dfrac{\text{平均实际工资}}{\text{实际工资}}+\left(\dfrac{\text{平均实际工资}}{\text{实际工资}}-1\right)\times$城市人口增长×年龄结构。

[2]　原书公式为:政治压力=财政压力$\times\dfrac{\text{流动}}{\text{竞争}}\times$群众动员潜力。

者,而且是位精通数学的学者,就因为他运用除文字以外的一些符号,他被误认为数理社会学的创始人之一。因此,在其著名的《普通社会学总论》(Pareto,1916[1963]:Section 2087)中,帕累托列出了许多"剩余物"或"力",其中有情操、能力、秉性和神话。他意会地假设"剩余物"取数值。但由于他未能定义它们,他运用的符号仅仅是直觉概念的缩写。没有觉知到任意符号与数学概念之间的混同,他写了这种"力"的组成(比如 Pareto,1916[1963]:Section 2148)。接下来(Pareto,1916[1963]:1781),他引入了"方程":q=A/B,其中 A 代表给定社会群体或国家中的"第一类剩余物的力",B 代表"第二类剩余物的力"。粗略地说,q 是进步主义对保守主义的比值。由于帕累托没有试图定义这些"量值"中的任何一个,他无权除以它们,也无权宣称在任何群体或国家中它们的数量随着时间上升或下降。然而,在该作品的前文(Pareto,1916[1963]:509),他曾警告道:"剩余物与人类的特定本能相对应,且出于这个理由,它们通常缺少明确性,缺乏精确的界定。"甚至在该作品的更前处(Pareto,1916[1963]:Chapter 5),他曾把一整章用于刻画伪科学理论。

例子 2:哈佛大学的著名政治科学家塞缪尔·亨廷顿(Huntington,1968:55)教授提出了以下有关现代化在发展中国家中的影响的"方程":

社会动员/经济发展=社会挫折

社会挫折/流动机会=政治参与

政治参与/政治制度化=政治不稳定

亨廷顿并未定义这些"变量"中的任何一个,他并未解释数值如何能被赋予它们,甚至并未费心告诉我们与数值一起来的单位。显然,他没有觉知到他在除以文字,而非除以诚实的函数的数值。1981 年,数学家尼尔·科布利茨(Koblitz,1988)在题为"数学作为宣传"的论文中指出了这一点,这使耶鲁大学的数学家塞尔日·兰成功反对亨廷顿教授的美国国家科学院院士提名。遗憾的是,许多政治科学家和社会学家为亨廷顿辩护,从而表明他们是数学盲(Lang,1981)。[1]

---

[1] 读者可参考 Neal Koblitz, "Mathematics as Propaganda", in *Mathematics Tomorrow*, ed. Lynn Arthur Steen, New York, N.Y.: Springer, 1981; Serge Lang, *Challenges*, New York, N.Y.: Springer, 1998。

例子 3：芝加哥大学的加里·贝克尔教授因其以经济学取径研究人类行为而闻名，这为他赢得了诺贝尔经济学奖。不幸的是，他的论文中大量添加并不总是表征概念的符号。例如，他的社会互动理论的一个关键公式（Becker，1976：257）表示为：$R = D_i + h$。在此，i 标示任意个体，R 应该代表"从事相同职业的其他人对 i 的看法"；"h 量度 i 的努力的效应，D_i 量度当 i 不努力时 R 的水平，即 D_i 量度 i 的'社会环境'"。这些"函数"被命名，但未被详述。结果便是，被加的是文字而非函数。我们甚至不知道这些伪量值的量纲和单位是什么。因此，我们不知道如何量度对应的性质，从而检验该公式的恰当性。

例子 4：当面对随机过程或看起来像随机的过程时，你试图建立能对照着经验数据被检验的概率模型。正如庞加莱很早以前就指出的那样，谈论概率涉及一些知识；它不是无知的替代品。贝叶斯派并不这么看问题：当面对无知或不确定性时，他们运用概率——或更确切地说，他们自己版本的概率。这允许他们以任意方式赋予先验概率——这是把纯粹的直觉、预感或猜测冒充为科学假说的方式。换句话说，在贝叶斯派的视角中，不存在客观随机性、随机化、随机抽样、统计检验甚或可检验性等问题，这都是信念和信度（credence）的游戏。这一取径与科学形成对比，在科学中，可以在茶歇时间讲起信度和直觉，但它们不被包括在科学话语中，而（真正的）概率被（直接或间接地）测度，且概率模型在实验中被检查。这不是要勾销对信念和信度的科学研究。这种研究很重要，但它属于实验心理学和社会学，且它应该被科学地进行。没有理由相信概率论（纯数学的一章）可以是现成的关于信念的经验理论。事实上，有理由相信信度未能满足概率的计算，即便只因为我们很少知道任何给定决策树的所有分支（参见诸如 Kahneman，Slovic，and Tversky，1982；Bunge，1998）。[1]

例子 5：对主观概率成立的东西，对主观价值或主观效用而言更是成立的。实际上，后者处于更糟糕的窘境，因为概率函数至少在数学上是良定义的，而在经济学和社会学中出现的多数效用"函数"不是——正如亨利·庞加莱（Poincaré，1901［1965］）向莱昂·瓦尔拉指出的那样（也可参见 Blatt，1983）。实际上，它们

---

[1] 读者可进一步阅读 Mario Bunge，2008，"Bayesianism：Science or Pseudoscience?"，*International Review of Victimology*，Vol.15（2），pp.165—178。

必需的唯一条件是它们可微两次,第一次导数为正,第二次为负。显然,无限多的函数满足这对温和的要求。在硬科学中要求更高:在此,你只运用被明确定义(比如通过无穷级数或乘积)或隐含定义(比如通过微分方程连同初始条件或边界条件)的函数。这个更大的精确性有利于更严苛的可检验性和更严谨的测量。最后,实验研究已表明,偏好以及对效用和风险的主观估计并不满足期望效用理论的假设(Allais,1979;Tversky,1975;Herrnstein,1990)。简而言之,对效用函数的运用通常在数学上是草率的,且无经验保证。

例子6:著名政治学家詹姆斯·罗西瑙(Rosenau,1990)声称,政治不稳定和政治动乱类似于流体的不稳定和涡流,而且它们满足混沌理论。然而,他没有为政治过程写任何非线性微分方程或有限差分方程,遑论解方程;他所做的一切就是论而不证。另一位政治学家考特尼·布朗(Brown,1994)确实写了一些方程,但它们碰巧涉及两个他未能定义的关键变量——公众关注水平和环境受损水平,所以这些方程完全是装饰性的。

上文提及的所有例子都是速记的练习,而非真正的数理社会科学的练习。我们在此拥有的是科学的一些行头而没有实质,即我们在伪科学的面前。

符号论的诱惑力不应被低估。它甚至能把数学学者引向错误或悖论。如下的例子就够了。就像下文那样,很容易"证明"1是最大的整数。让 N 是最大的整数。只有两个可能性:$N=1$ 或 $N>1$。第二个选项为假,因为 N^2 是整数且它比所谓的最大整数 N 大。因此,第一个选项一定成立,即 $N=1$。但这是荒谬的。错误的根源在于这个意会假设:**存在**最大的整数。当给这个伪数字取名为 N 时,做出了这个假设。道理:关注命名仪式,因为它们可能会圣化不存在物。

甚至在数学精致性典范的量子理论中,也存在一些伪量化。一个虽未被认知但明显的例子,就是著名的"薛定谔的猫"悖论。把活猫连同少量放射性物质和装有强力毒药的玻璃瓶放在铁笼里,如果玻璃瓶被放射性物质的分解产物击中,玻璃瓶中的毒药就会释放。按照标准版本或哥本哈根版本的量子力学,当猫被锁好时,它被认为既不是活的也不是死的,而是处于这两个状态的叠加态中。用符号表示为 $\Psi=a\Psi_L+b\Psi_D$,其中权重 a 和 b 的绝对值平方和为1。当打开笼子盖时,叠加态 Ψ 坍缩到 Ψ_L 或 Ψ_D 上。那就是,全能的观察者赋予或夺走生命。迄今为止,这是猫的标准故事版本。

　　但上述公式是毫无意义的,因为猫的状态 Ψ_L(活)和 Ψ_D(死)不是用量子理论术语来详述的。确实,量子力学对猫一无所知,而猫只可用宏观物理学术语和生物学术语来描述。(换句话说,我们不知道如何为猫甚或细菌建立薛定谔方程,遑论解方程。实际上,甚至连水分子也向量子化学提出了严重挑战。)然而,符号的力量就是这样,尤其当它被权威挥舞时,以至于甚至连薛定谔也落入了自己的陷阱,且数以百计的有才能的物理学家和哲学家像旅鼠一样跟在他后面。①

　　不可避免的是,伪量化招致伪测量。最常见的一种测量是"目测"或直觉估计。当要求主体确定痛苦、愉悦、效用、概率或理性期望的数字时,就会做这种测量。我们从这种要求中最多只能期望"序数测量",即排序——当然这根本不是测量。该程序类似于要求人们在没有钟摆的情况下估计重力,或在没有温度计的情况下估计烤箱的温度。这种估计并非在科学中格格不入:它们属于实验心理学。但它们碰巧不是严格意义上的测量。然而,测量值得单独的一节论述。

混同量化与测量

　　量化或量度的建构是纯概念程序,即便当它由经验难题激起时:回顾本章第一节和第二节。另一方面,测量是经验操作——尽管它预设了关于要测量的东西是什么和如何测量的合理清晰的想法。

　　你从建构表征了定量性质(比如量值)的概念开始,然后进行观察或处理真实事物,以查明这些事物有多少,或者它们拥有的某个性质的数量。那就是,一旦你形成了对量度的合理清晰的概念,你就可以通过计数或操纵尺或秤等测量仪器来经验地决定人口或庄稼等具象事物的数值。

　　虽然测度与测量二者显著不同,但在语言中,它们有时就像法语和意大利语那样被混在一起,用相同的词来指谓它们。并且,它们在被称为行为科学中的"测量理论"的东西中,被系统性地混同了(参见诸如 Suppes and Zinnes,1963)。

---

① 读者可进一步阅读 Mario Bunge, "Schrödinger's Cat is Dead", in *Scientific Realism*:*Selected Essays of Mario Bunge*, ed. Martin Mahner, Amherst, N.Y.: Prometheus Books, 2001。值得一提的是,旅鼠其实并不进行集体自杀。

这个理论曾在心理学家和社会学家中如此流行,以至于成为必修课的主题,并在第 15 版《不列颠百科全书》中赢得一个条目。

这个混同以及依赖于它的整个理论的起源,似乎仅仅是个翻译错误。"事实上,当赫尔德 1901 年的测度公设(而非测量公设)跨越大西洋时,它们被重新命名为'测量公理'。所以这个幻觉诞生了:纯数学理论,故而先验理论,能说明对任何东西(实质性理论和测量践行之外)的测量。无需多说的是,这是哲学观念主义的最纯粹传统中的幻觉。"(Bunge,1973c:120—121)

实际上,这个"测量理论"只处理广延量值,比如长度,而长度有时被误认为是维度。即便如此,这个理论也不完整,因为它忽视了量纲(比如 $L \cdot T^{-1}$)和单位(比如厘米和秒)——这在任何硬科学中都是难以饶恕的。此外,它忽视了次加和性量值,比如质量和熵,甚至连加和都远远算不上的量值,比如并联的诸元件的电阻。更糟糕的是,在强度量值可根据广延量值来定义这个错误假设下,该理论无视了所有强度量值,比如密度。而事实上,在理论科学中成立的是,广延量值可根据强度量值来定义。例如,质量密度在体积上的积分定义了占据该体积的物体的质量。另一方面,任何给定的总质量能以无限多的方式被可设想地分布。一般而言,广延量可根据强度量来定义,而非反过来。

然而,主要的哲学论点是,测量是实验室操作或田野操作,而非像量化那样是纯概念操作。不可能存在关于严格意义上的测量的一般理论,因为测量的设计既依赖于被测量项,又依赖于测量技巧——以至于用不同测量仪器实施对同一量值的测量可能需要不同理论,且可能产出不同结果。此外,许多测量是间接的,那就是,它们涉及指标,且这些指标既依赖于被测量项,又依赖于我们关于它的理论-经验知识体。任何数量的数学精制性都不能弥补经验研究——就像没有一堆数据能取代理论一样。

社会科学家实施测量吗?我主张他们中的多数人几乎没有测量过任何东西,至少没有个人测量。当他们确实运用数字的时候,他们几乎全然依赖于非科学家(比如人口普查员、会计师和政府督查员)提供的数字。此外,许多这种数字(比如成本、价格和利润)是被阅读到或被计算出来的,而非被测量出来的。其他数字(比如交易和机会成本以及影子价格)顶多是被猜测的。

社会科学家并不怎么测量的一个理由是,他们中的多数人很少甚至从未遇到过他们研究的客体。（管理专家有时确实实施严格意义上的测量，但他们是技术师而非科学家。）他们中没有人设计或操作测量仪器，并且他们的多数数据都是软数据或二手数据——这并不暗示它们不重要。

例如，为了查明在特定社会中人们对规范的信奉强度，社会学家可能会分发调查问卷，要求受访者在某个或其他任意量表上给这种强度排名（参见例如Jasso and Opp, 1997）。但这个量表是序数的：这个有序集不是对数量的，而是对我在第一节中称之为半数量的东西的。对应的发现可能是发人深省的，但它们并不满足数学规律。另一方面，意大利成年女性人均育儿数只有 1.2 个，这一发现是精确的，且它是这些人并不实践广为接受的天主教避孕规范的有力证据。

简而言之，测量在社会科学中发挥的作用比在自然科学中微小得多。这是不要混同测量与量化的另一个理由。

结论

我们必须克服反对精确性尤其是反对数量的浪漫主义偏见，因为它麻木头脑并阻碍对实在的探索和控制。但我们必须提防伪量化，因为它是伪科学的一部分。我们还必须避免把量化误认为是测量。前者先于后者，但不是后者的替代品。

在所有研究中，无论是自然研究还是社会研究，记住所罗门对他的主说的话，是很好的："你处置一切，原有一定的尺度、数目和衡量。"[《所罗门智训》（*The Wisdom of Solomon*），11:20]但牢记我们离量化所有有趣的性质还很远，同样是明智的。对量化的追求是无尽的。其方法论控制也应该如此。

第五章　理性选择理论的诱惑与失望

　　理性选择理论是关于价值评定、意图、决策、选择和行动的——尤其是交换或贸易。它基于两个简单又吸引人的想法。第一个是理性公设,根据理性公设,人们知道什么对自己是最好的并相应地采取行动。第二个主要想法是方法论个体主义公设。根据该公设,为了说明任何地方和任何时间的任何社会事实,我们需要知道的一切就是其中涉及的个体的信念、决策和行动。

　　这两个想法虽然简单,但乍一看非常强有力。确实,如果它们为真,它们将允许我们解释、预测和计划任何社会中的所有人类行动。例如,它们将解释为什么一些人犯罪而其他人不犯罪,以及为什么一些"打击犯罪的战争"被视为成功的,而另一些却不是。此外,这些主要想法将把所有社会科学和社会技术统一在新古典微观经济学的领导下,即加里·贝克尔(Becker,1976)及其"经济学帝国主义""十字军战友"声称的方式。问题是,理性选择理论的基础想法事实上是否清晰、为真,以及是否是社会工程的高效工具。

　　实际上,理性选择理论不是单一的理论,而是庞大且增长着的理论模型族。它们在心理学、社会学、经济学、政治科学和社会政策研究中被发现,且正在向人类学、历史学甚至伦理学、社会哲学和神学进军。用单数指称这个理论族的证成是,它们拥有共同的核心概念,主要是效用概念和概率概念,以及共同的核心原则——效用最大化(或经济理性)公设和方法论个体主义公设。

　　理性选择理论常常被视为社会理论的先锋,且它近来变得越来越时髦。它自然地吸引了所有相信社会研究应该是理性的、定量的甚至科学的人。此外,许多社会科学家认为它是对浪漫主义取径或"人文主义"取径对社会的研究唯一可行的备选项,而以上取径伴随着存在主义、现象学、释义学和其他难懂且反科学的哲学。

并不令人吃惊的是,理性选择理论引起了很多论战。遗憾的是,这些辩论并不总是相当理性,这有三个理由。一个是意识形态的:理性选择理论常常被视为甚或被作为对古典资本主义的全盘赞誉,故而被视为甚或被作为政治保守主义的附属品。(讽刺的是,现在不复存在的指令经济体所固有的僵化的中央计划,包含了对人类行为的理性和可预测性的类似信仰。)第二个理由是方法论的:所谓的人文主义阵营中的学者趋于不假思索地拒绝理性选择理论,因为它诉诸理性且频繁运用符号和逻辑论证。(但他们并未提供备选模型。)对其怀有敌意的第三个理由是哲学的:该理论看似赞成一种朴素、愚鲁的功利主义人性观。这为真。但是,任何忽视激发着人的利益和期望的人类行为模型,都注定与任何忽视情绪和自然约束或诸如制度和规范等社会发明的理论一样为假。

我提议分析理性选择模型的核心想法。这些想法将被识别并被检查其清晰性、说服力、可检验性、真性和相干性,以及与对科学的理想的兼容性和与社会实在的匹配性。这个分析是作为对社会科学的元理论的一种贡献而被提出的。

个体主义

理性选择理论处理先于行动的深思。它指称个体而非社会系统。此外,其个体并不嵌入社会网络或任何种类的组织。这就是为什么他们的行动被视为理性的,而非被社会地位和初始禀赋与成本-收益估计、习俗和权力、承诺和规范、激情和迷信的组合所决定。简而言之,理性选择理论的本体论是唯个体论题:社会只不过是只在才干上有差异的自由个体的集合。

方法论推论是,对社会事实的研究可还原为对个体的研究。这当然是激进还原主义或以下方法论原则的一个例子,按照该原则,每个整体都只不过是其部分的集合。但这个看法是错误的。一支军队不仅仅是一群士兵:它是被指挥关系和合作关系维系着并组织起来的社会系统。一群无组织的士兵不被称为军队,而是有士兵之名无士兵之实的乌合之众。

毫无疑问,个体主义对诸如私下挠头等非社会行动是成立的。它对诸如选择麦片等琐碎的社会行动也行得通。但非琐碎的社会行动(比如工作、上学、投票甚或与隔壁邻居打招呼)是完全不同的事情:它们中的每一个都嵌入某个非正式社会网络或正式组织。社会真空中不存在社会行动。

只有经济学家继续聚焦于社会真空中的交换关系。社会学家猜测许多经济交易发生在预先存在的社会网络中。简而言之,市场是社会嵌入的(Granovetter,1985)。这个假说最终被一个取自全美的样本数据所确证(DiMaggio and Louch,1998)。

当然,个体行动维持或削弱社会网络和正式组织。但只有个体认知到这种超个体实体的存在,并至少在一定程度上适应它们,他们才能这么做。甚至连决心削弱组织的人,也必须从承认它的存在开始,尤其是如果他意图从内部与它斗争的话。这么做时,他抛弃了他可能在理论上赞成的任何个体主义哲学。他确证了这个看法:没有结构就没有能动性,以及没有能动性就没有结构——能动性和结构就是相同硬币的两面。

我们一直在做选择,但有时其他人为我们做选择。例如,我们并未选择我们出生的家庭、社会范畴或街区。可以肯定的是,随着我们长大,我们可以收养不同孩子,转移到另一个社会范畴或不同街区。但这种流动通常非常有限,尤其是如果我们保留了出生卑微的圣痕(stigmata)的话。例如,赤贫家庭的孩子的身心生长可能会变得迟缓。结果是,在他成年后——如果他足够幸运到在贫困中活下来——这个人不太可能得到好工作。读者能很容易地完成这个第三世界中的绝大多数人的故事。

种族主义者和社会生物学家持有"生物性就是命运"这个还原主义教条,他们是本体论个体主义者和方法论个体主义者。相比之下,整体主义者相信"社会性就是命运"。这两个论题都不为真:不存在命运这种东西。我们是我们的基因、我们的环境和我们自己的行动的产物。然而,在童年时期,我们几乎无法打造自己的生活史:在这一时期,我们任凭家庭和社会摆布。糟糕的初始禀赋注定会使身心生长迟缓。个体主义者无法解释这一悲剧,而这就是大约 20 亿儿童的悲剧。尤其是,由于理性对它没什么影响,所以理性选择理论家对它没有什么有用的说法。

罗伯特·福格尔(Fogel,1994)获诺贝尔经济学奖时的演讲是一篇关于经济增长、人口统计、福利与生理学之间经常悲剧性的相互关系的总论。例如,我们从中学到法国大革命时期,法国成年男子的平均身高和体重分别为163厘米和50公斤。这是营养不良的结果,而营养不良继而导致低生产率。事实上,20％的人口是如此虚弱以至于沦为乞丐。英国的对应数字也只是稍好一些。难怪发病率和死亡率都骇人听闻地高。营养和生产率的显著改善,以及发病率和死亡率的显著降低,只在19世纪中期以后才开始。

关于这个古老的欧洲悲剧,也就是如今五分之四的人碰巧住着的整个第三世界的悲剧,理性选择理论家有什么要说的? 什么也没有。这也适用于其他宏观社会问题,尤其是环境恶化、人口过剩、性别歧视、种族主义和阶级差别等问题。那些理论家对这些问题不感兴趣,故而不会动一根手指来缓解它们。

理性选择理论家甚至对社会分割成不同社会范畴这个难题也不感兴趣。然而,我们中的每个人都属于许多这样的范畴中的一些,而其中只有一些与社会阶级相吻合。加入这些范畴中的一些——比如体育迷、宗教信仰者和政治同情者——是选择问题,而在其他情况下不是如此,比如属于女性或属于贱民种姓。所有这种范畴的形成也不是故意选择的结果。甚至连从社会不平等中受益的人,"也很少着手制造不平等。更重要的是,他们寻求从被隔绝的资源中获得回报"(Tilly,1998:11)。但这些人很少甚至从未试图计算自己的行动得出的最大期望效用。他们不喜欢理性选择理论,甚至没有理性选择理论的知识。他们生活在真实世界中,而理性选择理论家并不费心去对真实世界进行经验探究。

诚然,存在对诸如国际冲突尤其是核对抗和美国对越南的干预等重要的真实生活事实的理性选择模型。我不知道这些模型中是否有任何一个曾被负责人使用过。我们确实知道,这些模型中没有一个预测了所讨论的任何一个冲突的结果。这并不令人吃惊,因为它们幼稚地假设所有人都是理性的,而事实上我们的行为常常像傻瓜一样,被激情、迷信或两者的组合蒙蔽——尤其当被权力欲蒙蔽时。这种模型失败的另一个理由是,它们涉及未知的效用和概率——下一节有更多关于它们的内容。

总之,不能期望理性选择理论以现实的方式对社会实在建模,即便只因为它处理个体而非社会系统。并且它们的特色是不可还原的社会性质——就像终身的方法论个体主义者阿罗（Arrow，1994）最终承认的那样。

主观概率

喜欢或不喜欢理性选择理论的一个主要理由是，它充满了公式，比如收益矩阵。它看起来很精确，且随时准备被经验检验。因此，它既能吸引具有科学头脑的人，又能驱赶不懂算术的人。我主张这两个态度都是不可证成的，因为所讨论的多数公式都是假的，由此它们无法进行严谨的经验检验。

理性选择理论的关键概念是诸如结婚或离婚、购买或销售、合作或叛变、攻击或撤退、加入或搭便车等故意行动的结果的概率概念和效用概念。在最简单的情况下，假设行动具有两个可能结果 O_1 和 O_2，概率分别为 p_1 和 p_2，效用分别为 u_1 和 u_2。期望效用分别被各自的概率加权，所以低概率被高收益所平衡，而高概率被低收益所补偿。然后，理性行为体应该比较这些加权效用，即乘积 $p_1 u_1$ 和 $p_2 u_2$，且仅在 $p_1 u_1 > p_2 u_2$ 的情况下选择做法 O_1。

现在，在绝大多数理性选择模型中出现的概率和效用都是主观的，而非客观的。那就是，它们被先验且直觉地赋予，而非作为计算或观察的结果。它们与赌徒、量子理论家和遗传学家运用的客观概率和客观效用形成鲜明对比。

虽然概率的数学概念没有错，但除了作为初步的猜测或估计，主观概率和主观效用是无可辩解的。即便如此，对概率值的任何猜测只有在所讨论的事件是机遇事件时才是正当的——而机遇事件在社会生活中是例外。确实，社会不是赌场：如果行为体控制着情形，他们就会使用因果假说来选择自己的做法。可以肯定的是，生活中一直有意外。但只有大量诸如火灾和车祸等不相关的意外的集合，能被视为具有概率性质。然而，决策论和所有其他理性选择模型都处理个体行动，而非这种集合。

此外，对"概率"这个概念的任何严肃应用，都需要对所有可能备选项的知识，因为这种备选项的概率之和必须等于 1。但在真实生活中，我们很少提前知道任何给定行动的所有可能结果。尤其是我们忽视了事与愿违的结果。例如，我们可以很好地假设行动只具有两个可能结果 O_1 和 O_2，但结果可能是备选项的数量是 1 个或是 3 个，在这种情况下，将违背等式"$p_1 + p_2 = 1$"，所以概率估计将是双重任意的。

主观效用

理性公设以两个版本出现：朴素的和精致的。前者陈述说，理性行为体选择更可能使产生的收益最大化的做法（参见诸如 Boudon，1998：264）。这个决策规则是清晰且实用的，且它实际上很多时候在各行各业中都被采用。例如，商人做成本-收益预测，其会计师在事后检查它们。即便不准确，这种预测和检查也是客观的：它们应该依赖于硬数据。此外，在复杂的情况下，预测可以在运筹学专家打造的数学模型的帮助下被改进。

如果把这个公设当作规范，而非对实际行为的描述，且只要明确有关行动的受益者和受害者可能是谁或是什么，那么该公设的朴素版本是靠谱的。毕竟，由于每个行为体都嵌入至少一个社会网络中，无论他做什么都注定会影响其网络中的其他成员，其中一些人可能会被他伤害，故而有理由试图抵制他的行动。

无论如何，理性选择理论包含了精致的而非朴素的理性公设。前者被认为是描述性的而非规范性的，且它陈述了，所有行为体为了使自己的期望效用最大化而行动。行动的期望效用是主观概率与该行动的结果的主观效用的乘积。在前一节审视了这个乘积的第一个因子后，让我们继续查看第二个因子。

按照理性选择理论，每个行为体都有效用函数 u，而它全然依赖于有关商品的数量 q，$u = f(q)$。但 u 对 q 的函数依赖 f 的精确形式很少被详述。当它被详述时，函数的选择是为了计算方便而非经验恰当。在前一种情况下，没有宣称什么明确的东西，而在后一种情况下，做出了毫无经验依据的论断。在这两种情况下，都没有科学。让我们仔细看看。

对效用 u 施加的唯一条件是，它是 q 的递增但增速下降的函数。这当然就是报酬递减规律。例如，在积累财富时，最初的几块钱比最后赚来或偷来的一块钱更有用、更令人愉悦。[这个假设似乎匹配每个人的经验，除了(1)极有野心的大亨或征服者,他们的欲望随着他们的资产呈指数增长,以及(2)科学家和研究技术师,他们知道知识随着投入呈指数增长。]

但有个难题:所讨论的两个条件不足以定义效用函数,因为它们被无穷多的函数满足。文献中最受欢迎的三个函数是 $u_1 = \ln q$, $u_2 = aq^{1/2} + b$,以及 $u_3 = aq - bq^2$,其中 a,$b > 0$。这些函数彼此非常不同。确实,商品数量变化 Δq 对应的效用变化是 $\Delta u_1 = \Delta q / q$, $\Delta u_2 = a\Delta q / 2q^{1/2}$, $\Delta u_3 = (a - 2bq)\Delta q$。

如何在这些或其他满足相同一般条件的函数间进行选择呢?理性选择理论在此帮不上忙,因为每个选择都必须被假设为使理论家的效用最大化,而这在科学研究中应该并不相干。应该只求助于科学方法:你应该选择最符合经验数据的函数。但这些很难得到:确实,极少有关于这个主题的近来的经验探究,更早的发现是不可靠的且无论如何都互不一致。所以,选择成为计算便利问题。更糟糕的是,采取了精确形式的效用函数的多数理性选择理论家都假设它对每个人是相同的。但这与初始假设(即人被自己的偏好所个性化)相矛盾。

所以,理性选择理论家面临如下两难:他们详述或不详述人们的效用函数。如果详述,他们就必须通过参考经验研究来证成人们的选择,但由于这难以捉摸,所以人们的选择是任意的。如果不详述效用函数的形式,那么他们的谈论是空洞的。简而言之,精确性无经验证据相伴,不精确性则与呓语差不多。在这两种情况下,科学都被嘲弄了。难怪实在(即所有科学理论的被指称项和对它们的检验)在理性选择理论家间如此不得人心,也难怪决策论和一般的理性选择理论被心理学家、管理科学家和哲学家猛烈批评(参见诸如 Bunge,1996;1998;Kahneman, Slovic, and Tversky, 1982;March and Shapira, 1987;Rapoport,1989)。

经验支持

对任何理性选择模型的经验检验,都依赖于测度有关主观概率和主观效用的可能性。但这些都很难得到,恰恰因为它们是主观的。在赌场之外,我们最多只能得到形如以下的陈述:

　　主体 a 认为事件 b 比事件 c 更可能发生。

　　主体 a 更喜欢结果 b 而非结果 c。

　　这两个陈述都不容易得到,除非能询问有关主体。通常,观察者无法触及他的主体,主体是匿名的、非常遥远的甚或已死的。在这些情况下,观察者能做的一切就是试图猜测他的主体对重要结果赋予的概率和效用。例如,如果主体实现了目的 A,可以猜测他认为 A 既可能实现又有价值。然而,这一猜测是不确定的,鉴于我们很少实现我们追求的结局,正如默顿(Merton,1949[1957])很早以前就展示的那样。

　　观察者的难题是反向难题。给定特定结果,猜测其原因,在这种情况下,原因是主体的行动和深层的利益、信念、约束和决策。现在,数学家自古以来就知道反向难题要么没有解,要么有多个解。例如,设想寻找两个和为 11 的数位(digit)这个难题:它有五个解。

　　因此,理性选择理论家的以下断言是十足的自负:他能从个体的行动的结果中读出其利益和意图。它类似于自然神学家通过把尘世事物视为带有造物主的指纹来重建造物主的宏伟计划这一工程。

　　换句话说,任何理性选择模型中的假说都是不可经验检验的。以商业或政治行动为例。如果是成功的,可以声称它是参照对概率和效用的正确评价而被考虑的。如果是不成功的,则可以声称该评价是错误的。就像神学一样,该理论总是正确的:只有人能犯错。换句话说,行动检验人而非理论。所以每当事情出错时,就撤换负责人而非一般政策。

　　接受理性选择理论的公设的理由就是这些。第一,它们很简单,无视结构性约束。第二,它们似乎解释了每个可能选择:对麦片或伴侣、诚实工作或犯罪生涯、和平或战争、种族隔离或取消种族隔离、酗酒或戒酒的选择,等等。这种表面的普世性让人想起了早先的万能秘方:发生的一切都是上帝的意志,是时代精神的产物,是辩证法的案例,是演化的产物,或内置于脑中。

　　现在,中世纪的逻辑学家知道,对所有事物的说法对任何具体事物都不成立。例如,诸如"p 或非 p"等逻辑真理不管怎样都成立,那就是,无论是否为 p:它们并不关于真实世界,由此它们逃脱了经验检验。类似地,"行为体所做的任何事情都是由他的理性选择导致的"这一陈述是不可检验的,因为我们不知道行为体认为什么是理性的，或者他的偏好真正是什么——遑论他给各种可能结果分配的"概率"（或更确切地说是可能度①）。

理性选择的公设已被应用于成瘾这个明显不理性的行为模式。为什么这么多人即便知道吸烟导致癌症和心血管疾病还要吸烟？贝克尔和墨菲（Becker and Murphy，1988）臆断，吸烟者计算如下风险：他们权衡了愉悦的收益与疾病的痛苦，并得出前者大于后者的结论。但当然，他们没有为这个轻浮的幻想提供经验支持。社会心理学家和流行病学家知道答案复杂得多：人们吸烟是因为他们在青春期时由于同龄人压力而上瘾、意欲"合"群并被视为成年人，以及广告的影响。一旦上瘾，他们就发现很难戒掉。成瘾是与社会因素和经济因素强烈连接的医学境况。

为什么这么多美国青少年冒着不必要的风险，比如鲁莽驾驶、玩枪、不适度饮酒和无保护的性行为？因为他们计算了备选做法的成本和收益吗？按照研究该问题的社会心理学家的理论，并非如此。首先，冒险在各文化中并不统一。旧城区黑人青少年比城外白人青少年冒更多险。城市和城外居民继而比农村居民冒更多险。同龄人压力在农村社会中引发了风险厌恶，而在城市环境中引发了风险行为。牧羊人没有机会偷车兜风、抢劫小店、走私毒品、参与帮派斗争甚或醉酒。

理性选择理论家在婚姻、犯罪、种族隔离甚至宗教信仰上初试身手。正如斯梅尔塞（Smelser，1998：3）所说，"如果你使够劲，**一切**都会变得理性"。所有梦都具有性内容，无论是公开的还是潜在的，当弗洛伊德这么陈述时，他也做了类似的事情。任何这种横扫一切的假说，如何能进行经验检验呢？它不能。并且如果一个假说是不可检验的，为什么要把它视为科学的甚或值得讨论的，除了作为虚构作品外？

然而，理论甚至可能比不可检验，故而不科学，更糟糕：它可能是不相关的。

---

① 从语境来看，本书所有的 likelihood 并非概率统计术语"似然"。读者可参考 Mario Bunge，"Like-lihood"，in *Philosophical Dictionary*（enlarged ed.），Amherst，N.Y.：Prometheus Books，2003。对于邦格对 possibility、likelihood、frequency、probability、credibility 和 plausibility 的细致探讨，读者可进一步阅读 Mario Bunge，*Emergence and Convergence：Qualitative Novelty and the Unity of Knowledge*，Chapter 14，Toronto：University of Toronto Press，2003。

我声称理性选择理论在很大程度上与社会学不相干，因为它是以个体为中心的，故而无视社会的内核（即社会结构）或维系着人们的关系集。这就是为什么该理论不能成功处理诸如社会不平等、边缘、政治压迫和文化剥夺等紧迫的社会问题。

理性选择理论在处理重要的实践问题上力量有限的另一个理由是，它预设了行为体在权力上几乎平等。但与稀缺资源有关的情况很少如此：在这些情况下，权力通常比策略更具决定性。然而，权力跟时间一起，是理性选择理论中缺失的关键变量之一，该理论假设只有（工具）理性是重要的。目睹奴隶制、殖民主义、独裁和垄断等情况即可。

理性选择理论甚至在权力不是决定性的情况下也让我们失望。尤其是，不是每个竞争都能被建模为博弈，虽然博弈论被广泛视为**唯一的**冲突理论。确实，思考一下两个单元（个体或群体）竞争给定的不可分割的资源这个常见情况，比如新娘、工作岗位、客户、矿产或诸如此类。这个情形类似于两个孩子玩听着音乐，来抢夺一把椅子的游戏：当音乐停止时，孩子们停下正在做的事情而冲去占领那把椅子。这个游戏不能用博弈论来建模，因为不存在两个玩家都赢或都输的情形。事实上，在这个游戏中，可能结果只有"我赢，你输""我输，你赢"。收益矩阵的另外两个元素，即"我赢，你赢"和"我输，你输"，都缺失了。因此，不能建构对这个简单游戏的博弈论模型。

另一方面，理性选择理论可能与社会心理学相干，因为它处理社会行动的来源之一，即计算。例如，它粗略地解释了人们为什么加入利益群体，比如工会和职业协会。它还解释了我们为什么计划自己的行动——虽然没有解释为什么计划出错的比例如此之高。但由于忽视情绪，该理论在许多重要的情况下都惨遭失败。几个例子应该足以把这点说清楚。

理性选择理论能解释为什么旧城区男青年采取硬汉姿态：只有强硬者有希望在恶劣环境中活下来。因此，他们否认恐惧、痛苦和羞耻。但这种情绪否认助长了有勇无谋和攻击性，这继而增加了它应该免疫的暴力。结果是暴力成为美国贫民区年轻男性最常见的死因。

该理论也未能解释诸如环保运动、民权运动和宗教运动等抗议运动，因为它们是由情绪而非理性点燃的。任何这些运动的成员都不会问"这对我有什么好处":他们是真的无私,并且如今一些抗议运动比任何传统运动都吸引了更多的人。

诚然,情绪并不在股市上交易,但它们有助于解释为什么股价很少与真实(或账面)价值相匹配。总之,我们在计算时必须考虑与之一道的情绪。理由应该是显然的:情绪的器官(边缘系统)在解剖和生理上与认知的器官(大脑皮质)连接着。这就是为什么激进理性主义注定会过得与激进情绪主义一样惨。

如果对不理性行为至少与理性行事一样频繁还有任何质疑,请思考联合国开发计划署公布的年度开支的如下数字:美国的化妆品为 80 亿美元;欧洲和美国的香水为 120 亿美元;欧洲和美国的宠物食品为 170 亿美元;日本的商业娱乐为 350 亿美元;欧洲的香烟为 500 亿美元;欧洲的酒精饮料为 1 050 亿美元;全世界的麻醉药物为 4 000 亿美元;全世界军事支出为 7 800 亿美元。另一方面,实现普及基础教育的年度额外支出只有 60 亿美元;水和卫生设施支出为 90 亿美元;女性的生殖健康支出为 210 亿美元;基础健康和营养支出为 130 亿美元。即便是潘格洛斯博士①也会对总量如此巨大的不理性感到震惊。

简而言之,经济人或"理性"人是冷酷的计算器,它无视社会关系和地位并忽视宣传,而真实的人常常算错或根本不计算,培养并运用关系,重视高地位且极易受到宣传的影响。

适用性

你期望诸如理性选择理论等最终与行动相适应的理论会被广泛用于商业和政治,但情况并非如此。例如,管理顾问很少甚至从未运用决策论来作出有关商业政策、计划或业务的决策。类似地,政治分析家和政治顾问(与政治理论家不同)不运用博弈论来决定应该面对冲突还是避免冲突。这是正确的,因为该理论的任何应用都需要关于相干概率和效用的不可触及的信息。一个例子将展示为

---

① 潘格洛斯博士是伏尔泰的小说《老实人》里的角色,其为人乐观,在面对种种灾难时,他总是认为世上所有事物都是完美的。

什么如此。

约翰·海萨尼(Harsanyi,1956)在为自己赢得诺贝尔经济学奖的一篇论文中,得出了利益冲突情形中任何给定谈判方的决策规则,以决定做出让步还是等待对手做出让步。把 S_1 和 S_2 分别称为玩家 1 和玩家 2 在某个给定时刻的最后报价,如果没有达成协议,就用 C 指谓冲突。假设每个玩家都试图使自己的期望效用最大化,结果是玩家 1 愿意面对冲突而非接受其对手的最后报价 S_2 的最大概率是:

$$p_1 = \frac{u_1(S_1) - u_1(S_2)}{u_2(S_1) - u_1(C)}$$

交换上面公式中的指数 1 和 2 后,得出玩家 2 应该愿意面对冲突的最大概率的公式。因此,所谓的决策规则是:如果 $p_1 < p_2$,玩家 1 应该做出下一个让步;如果 $p_1 > p_2$,玩家 2 应该做出下一个让步;如果 $p_1 = p_2$,每个玩家都应该做出让步。

毫无疑问,这个规则是精确的。但它的适用性如何:效用函数能被赋予精确的值吗?当然不能。首先,该规则假设了讨价还价"博弈"是碰运气:每个结果都是随机的,故而能被赋予概率。但这个假说极其不现实:理性行动的重点在于使机遇的作用最小化。它进一步假设每个玩家都知道其对手给各种结果赋予的效用,由此他能计算涉及的风险。但实际上,他无法获得这种知识。事实上,他甚至不太可能知道自己的效用。因此,海萨尼的决策规则不是如此。这又是一个天真地相信纯粹理性可以处理实践难题的案例。

现在,思考一下宏观社会问题,比如经济增长。关于国家经济规划,理性选择理论没有什么要说的,因为它使所有经济决策都在个体的手中。主流经济学家也不具备处理这个难题的能力,因为他们忽视了所有非经济问题,比如人口因素、财富分配、公共卫生、教育和政治。然而,显然所有这些因素一定在经济增长中扮演了角色。例如,在一篇被广泛讨论的论文中,佩尔森和塔贝利尼(Persson and Tabellini,1994)论证道,相干统计表明,社会不平等是经济增长的障碍。

在经济增长与不平等的负相关之下的一个靠谱机制是:(1)穷人缺乏营养、健康状况不佳且无技能,故而不能高效地表现;(2)低薪工人没有动力提高他们的生产率;(3)只要大多数人的购买力低,内部市场就不会增长。社会经济规划(个体主义者为此而烦恼)的教训是,经济增长的关键之一是赞成更公平的收入分配,但"社会不平等"和"收入分配"这两个概念在严格唯个体理性选择理论的词汇中缺席,因此,这个理论不能被用于设计社会改革:它必然与保守政治紧密相连。

简而言之,理性选择理论不能兼任高效的技术,因为它从一开始就不为真。与魔法相比,现代技术或基于科学的技术的特色是其规则依赖于规律,即依赖于在经验上是良确证的理论概括。

结论

理性选择理论在理论和实践上都失败了。是哪些方面出了错? 在以下方面出错:

1. **它不够理性**,因为它围着"主观概率"和"主观效用"这些模糊的概念打转,而忽视"自然资源"和"工作"这些关键又清晰的概念。

2. **它采取了本体论的和方法论的个体主义**(或原子主义),由此它漠视了人际纽带——换句话说,社会结构。

3. **它的野心太大**:在试图解释所有事物时,它没有说明任何具体事物,且它忽视了不同种类的社会事实的特质,它把这些事实看作交换的例子。

4. **它是三重非历史的**:(1)它不包含"时间"这个概念,故而不包含"变化"这个概念;(2)它被假设在所有时候且不管社会秩序如何,对所有人都成立;(3)它忽视了马克思(Marx, 1852[Marx and Engels, 1986]:97)关于选择局限性的实至名归的著名评说,即"人们创造自己的历史,但他们不是随心所欲地创造历史;他们不是在自己选择的环境下创造历史,而是在直接碰到的、给定的和从过去承继下来的环境下创造历史"。

5. **它的假说不可经验检验**,因为行为体和观察者都不可能知道所讨论的概率和效用。

由于这些深刻的缺陷,不能说理性选择理论正确地描述了人类行为。虽然可能会有人声称,该理论是规范的而非描述的。然而,这个断言并不为真,因为就像描述性理论应该为真一样,规范性理论应该有效。理性选择理论并未被表明是有效的行动指南,恰恰出于这个理由,它几乎没被用于管理或治理。这应该并不令人吃惊,因为要有资格作为现代技术,规范性理论就必须基于科学的描述性理论:想想工程学、医学或农学。此外,理性选择理论不是科学的,因为它模糊且不可经验检验。高效行动可以被成功的估计法则(rule of thumb)指导,而高效的**理性**行动被由规律证成的规则指导。

说到这里,我赶紧承认理性思想和理性行动在现代社会中的重要地位。提及科技、社会发明和规划就够了。讽刺的是,理性选择理论家无视这些活动。这应该并不令人吃惊,因为重要的新观念不是由自我利益而是由好奇心激起的,且新的制度和社会运动可以在赌桌之外的任何地方被设计。如果有所质疑,就尝试想象全然根据主观概率和主观效用来审议企业合并或新的社会项目。尽管估计了研究课题或社会蓝图的价值和成功的可能度,但这种估计是对作为主要推动力的发明或创新(发明的扩散)的担保。

结论是理性选择理论的传播是个悲喜交集的故事。它是悲剧性的,因为它诱惑了一些最出色的研究社会的学者,也因为它的失败败坏了科学主义。该扩散是喜剧性的,这有两个理由。第一,因为在人类事务中几乎没有证据表明,理性比习俗、强制、情绪甚或愚蠢更盛行,而有大量证据表明"理性的"(即自私的)个体行为常常导致集体的不理性(参见诸如 Cross and Guyer,1980;Coleman,1990)。第二,因为"人文主义"阵营或软阵营的成员由于相信该理论是科学的而拒绝它,而事实上它不是。确实,该理论端坐在"人文主义"阵营中,尤其是释义学传统或"诠释"传统中,因为其实践者声称有特权进入自己研究的行为体的心灵,几乎从不描述这些心灵之外发生了什么,且不为经验检验而费心。

第六章 波普尔的社会哲学

1955 年,我在智利大学讲授物理学和哲学,当我在它的图书馆浏览时,第一次偶然遇到了波普尔的《开放社会及其敌人》。我对它一见钟情——这只能发生在读得不深的书和探索不深的人身上。书里是对柏拉图、黑格尔和马克思的深远、出色、诚实和有用的批评。我欣赏钻研他们的作品所需要的勇气,以及在揭开当代极权主义的智识根源时展示出的洞察力。此外,我欣赏波普尔对待马克思所持有的公平性,当时马克思要么被视为半神,要么被视为魔鬼,这取决于你站在冷战的哪一边。回到布宜诺斯艾利斯后,我写信给波普尔,表达了我对那部重要著作的欣赏。这引发了一段持续了四分之一世纪的友谊。1964 年,我主编了第一本纪念波普尔的书《对科学和哲学的批判取径》。我们只在 20 世纪 80 年代初争论过,虽然不是围绕社会哲学,而是围绕他的"世界 3"①这个观念主义概念(Popper, 1968;Bunge, 1981a)和心理神经二元论(Popper and Eccles, 1977;Bunge, 1980a),我把这两者都打上了"不科学"的烙印。

我在本章意图识别并审视我所认为的波普尔社会哲学的主要支柱:理性、个体主义、自由至上主义(libertarianism)、反规律主义(antinomianism)、消极功利主义、逐件的社会工程,以及一根沉没的支柱——合乎需要的社会秩序。我的结论是,这些支柱确实都在那里,但它们是摇摇欲坠的不能支持如此深远一致且丰富

---

① 波普尔把世界的实在分为三部分:世界 1 是物理实体的世界,包括各种物质、能量、生命体等;世界 2 是心灵的世界,包括喜怒哀乐、感知、思想、决策等;世界 3 是心灵的客观内容的世界,包括语言、艺术、宗教、科学猜想与理论等。

细致的,以至于值得被称为结实的社会哲学的建筑,遑论能鼓舞任何社会活动家或政客的建筑。这可以解释为什么新保守主义者、古典自由主义者①和民主社会主义者都声称波普尔站在他们那一边。因此讽刺的是,波普尔的遗产与黑格尔或马克思的遗产一样歧义。这是不可避免的,因为对复杂客体的任何概述(比如社会哲学)能以无限多的备选方式来完成。

理性

开放社会——自由、进步的社会——的好公民是理性主义者:他采取"乐意倾听批判性论证和从经验中学习的态度"(Popper,1945[1962]:Vol.2,225)。然而,众所周知,波普尔的理性属于消极种类:他并不试图寻找支持(或证成)任何给定假说或提议的理由,他只寻找反对它的理由。(最后有更多关于波普尔的否定主义的内容。)

按照波普尔,开放社会的好公民基本上以与科学探究者相同的方式行为,即通过试错,或更确切地,通过猜想和批判性讨论。这个态度对与他人理性地和平共处、向他人学习、讨价还价与达成公平交易,以及实现共同目标和不求助于暴力地和解冲突而言,是必要的。"理性是迄今为止发现的对暴力的唯一备选项。"(Popper,1970a:256)

相比之下,独裁国家的忠诚臣民必须盲信上面告诉他的东西,且必须毫不犹豫地服从他的上级。(回顾意大利法西斯的口号:**相信、服从、战斗**。)简而言之,理性是支持自由、民主、公正和进步的必要条件。那么,难怪独裁国家不鼓励开放的理性辩论,而推广波普尔(Popper,1945[1962]:Chapter 24)所称的"神谕哲学"。同样,对无理性主义的批判是对自由权以及其实是对现代文明的捍卫的一部分(Bunge,1944)。兜售诸如辩证逻辑、现象学、存在主义、释义学或解构主义

---

① 在西方政治语境中,liberal 有"自由主义者"和"自由派"两种意思。前者在西方政治光谱上非常宽泛,并无明显的"左""右"特征;但后者具有鲜明的左派色彩,与之相反的是"保守派"。从语境来看,全书所有的 liberal 都是"自由主义者"的意思。值得一提的是,自由至上主义者、古典自由主义者和新自由主义者在经济主张上如今都是保守派,而非自由派。

等过时的无理性主义"商品"的人,将从阅读波普尔论无理性主义(尤其是"神谕哲学")与民主的不兼容中受益。

对于在学习、评价知识断言和辩论中涉及的概念理性或认识理性,就说这么多。关于高效行动呢? 显然,消极理性在此帮不了我们。高效行动需要实践理性,因为我们需要知道给定的实践问题是否确实需要行动,如果需要,要采取什么行动。

但什么是实践理性或工具理性呢? 波普尔在《开放社会及其敌人》中并未细致处理这个问题。此外,波普尔(Popper, 1945[1962]:Chapter 3, Section 6)着重警告了被他戏称为"本质主义的"形如"什么是 X?"的问题,而这类问题与被他视作"方法论唯名论"的特色的形如"X 如何行为"的问题相反。但反本质主义是他希望战胜的实证主义和语言哲学的成分。毕竟,所有本体论问题(形而上学问题)都属于"什么是"的类型。可以看看"什么是物质?""什么是生命?""什么是心灵?""什么是社会?"和"什么是价值?"等问题。此外,这些难题位于科学与本体论的交集——一个波普尔和实证主义者都裁决为空的交集。

然而,20 年后,波普尔试图回答"什么是工具理性"这个问题。他在一篇名为"理性原则"(Popper, 1967[1985])的论文中作出论述,这篇论文产生了一个规模虽然不大但繁荣的学术产业。这篇论文诠释的多元性的理由是,它不仅未能区分"理性"一词的十几个含义,而且提供的对工具理性原则的陈述令人不满,对其方法论地位的审视甚至更令人不满。让我们快速看一下。

波普尔版本的(工具)理性原则为:

(R)"行为体总是以适合于他们所处的情形的方式行事"(Popper, 1967[1985]:361)。

这个陈述是如此模糊,以至于可以说它对外部场中的电子也成立,对面临实践难题的人也成立:确实,两者都按照自己的环境行动。波普尔(Popper, 1967[1985])承认,(1)R"几乎是空洞的",只是补充道,(2)它为假——故而不空洞——然而(3)"作为规则,它足够接近真理",以及(4)"是每个或几乎每个可检验的社会理论不可或缺的一部分",因为它是对个体行为(继而解释社会事实)的解释的关键。

由于(1)与(2)相矛盾,而(2)又与(3)和(4)相矛盾,理性的行为体要做什么呢? 什么也不做,因为矛盾使之瘫痪。不管怎样,R 几乎不可检验,即便只因为它所依赖的"适当行为"概念是模糊的。由于不可严谨检验,R 既不真也不假。因此,尽管有波普尔的上述观点(3)和(4),但 R 仍不应该在任何科学的(scientific)社会理论中出现(Jacobs,1990;Nadeau,1993;Bunge,1996 有更多关于这方面的内容)。

简而言之,波普尔正确地强调了开放社会在概念上需要理性辩论,在工具上需要理性行动。但他既没有分析前者,也没有成功精确地告诉我们后者是什么,另外他把其方法论地位搞得一团糟。

此外,由于波普尔的理性原则是空洞的,所以他的情形逻辑也是如此,而他声称情形逻辑能解释人类行动和社会事实——尽管他甚至从未概述它。因此,波普尔没有对社会解释作出持久的贡献。此外,出于以下理由,他不可能作出任何贡献。第一,没有社会结构的能动性是虚构之物。第二,无论在自然科学还是社会研究中,严格意义上的科学解释涉及展示或猜想某个机制——使个体或社会系统"运行"起来的机制——而非暗指某个不可名状的"情形"。

个体主义[①]

研究社会科学的多数社会哲学家要么是个体主义者,要么是整体主义者:他们要么看到树木,要么看到森林,从不同时看到这两者(参见 Brodbeck,1968,尤其是盖尔纳与沃特金斯之间的交流,以及 O'Neill,1973)。波普尔采取了由 17 世纪和 18 世纪的自由主义政治理论家和功利主义道德哲学家奠基且新古典微观经济学家和马克斯·韦伯赞成的本体论个体主义。这就是撒切尔夫人在其名言中总结的看法:"不存在社会这种东西:只存在个体。"

换句话说,波普尔拒绝承认诸如家庭、学校、企业和国家等拥有超个体特征

---

① 读者可进一步阅读 Mario Bunge, 2000, "Ten Modes of Individualism—None of Which Works—And Their Alternatives", *Philosophy of the Social Sciences*, Vol.30(3), pp.384—406。

的社会整体。他甚至把社会纽带主要置于他的"世界3"中（Popper，1974：14）。（亚里士多德不会赞成这种从关系项中柏拉图式地拆分出关系的做法，但波普尔那时不怎么在意亚里士多德。）他还对应该伴随着本体论个体主义的方法论个体主义表示赞成："社会理论的任务是**根据个体**及他们的态度、期望、关系等……建构和分析我们的社会学模型——这一公设可以被称为'方法论个体主义'。"（Popper，1957［1960］：Section 29，粗体为原文所加）那就是与穆勒和韦伯一样，而与马克思和涂尔干相反，波普尔教导说，对每个社会事实的研究能且应该被还原为对个体行动的研究——虽然悖论的是且与韦伯和帕累托一致的是，没有心理学的帮助。

当然，波普尔或其他任何人都不可能摒弃他追随边沁和穆勒以及狄尔泰和韦伯而忽视的全局的（"集体的"）实体或特征。这有几个理由。一个是每个人都是若干社会系统的一部分（比如家庭、商业企业、学校、俱乐部和非正式社会网络），所以不参考社会系统，其行为是不可理解的。另一个理由是每个社会系统的特色都是涌现性质或系统性质，比如社会结构、生存能力、凝聚力、历史、进步、衰退和财富分配。第三个是社会心理学的重点在于试图借助社会学来解释个体行为和自个体行动的相互作用中涌现的宏观规则性，来探究个体-社会的接合点。

诚然，极其成功而强大的微软集团公司为个体主义口号做广告："集团公司无非是个体的集合。"但当然，经营集团公司的重点在于，制造或销售其任何个体成分都无法处理的商品，以及与诸如供应商和银行等其他集团公司达成交易，而它们甚至不会听取私人意见。类似的东西对所有其他种类的社会系统也成立：它们具有源于其成员间的劳动分工、合作和冲突的超个体特征。注意：社会是系统之系统这个系统主义论题，不应被误认为是整体主义或集体主义。后者是无理性主义的，而系统主义认为，只有把整体分析为其成分及其互动才能解释整体；回顾第一章。因此，它没有被波普尔（Popper，1957［1960］）对整体主义的破坏性批判所触及。

任何否认社会系统的存在的人，都注定会偷用社会系统或为其发明代用品。波普尔也不例外。确实，为了解释个体行动，波普尔援引制度和"情形"（或"事态"），就像其他个体主义者援引"情境"和"环境"一样。现在，社会情形只不过是社会的瞬间状态,例如,战争状态,或者政治动乱、经济繁荣、文化衰落或诸如此类。可以肯定的是,只有许多人拿起武器,才会有战争。但这些个体被组织成营、团和师,而营、团和师在特定方面应该作为单位来行动。此外,部队的命运不仅依赖于其军官的决策,而且依赖于诸如交通与通信线路、自然资源与经济资源、后勤以及国际形势等超个体物项。那么,整个"情形的逻辑"求助于超个体物项,另外它绝非"逻辑"。因此,波普尔的社会本体论可以被刻画为**杂糅了整体的个体主义**(*individholism*)①,而非一致地唯个体的(Bunge,1996 有更多关于这个混杂体的内容)。

对社会"情形"成立的东西,经适当更改后对制度也成立,波普尔正确地把巨大的重要性赋予制度,并为其脆弱性担忧。但除非你承认社会制度的存在,否则你无法形成对制度的清晰观念。确实,制度,比如婚姻,可以被分析为特定类型的社会中的行为模式,或者所有已婚夫妇的集合,这其中的每一对都是社会迷你系统。类似地,法律可以被解读为法律条文集连同法理学,或者所有法院和执法系统的集合,这其中的每一个都是政治系统的子系统,政治系统继而是社会的人工子系统之一。对定义总是充满警觉的波普尔没有告诉我们,他赞成对"制度"的这两个解读中的哪一个。

此外,波普尔(Popper,1968)把实在划分为他的三个"世界",没有为制度创造舒适的一席之地。事实上,制度不是物理实体,故而不能是"世界 1 的同住者"。制度也不是心灵过程,所以它们没有资格作为"世界 2"的居民。最终,制度跟难题、观念和书籍一起着落在"世界 3"中(Popper and Eccles,1977:38)。但这个"世界 3"是"具身"物项和"非具身"物项的任意混杂,而不是个世界、有结构的集合或系统(Bunge,1981a)。这给波普尔的"世界"类型学以及他对制度的观念提出了严重的难题。并且,这个难题又一次指出,没有全面又坚实的本体论框架来概述世界的用具及其被组织的方式,就不可能建立关于任何真实事物的哲学。

---

① 根据邦格编纂的《哲学词典》,individholism 是(方法论)个体主义与(本体论)整体主义的组合,它聚焦于在整体内和被视为整体的环境中运作的个体。读者可参考 Mario Bunge, "Individholism", in *Philosophical Dictionary* (enlarged ed.), Amherst, N. Y.: Prometheus Books, 2003。

为什么波普尔不加批判地采取传统自由主义和无政府主义中固有的个体主义社会本体论？最简单的答案是，他这么做以应对在柏拉图、黑格尔、马克思及其继承者的思想之下的对社会的整体主义（或集体主义）构想。回顾一下令人心寒的纳粹口号"你什么都不是，你的民族才是一切"（*Du bist nichts，dein Volk ist alles*）。

不能怪波普尔未能超越个体主义-整体主义的对立并采取系统取径，因为在他写《开放社会及其敌人》时还不存在明确的系统哲学。但系统取径肯定已在所有科学——自然科学、社会科学和生物社会科学——中以意会的方式被实践了。尤其是社会科学家总是研究社会系统——比如家庭、帮派、网络、村庄、商业企业、政党、国家和整个区域——虽然很少明确运用系统这个概念。并且他们总是把个体行为置于这种系统（或"情形"或"制度"）内，虽然他们没注意到这么做既不忠于个体主义，也不忠于整体主义。

为什么波普尔未能概述一个原创甚或一致的社会本体论呢？我猜想理由是，他和他最好的对话者（即维也纳学派的成员）都对形而上学（或本体论）不感兴趣。此外，双方都认为形而上学要与他们的兴趣焦点即科学和认识论相脱节。他们并未意识到，科研预设了一些本体论假说，比如外部世界的自主性和遵循规律性：形而上学不仅是科学的来源（Agassi，1964[1998]），而且是其不可避免的成分。这个成分如果被隐藏，就会造成伤害，如果被披露和解决，就会帮上忙。

自由至上主义

个体主义者主要关注个人及其自认为合适地生活的自由。尤其是理性主义个体主义者最看重他按照自己的信念和利益来思考、言说和行动的自由。那么，难怪波普尔是自由至上主义者——虽然不是像巴枯宁或我们同时代的右翼那样的激进自由至上主义者，因为他意识到需要一些社会控制，即便只是为了保护个体的自由。

根据定义，自由至上主义者是以自由权为最大社会价值的人（例子是美国公民自由联盟）。如果是温和的，自由至上主义者就是自由主义者：在捍卫宽容时，他承认需要削减每个人的自由以确保其他人的自由权。相比之下，激进自由至上主义者相信不受约束的个人自由——尤其是不受限制的自由企业。他甚至相信携带武器、加入私警团体和发表仇恨言论的权利——这些在更文明的国家中都是不被允许的，而所有这些国家都限制个人自由权和公民自由权，以保护个人自由和个人福利以及公共秩序。激进自由至上主义者会像 20 世纪 60 年代的嬉皮士一样"喜欢自由"，除了后者声称也崇拜平等和博爱之外。

　　显然，波普尔是温和自由至上主义者，因为他赞成把宽容限制于宽容的人身上。此外，与他的一般的否定主义哲学相一致，波普尔以积极自由权（做……的自由）为代价强调消极自由权（免于……的自由）。（对于互不妨碍与自我作主之间的差异，参见 Berlin，1958［1969］。）但好公民除了权利之外还有义务，所以他不能要求不受打扰。就像涂尔干（Durkheim，1972：150）指出的，"政治自由是手段而非目的。它的价值不超过它的使用方式"。因此，波普尔的自由权观是片面的。结果便是，它在政治上是无效的：除非人们被积极理想驱动，否则他们不会有强大的动力来参与政治。并且当这发生时，可能会发展出冷漠和危险的政治真空，而市场崇拜和族群仇恨可能会涌入政治真空中（参见 Touraine，1994）。

　　无论是温和的还是激进的，自由至上主义者对自由权的看重远远超过平等或博爱。此外，他们相信自由能跟明显的社会不平等一起存在。但这为假。确实，在存在明显的社会（尤其是经济）不平等之处，一些人就会挥舞比其他人大得多的权力——而权力就是改变其他人的行为，故而侵犯他人的自由权以满足自己感知到的利益的能力。尤其是，众所周知，大型跨国集团公司很难是平等的拥护者，如今它与独裁国家的武装力量一样，作为强大的经济的、政治的和文化的权力的来源。

　　由于不平等的人之间不可能存在完全的自由，真正的所有人的自由只有与一定程度的社会平等一起才能获得。但是，保护平等，即阻止（政治的、经济的或文化的）权力的集中，当然需要自由。结果便是，你应该拒绝被迫在自由权与平等之间做选择，相反，你应该选择带有自由的平等。就像美国法律现实主义者罗斯科·庞德（Pound，1922［1954］：168）所说："必须平衡人们对平等的欲望和对自由的欲望。任何一方走到极端都会否定另一方。"

总之,传统自由主义和威权社会主义对任何关心自由或平等的人而言都是不可接受的,更不用说对任何热爱这两者的人。此外,可以论证的是,虽然自由权和平等对民主是必要的,但没有大量团结,它是脆弱的。齐全民主(integral democracy)①甚至可以被刻画为熟悉的老三样:自由、平等、博爱(*Liberté*,*Egalité*,*Fraternité*)。

反规律主义

整体主义者——比如伊本·赫勒敦、黑格尔、孔德、马克思、恩格斯、涂尔干和帕森斯——是必然论者:他们相信人任凭自己的社群摆布,而社群继而被对个体行动而言坚不可摧的铁律所统治。波普尔(Popper,1957[1960])把这个学说称为"历史主义"——这偏离了传统用法②,产生了许多贫瘠的论战。相比之下,个体主义者,尤其如果是自由至上主义的,是唯意志论者而非必然论者。结果便是,他们注定会否认不可改变的历史规律的存在:他们是反规律主义者。因此,他们会认为历史编纂学是个殊的学科,即处理殊相的学科,而非通律的科学,即寻求规则性的科学。波普尔从康德和新康德主义者(尤其是狄尔泰、文德尔班、李凯尔特、齐美尔和韦伯)那里继承了这个看法。(顺便一提,波普尔的社会哲学的新康德主义根源——波普尔的家丑——几乎没被探究过。波普尔总是巧妙地掩盖他的踪迹,他没有留下任何与其哲学来源有关的明确线索,他只告诉我们他反对谁。)

反规律主义部分而言是对从魁奈和斯密到穆勒和马克思的支配着社会思想

---

① 读者可进一步阅读 Mario Bunge, *Political Philosophy：Fact，Fiction，and Vision*，Chapter 9，New Brunswick，N.J.：Transaction Publishers，2009。

② 英语中的 historicism 和 historism 都可以翻译为"历史主义",如今两者经常被混用,令人倍感困惑。"历史主义"最普遍的用法是,认为事物的性质只能依靠其历史发展过程来理解。但它也可能是指:(1)历史相对主义或价值相对主义,认为所有评价视角本身就是历史的,所以不可能存在非历史的客观立场;(2)19世纪左右在德国兴起的一种历史编纂学,它在一定程度上是对非历史的启蒙运动的反动;(3)认为历史与自然之间存在差异,所以历史学解释有别于自然科学的因果解释。无论如何,波普尔的"历史主义"与传统用法截然不同,甚至在特定的传统意义上,波普尔反而更像是历史主义者。

的自然主义①的抗拒(参见诸如 Clark,1992)。确实,反规律主义是波普尔在其他方面如此有效地苛责的观念主义(尤其是浪漫主义)哲学中所固有的。反规律主义也是对宿命论的抗拒,无论是异教的、伊斯兰教的还是加尔文宗的。因此,波普尔(Popper 1957[1960])把他的《历史主义的贫困》献给成为历史命运的不可抗拒规律这个极权主义信念的受害者的所有宗教信仰、国家或种族的无数男女。

然而,对规律的信念,无论是自然规律还是社会规律,都不应被误认为是对命运的信念。可能存在客观的社会规律尤其是社会变迁规律(即历史规律),但不存在关于它们的宿命论,因为我们是社会性的,是这种规律的创造者和根除者,且至少部分地控制着它们——就像工程师参照自己对自然规律和环境的知识,在触发、阻碍或引导物理过程或化学过程时控制着它们。

甚至像阿历克西·德·托克维尔(Tocqueville,1985:300)这样的唯意志论者也并非全然甚或主要对历史细节感兴趣,他在 1853 年给种族主义者戈宾诺的信中写道"人的命运,无论作为个体还是国家,就是他想思考的东西"。事实上,就像他在 1857 年写的,他寻求"事情的一般原因,以及产生它或由它产生的观念和激情的运动。毕竟,在历史上只有这是绝对**确定的**;所有具体的东西总是或多或少可疑"(Tocqueville,1985:351,粗体为原文所加)。就像每个有洞见的社会科学家一样,托克维尔摆脱了细节并拒绝了具体/一般(或个殊/通律)的二分法。类似地,在其方法论作品中捍卫了所讨论的二分法的马克斯·韦伯,在其实质性作品中并未运用它。在后者中,他把个殊的文献和分析用作原材料,以表述"关于诸如制度化的观念与社会组织之间的关系,以及看似互不联系的诸社会制度的结构性相互依赖的模式和动力等抽象的社会学难题的通律的假说"(Merton,1987:15)。

诚然,波普尔在《历史主义的贫困》中展示了被他误称为"历史主义的"思想家未能展示任何历史规律,他们只指出了一些趋势。阿诺德·汤因比所谓的宏

---

① "自然主义"在哲学的不同分支中具有不同含义。本书除了此处以外,都是指"本体论自然主义",即认为世界上不存在灵魂、神祇、幽灵等超自然事物。它可以被视为唯物主义或物理主义的同义词,与之相反的是"超自然主义"。但这里是指一种社会观,它认为社会是自然的,且常常参考地理、生物等方面来解释人类社会。与之相反的社会观则把自然与社会对立起来,认为历史、文化不是自然的,故而常常强调社会科学与自然科学的差异。

大历史规律已被证明是虚构的。在经过几年的工作之后,(美国)社会科学研究理事会的历史分析委员会只生产了一批贫乏的历史概括(Gottschalk,1963)。

然而,这种失败并不决定性地证误历史规律的存在。实不相瞒,通过把研究的焦点从短期且孤立的历史事件转移到社会系统中的过程,一些当代历史学家(尤其是年鉴学派历史学家)已提出相当数量的非琐碎且靠谱的历史概括和趋势,而这些是任何聚焦于殊相的人所没想到的。(对于焦点从被视为由重要个体导致的短事件到被视为长时段的大型多维社会系统的转移,故而从"凯撒为什么渡过卢比孔河"这类小问题到"地中海世界为什么在 17 世纪中期开始衰退"这种宏观问题的转移,参见 Braudel,1969。)

对我们的目的而言,以下社会准规律的随机样本应该够了。(1)任何影响生产方式的技术创新都会促进社会流动(同时包括向上流动和向下流动)。(2)快速的人口增长→过度耕种和砍伐森林→土壤肥力的侵蚀和损失→粮食产量下降→粮食短缺→政治动乱。(3)"弱关系"(泛泛之交关系)短缺的社会系统,趋于支离破碎和不融贯:这就是弱关系的力量(格兰诺维特)。(4)所有社会创新都是由新的社会群体引进的(卡尔)。(5)不可再生资源的枯竭最终会扼杀特定的产业部门,除非找到各自关键原材料的替代品。(6)今天的制度并不完全适合今天的情形(凡勃伦)。(7)所有在一些方面的进步都涉及其他方面的退步。

那么,尽管存在反规律主义,但社会模式,尤其是历史规律,即社会变迁规律,存在一些靠谱的候选者。这有三个主要来源:(1)我们都沉浸在相同的生物圈中,而这个生物圈"遵守"自然规律;(2)所有人都是具有相同基础需要的动物,并愿意为满足这些需要做点什么;(3)所有正常人都是社交性的,由此他们趋于建立或加入各种社会系统,其中的每一个都具有特定功能,故而具有固有的模式。

但当然,跟秩序一起的还有无序——从仅仅意外到随机性。[并且正如保罗·瓦雷里指出的,(社会)世界同时被秩序和无序所威胁。]然而,不规则性或者对理想类型的背离,并非社会事务所特有。想想珍贵宝石根部的杂质,以及生物发育、日常生活和演化中的意外。然而,在这种不规则性之下可能存在一些规律。例如,由洋流的突然偏离导致的恶劣天气可能会导致歉收,歉收继而导致饥荒,饥荒继而触发一波政治动乱。只从生物学视角而非气象学视角看,恶劣天气是意外。由恶劣天气导致的歉收,也不是不遵循规律的事件。但如果政治动乱从其远端原因中被拆分出来,它看起来就仅仅是意外。

所以,跟意外一起的还有社会规则性。但无可否认地,我们对社会规则性的知识仍少得可怜。并且除非反规律主义偏见被历史编纂学研究和哲学分析所替代,否则对社会规则性的知识不会丰富。

消极功利主义

波普尔的道德哲学只占据了一个脚注(Popper,1945[1962]:Chapter 5, fn. 6)。事实上,这归结为消极功利主义。这是首先由佛陀、伊壁鸠鲁和科斯岛的希波克拉底提出的极简主义学说。这个看法被囊括在"不伤害"和"最小化痛苦"这两句格言中。言下之意,这些原则要求我们只治疗症状,克制去除邪恶的来源。通过以下论证,消极功利主义被雄辩地捍卫了:我们并非总是知道什么是客观地善的;对一个个体是善的东西可能对另一个是恶的;通往地狱的道路是由善意铺成的。简而言之,建议是不要过分关心他人:仅仅克制做恶,并提防"行善者"。

消极功利主义是那种为他人着想且聪明的自私:它是不能造成不必要的痛苦且意识到除非自己尊重他人的利益,否则就无法成功追求自身利益的个体的态度。消极功利主义者尊重他人,但他不太关心他们的福利。这让人想起肯尼思·阿罗的深刻洞见:"缺乏尊重的关心顶多是家长作风,且能导致暴政。缺乏关心的尊重是极端个体主义的冰冷世界,是对人类的内在社会本性的否认。"(Arrow,1992:45)

消极功利主义者让他人自谋生路:他更多根据权利而非义务行动。他忽略了在可持续的社会中,权利蕴涵了义务,反之亦然(Bunge,1989a)。结果便是,消极功利主义者没有对他追求自己的私人利益所需要的社会稳定作出任何贡献。因此,通过忽略他人的福利,他危害了自己的福利。

消极功利主义对社会政策的影响是自由放任主义。通过倡导有规划的社会工程而非自由放任主义,波普尔自相矛盾了。但由于他没有积极的道德哲学,他对社会工程的倡导是程序性的,而非实质性的。然而,我们要进入下一节了。

逐件的社会工程

　　波普尔知道每个社会都有缺陷,尤其是他相信"马克思所描述的无节制的'资本主义制度'的不公正和不人道是不容置疑的"(Popper,1945[1962]:Chapter 17,Section 3)。但波普尔远不像柏拉图、维柯、尼采、帕累托、斯宾格勒或他自己的朋友哈耶克那样是悲观主义者,他相信理性的社会改革的可能性:这种改革基于社会科学所预示的计划。他甚至斥责马克思公然抨击所有社会规划都是乌托邦的和不合乎情理的(Popper,1945[1962]:Chapter 13)。

　　事实上,就像社会功利主义者、社会民主党人、基督教社会主义者和早在他之前的"红色托利党人",以及两次世界大战之间的美国和斯堪的纳维亚的法律现实主义学派和大萧条之后的凯恩斯主义者一样,波普尔赞成社会改革和对应的学科,即过去常常被称为"社会工程"而现在常常被称为"社会技术"的东西(参见诸如 Polanyi,1944;Hicks,Misra,and Ng,1995)。确实,按照波普尔的说法(Popper,1945[1962]:Chapter 18,Section 4),可能存在对资本主义和社会主义的备选项:"例如,它能是直接改善我们生活着的世界的技术的发展,支持逐件工程、民主干预的方法的发展。"这种社会改革的结果是马克思所描述的"无节制的资本主义"转变为现代福利国家——而我更喜欢称之为"救济国家"。波普尔承认福利国家的缺陷,尤其是它涉及的官僚主义。但远不需要拆除,他赞成改善它(Popper,1959[1984]:246)。

　　由于他对进步的社会工程的拥护,波普尔不应该被指责为保守主义。近来他被视为"20 世纪最伟大的保守主义思想家之一"(Ranelagh,1991:194)的事实是另一个故事。这与政治修辞的不诚实特色有关,而与学术无关。普拉纳斯(Planas,1996:14)告诉我们,迟至 1991 年,在(西班牙)桑坦德的梅南德斯·佩拉尤国际大学的众多听众面前,波普尔否认自己是自由主义者,并拒绝批评社会民主主义。约翰·斯图尔特·穆勒也受制于类似的歪曲:自由至上主义者或新自由主义者记得他关于自由权的文章,但发现对《政治经济学原理》(Mill,1871

[1965])和《自传》(Mill，1873[1924])中的民主社会主义(尤其是合作社所有制)的大声称颂保持沉默则很省事。无论名人实际上想的是什么，他们的看法都会被臭名昭著者压制或歪曲。

因为反对社会革命但赞成科学革命，波普尔被指责不一致。他的辩解如下："如果理性的批判性讨论的方法应该建立起来，那么这将使暴力的使用变得过时：理性是迄今为止发现的对暴力的唯一备选项。"(Popper，1970a：255—256)换句话说：让我们都变成知识分子，且每个社会问题都将通过批判性讨论来解决。遗憾的是，这个会让莱布尼茨高兴的提议，忽视了一些众所周知的事实：(1)在所有已知的社会中，即便是最发达的社会，也只有极少数人有机会得到批判性思维的训练；(2)权力(政治的、经济的或文化的)常常被用来压制对社会弊病的公开讨论，并阻碍通过和平手段解决这些弊病的尝试；(3)这种对批判性辩论和对和平的社会行动的权利的压制，可能会招致反叛。

然而，波普尔的理性主义提议的不可行性，并不证明指责他的人是对的：确实，你可以既赞成渐进的社会改革又赞成激进的科学变革。这两者是互相兼容的，因为涉及两个不同(虽然无可否认地连接着的)领域：社会秩序和探索。可以肯定的是，永久的社会革命(按托洛茨基的方式)会妨碍知识的增长。更糟糕的是，它会导致教育的衰落。但社会改革与激进的科学变革相兼容。此外，在欠发达国家，这两者齐头并进(Bunge，1980b)。

然而，你不应该像波普尔追随库恩的方式那样，把每个科学突破都称为革命，达到了对"常规科学的危险"发出警告的程度(Popper，1970b)。我主张，与库恩和波普尔**相反**，我们只听闻历史上的两场总体科学革命：科学在公元前5世纪的诞生，以及在17世纪的重生。所有其他伟大的科学变革，都是部门的节奏变化、剧变或突破，尤其是特殊科学的诞生、分裂和合并。

自17世纪科学革命以来，科学知识史的演化本性或修正(而非积累或革命)本性有几个理由(Bunge，1983b：179—184)。第一，每个科学创新都部分地建立在已知事物的基础上。例如，马克思建立在斯密和李嘉图的基础上。第二，每个科学突破都是通过与已知至少一级近似为真的东西相比来评价的。例如，分子生物学之所以被接受，不仅因为它为基因变化机制提供了新洞见，而且因为它既是生物化学的自然结果，又与古典遗传学相兼容。第三，存在特定的既推动又约束所有科学探索的包罗万象的哲学原则。其中之一就是这个论题：实在是遵循规律的和可知的。第四，所有真正的科学探索，无论是"常规的"还是"革命的"，都遵守科学的**精神气质**，即最早由默顿（Merton，1942）识别出来的制度要件集：普世主义、认识共有主义、无私利性和有条理的怀疑论。（波普尔自己对科学伦理学的贡献是极小的，参见 Popper，1970c。可把它与爱因斯坦关于这个问题的著作和功绩做比较。）然而，这是枝节问题：在此，我们集中关注波普尔的社会哲学，而非其科学哲学。

虽然他赞成被规划的社会改革，但波普尔从未提出过任何支持它的建设性提议。此外，他并不细致审视任何社会技术，比如规范宏观经济学、城市规划、社会医学、法律或管理科学，所有这些都提出了有趣的本体论难题和认识论难题——例如，作为不同于理论的计划的本性问题。（此外，关于社会科学与社会技术之间的区别，他并不完全清楚，参见 Rhees，1969：52。）然而，在过去的 30 年里，波普尔常常在规划文献中被引用（参见诸如 Faludi，1986）——也许与提到科学变革时仪式性地引用托马斯·库恩一样，都是出自无理性。

波普尔只宣称，虽然不能在纸上规划历史，但"能规划**制度**，且制度正在被规划。只有通过一步一步规划制度来保障自由，特别是免受剥削的自由，我们才有希望实现更好的世界"（Popper，1945[1962]：Chapter 18，Section 4）。他还声明，**"所需要的是其结果能通过逐件的社会工程来检验的社会技术"**（Popper，1945[1962]：Chapter 23，强调为原文所加）。

然而，忠于他的反定义主义立场，波普尔从未令人满意地澄清他所说的"制度""社会技术"或"逐件的社会工程"的含义。（他钟爱的其他表达，比如"情形""历史主义""非决定论"和"世界 3"，也存在类似的模糊——故而是无尽的学术论战的来源。）不过从语境来看，他所说的"逐件的社会工程"显然是渐进且和平的（与革命的相对立）、部分或局域的（与全局的相对立）社会改革。其策略是"一次一事"。这类社会改革由俾斯麦和迪斯雷利发起，并在第一次世界大战后的瑞典、第二次世界大战后的英国和其他欧洲国家，以及在较小的程度上，在 20 世纪60 年代的美国被大规模地实行。这些改革涉及社会保障、医疗护理、教育、民权和犯罪预防。它们是由一团部分的、很大程度上是即兴的且从未被仔细协调甚或监视过的社会项目导致的。

就像我们都知道的那样,英国的撒切尔保守派以及美国的里根共和党人和现代翻版的民主党人,都激烈攻击并削减这些相当胆小的社会工程学文章。他们出于两个理由而这么做,一个没被说出来,另一个被明确陈述出来。未被陈述的理由当然是社会开支需要累进税,累进税伤害富人,而富人碰巧是保守政客的核心选民。显性理由是,在一些初始成功后,这些社会改革的成就几乎不超过提供救济——一个事与愿违的结果——并引发救济依赖。确实,英美社会都仍准周期地被或多或少严重的经济衰退及其后续所震动,且它们仍是社会不公的。更糟糕的是,英美现在的不平等比四分之一世纪前更突出。例如,众所周知,自1969 年以来,美国的社会不平等程度稳定且大幅度地上升(参见诸如 Harrison and Bluestone,1988)。因此,1%的美国人拥有总财富的 40%。同样,在保守政府执政下的英国,穷人的发病率和早死率急剧上升(参见诸如 Wilkinson,1994)。

因此,几十年之后,英美社会改革被证明并非完全成功。然而,发现社会计划失败是不够的:你应该试图发现它为什么失败。我主张在这个案例中,这些失败有两个原因:一个是局域的或环境的,另一个是普遍的或原则性的。前者是英美的社会开支都不得不与疯癫的军备竞赛、为富人减税、对从属国的扶持相竞争,且美国还深陷越南战争。社会改革是这些政治冒险的两个国内受害者之一;另一个受害者是国内的财政预算平衡,美国尤其如此。其他改革派资本主义国家尤其是联邦德国、法国、斯堪的纳维亚国家、比利时、荷兰、卢森堡和意大利,都没有为冷战牺牲社会福利。在这些国家,改革过的资本主义——德国人称之为"社会市场"——在缓解贫困上取得了惊人的成功。这就是为什么我把英美社会改革的最终失败称为"局域的或环境的"。

我主张所有已知的社会改革未能确保免于剥削的自由——这是波普尔与各色社会主义者分享的目标——它们的普遍理由或原则性理由是,它们都是逐件的或部门的,而非全局的或系统的。逐件的社会工程注定顶多只产生微小的结果,因为社会不仅仅是个体的集合或"总和",甚或互相独立的部门的加总:它是系统。(具象系统是复杂事物,其诸部分或成分被强大的纽带维系着,而纽带的总体构成了系统的结构。)此外,系统,无论是原子、化学反应器、有机体、生态系统、家庭还是整个社会,都不可能被成功地一块一块地改变,因为它的所有成分都结合在一起。波普尔曾经的学生——作为金融家和开放社会的推广者而声名鹊起的乔治·索罗斯(Soros，1998：226)承认，系统性难题不可能以他之前的老师所建议的逐件方式来成功处理。

例如，如果医疗护理通过大规模的疫苗接种和卫生设施而被改善，发病率和死亡率几乎会在一夜之间骤然下降。作为后果，人口可能急剧上升，继而可能导致粮食短缺、失业、环境恶化和政治动荡。只有医疗护理项目与教育改革和经济改革(比如土地改革和农村合作社的组织)的组合，才能抵消公共卫生的快速改善的不受欢迎的负效应。另一个例子是教育，它一度被相信是巨大的平衡器，但它实际上使现存的社会分化更明显。确实，只有享有特权的儿童和青少年进入了最好的学校并接触了最好的教育工具，比如书籍、显微镜和计算机。这允许他们超过所有其他人。简而言之，教育本身具有扩大社会鸿沟这个非意图的事与愿违的结果。只有采取对社会问题的系统取径或多部门取径，我们才有希望解决社会问题。

结论是在社会事务中，"我们永远不能仅仅做一件事"(Hardin，1985：58；也可参见 Hirschman，1990)。其理由是，人们总是在某个系统中行动并作用于某个系统，无论是自然的、社会的还是混合的系统。因此，通过改变其任何成分，你影响了其他几个成分，有时是以不可预见的方式。可以肯定的是，汽车的任何部分都能独立于其余部分来维修或更换——虽然当它行驶时不能。类似地，解剖学家能切割尸体的任何部分而不干扰其余部分。但外科医生只能修复活体的一部分，倘若他固定住活体并支持受手术影响的其他部分的话。但社会不能被固定。因此，必须在动态过程中修复它。因此，汽车和尸体的类比帮不了社会技术师。

系统社会观(与个体主义社会观和整体主义社会观都相对立)表明，倘若你同时在所有相关部门推进，你就能渐进地推进，因为它们都结合在一起(Bunge，1980b)。简而言之，合适的策略不应是"逐件的社会工程"，而是"由社会技术指导并在所有利益相关者的积极参与下执行的系统性社会改革"。(家长作风式社会项目可能具有持久的事与愿违的结果。只有民主参与能帮助探察社会功能失调，并克服政治惯性。)

遗憾的是，波普尔是个体主义者，而非系统主义者，可参见本章"个体主义"一节。此外，他对程序性而非实质性社会问题更感兴趣；他告诉我们，我们应该如何使事情发生——一次一个——而非我们应该做什么。那就是,波普尔可以被刻画为**社会形式主义者**,因为他对法治的兴趣远大于对法律的内容和目的的兴趣,对规划的兴趣远大于对计划的目标的兴趣。[注意与康德的伦理形式主义相似,还要注意在此使用的"形式主义"不能与"形式化"(即把直觉概念转变为精确概念)相混同。顺便一提,波普尔在自然科学中赞成形式化,但在其他地方不赞成。就像新奥地利经济学家尤其是他的朋友哈耶克一样,他大体上对社会研究中的量化表示怀疑。诚然他确实称颂了新古典数理经济学,但未能指出其关键概念(即主观效用概念和主观概率概念)不是良定义的,由此整个体系是纯装饰性的。]

然而,我们要进入下一节了。

社会秩序:破碎的支柱

任何复杂社会的人工部分或非生物部分,都可以被分析为三个互动的子系统:其文化体系、经济体系和政治体系(Bunge, 1979b)。关于第一个子系统,尤其关于自由批判性探索的传统以及需要帮它抵御无理性主义、独断论和不容忍,波普尔(Popper, 1945[1962])说了很多。另一方面,关于经济体系他说得很少,除了称颂自由市场和不假思索地拒绝经济民主这个想法(例如 Popper, 1959[1984])。相比之下,波普尔拥护一种明确的政治哲学,即高等的自由主义,它相当于法律平等连同政治民主和一点社会福利。由于上一节已处理了后一个成分,现在让我们处理前两个成分。

波普尔重视法律平等或法律面前人人平等。如今,政治理论家几乎不讨论这个问题,以至于 1987 年权威的《布莱克维尔政治思想百科全书》(*Blackwell Encydopaedia of Political Thought*)中没有它的词条。对法律平等的兴趣下降,有几个理由:(1)多数人很少签署正式契约,且绝大多数人都没有机会出现在法官面前;(2)诉讼当事人在法庭上实际得到的待遇,关键依赖于他们能购买的法律建议,甚或他们能走的政治后门;(3)在所有文明的国家,法律对待儿童和无行为能力的人的方式与对待有能力的成人的方式不同;(4)在多数国家,公司法人被免除了普通公民所必需的社会责任；(5)与经济不平等相比，法律平等是微不足道的——经济不平等问题仍困扰着所有政治民主国家，且自托马斯·莫尔的时代以来，它已引起所有严肃的社会哲学家的注意。回顾阿纳托尔·法朗士的妙语："法律以其无限的智慧，一样允许富人和穷人露宿巴黎的桥下。"①

至于政治民主，波普尔倡导它的理由与 18 世纪和 19 世纪的自由主义者不同，后者出于道德理由和社会理由歌颂它。确实，波普尔的自由主义就像他的道德哲学一样，既是消极的，又没有道德要素和情操要素：它只源于他对暴政尤其是极权主义的恐惧。事实上，他是这么写的："民主理论仿佛要从多数人统治的内在善性或正直性的学说出发，我心中的民主理论并不从此出发，而是从暴政的卑劣性出发；或者更准确地说，它依赖于决策或对提议的采纳，来避免和抵制暴政"(Popper，1945[1962]：Chapter 7，Section 2)。任何对更全面的民主愿景感兴趣，尤其是对包括经济民主在内的民主愿景感兴趣的人，将不得不在其他地方寻找——例如，穆勒的《政治经济学原理》(Mill，1871[1965])、达尔的《经济民主的序言》(Dahl，1985)、皮尔森的《共产主义之后的社会主义》(Pierson，1995)或我的《辩论中的社会科学》(Bunge，1998)。

波普尔认为传统的政治问题"谁应该统治？"是构思不周的，因为它预设了一定有人统治。就像多数知识分子一样，他可能对无政府主义感到一点同情。但他意识到纯粹的无政府主义是乌托邦的，不仅因为任何复杂社会都有大量必须被无偏地管理的公共物品，而且因为我们需要"对不会伤害其他公民的自由的保护"(Popper，1945[1962]：Chapter 6，Section 6)。所以，波普尔用"彻底是实践性的——几乎就是技术性的——难题"取代了传统的政治原则问题。这就是："如何构建国家，以便在不流血、不使用暴力的情况下摆脱坏的统治者？"(Popper，1988：20)

在波普尔看来，在英美实践的两党制是对这个难题的最佳解，因为它保证了：(1)法治；(2)不流血地解雇坏统治者；(3)万一选举失利，寻求新的观念。他批评比例代表制，因为他相信它对政治垮台具有缓冲作用，故而未能激发自我批

---

① 本句引自法朗士(1921 年诺贝尔文学奖得主)的小说《红百合花》第七章，但原文其实是："法律以其崇高的平等，一样禁止富人和穷人露宿桥下、街上乞讨和偷窃面包。"

评和寻求新的观念。

波普尔把焦点从实质转移到程序——从政治原则问题转移到投票机理——可能不是偶然的。这可能是由他的消极功利主义连同他对所有意识形态的不信任导致的。因此,波普尔的处方是:不要追求善的,遑论最善的——仅仅避免恶的;并且如果恶发生了,就以最不造成伤害的方式,即通过政治问题中的多数票,来缩短恶持续的时间。波普尔的这一规则与他的关键认识论禁令,即"不要寻求真理——仅仅参与批判性讨论,以揭开舛误并将其剔除"相似。

当然,道德否定主义和认识论否定主义都是诡辩的,也是不切实际的。确实,伤害是受益的对立面,就像假是真的对立面一样。因此,评估一个做法为无害的,相当于评价它为有益的或无差异的。(类似地,评估一个命题为非假,相当于评价它在某个程度上为真或未被证实,要不然就是不可判定。)此外,有道德的人不满足于克制造成伤害:他想帮上忙,而不仅仅当无害的旁观者。类似地,科学家并不把自己限于避免错误:他希望做出为真的发现或发明。正如克洛德·伯纳德(Bernard,1865[1952]:97)所说,在对真理的寻求中,反证或尝试反驳是对验证(确证)的必要补充。证伪主义只对两个或更多变量并不相关这个零假说成立,但只有新兴科学运用它。(此外,科技中的超一般理论,比如一般场论、一般演化论、自动机理论和信息论等,都只可确证,参见 Bunge,1973a:Chapter 2。)

类似地,当政客行为不端时,负责任的公民也无法从拒绝投票给他们而惩罚他们中得到很多满足。他想对社会作出建设性贡献,不仅想参与选举,而且想在两次选举之间参与。不管怎样,在每次选举前,他都被要求在备选的选举纲领中作出选择,这些纲领包含了做特定事情而克制做其他事情的承诺。波普尔的"新的民主理论"并不帮助投票者拿定主意,而选民问自己和自己朋友的问题正是波普尔所摒弃的"谁应该统治"。那么显然,波普尔没有政治民主理论,甚至没有对它的定义。他甚至没有处理这个问题:媒体的私人(或政府)所有权与对问题和政策进行公开且不受胁迫的理性辩论的需要之间的冲突。波普尔只处理了如何最好地惩罚坏政治统治者这个问题,然而他没有告诉我们好统治者除了捍卫自由之外还应该做什么,并且这并不能帮助投票者在投票站做出理性且道德的选择。

甚至连波普尔反对比例代表制所立的技术论点也是有缺陷的。确实,波普尔(Popper,1988:21)宣称在这个投票图式下,"我不能再选择我信任的人来代表我:我只能选择政党"。这并不完全为真,因为在许多国家,你可以用另一个政党的候选人取代一个政党的候选人名单中的一些人。此外,在两党制下,你总是投票给作为其中一个政党的候选人的一个个体。诚然,比例代表制可能会导致联合政府。但这未必是坏事,因为联合可以代表大多数投票者,并可以实现任何一个政党都无法单独完成的东西。

此外,波普尔偏袒相对多数(plurality)规则而非过半多数(majority)规则,相对多数规则对选民极度不公。第一,它剥夺了所有不同意两个主要政党的公民的选举权——知识分子通常就是如此。第二,它可能把所有权力交给少数人。这至少能以两种方式发生:(1)如果多数投票者因感到被两党政治所疏远而待在家中,那么拥有充足宣传资金的极少数人就能赢得多数席位——就像1994年美国选举发生的那样,导致只代表约20%的选民的右翼获胜;(2)如果选民被几乎平分成三个政党,获得34%选票的政党就可以战胜各获得33%选票的其他两个政党。

简而言之,许多有良知的公民已被允许少数人推翻大多数人的希望的投票规则所疏远。自孔多塞以来的每个政治分析家都知道这一点。此外,自阿罗影响深远的作品问世以来,一般的公平代表难题一直是社会选择理论的中心。为什么不以政治参与甚或不以跟上政治科学遑论日常政治事务的步伐而闻名的波普尔,不得不空谈这些问题呢?想必只是为了提醒我们自由至上主义并不衍推出对人民统治,即对直接政治民主的偏好。这是波普尔对20世纪80年代的新保守主义浪潮的让步吗?

最后,波普尔所提出的你应该选择你可以信任的人而非政党这个规则,只在小社群中是可行的,在那里每个人都认识其他人,所以直接民主是可能的。(讽刺的是,在今天的乌干达,竞选公职的候选人必须以个体而非政党成员的身份参加竞选。)但该规则对大选区行不通,那里的绝大多数投票者只有意识形态和纲领可以遵照。更糟糕的是,波普尔的挑选候选人而非政党的建议,无意招致了对问题的无视以及对山头主义的支持——这绝非民主的,尤其是在卡里斯马型领导人的情况下。(卡洛斯·梅内姆用迷人的微笑和一句口号赢得了1989年阿根廷总统选举:"相信我,追随我"。)

无论如何,对政治科学家或哲学家来说,实质应该比程序(尤其是选举机理)

重要得多。任何称职的政治理论都聚焦于一组社会问题,并赞成特定社会目标,比如生存、安全、和平、社会公正、对文化的公开获取、环境保护和诚实的政区行政。这种目标连同被视为适合于确保它们的手段,构成了政治意识形态。通过勾销所有意识形态——而且不细致分析"意识形态"这个概念——波普尔把自己关在了政治科学和政治哲学之外。

此外,社会哲学不能被限制于政治(或经济或文化)。关于合乎需要的社会秩序——或者"社会系统",就像波普尔更喜欢这么称呼它,它应该告诉我们一些东西。但波普尔并未明确告诉我们,无论是实际的还是可设想的,他赞成什么社会秩序:个体主义的还是团结的,分裂的还是无阶级的。然而,这恰恰是给任何社会理论家和政治哲学家最紧迫的问题,尤其当多数人,尤其是第三世界的人,即便在有幸享受政治自由权和政治民主时也遭受着许多极有害的社会邪恶的折磨的时候。

关于人口过剩、环境恶化、性别歧视与种族歧视,或者失范,波普尔有什么要说的?什么也没有。关于大集团公司的近乎全能、南北不平等、持续的军备竞赛、强权对他国内部事务的干涉,或者绝大多数人(甚至在像印度这样据说是政治民主的国家里的人)的骇人听闻的生活水准呢?根本没有。为什么波普尔未能处理这些社会问题中的任何一个?我怀疑因为活在象牙塔中,所以他就忽视了它们。(当波普尔于 1967 年把"第三世界"称为柏拉图的观念自体"世界"时,我开玩笑地对他评说道,这个表达已被使用了,虽然含义完全不同。他看上去很疑惑,因为他之前从未听说过这个表达,故而此后把它改为"世界 3"。)

简而言之,关于任何社会秩序,无论是实际的还是合乎需要的,波普尔都没有任何原创的遑论建设性的东西要说,除了说社会秩序应该是非暴政的且应该涉及对赤贫者的保护。因此,任何名副其实的社会哲学都会具有的社会秩序这根支柱,在波普尔的案例中是破碎的。

结论

波普尔的社会哲学缺乏关于社会秩序的理论,因为他既没有对社会的恰当理论,也没有积极的道德哲学。波普尔的社会哲学所做的一切,就是告诫我们用程序性问题"我们如何驯服统治者"取代传统的实质性问题"谁应该是统治者"。换句话说,波普尔对自由权和民主的构想和捍卫,被限于法律和政治甚至它们的机理。它警告我们反对专制主义,但并未帮助我们重新设计社会以去除暴政的来源。因此,波普尔对社会工程的称颂虽然真诚,但听起来空洞:它嘱咐我们进行规划,而不详述除了自由以外的任何目标。结果便是一个否定的、时好时坏的、浅薄的、形式主义的、有些不一致的社会哲学。它不可与伊本·赫勒敦、马基雅维利、斯宾诺莎、霍布斯、洛克、孟德斯鸠、卢梭、穆勒、马克思甚至潘恩、克鲁泡特金或拉斯基的社会哲学相媲美。在我看来,它也不如波普尔自己对知识理论的贡献,尤其是他对归纳逻辑的成功拆毁和对认识论实在主义的捍卫。

我主张,波普尔的社会哲学之所以有缺陷,是因为他只有对社会的概略且不当的理论,即本体论个体主义(社会原子主义)。这个理论是不当的,因为它拒绝承认诸如家庭、学校和商业企业等拥有其成分所缺乏的(涌现)性质的社会整体的存在。这个看法继而导致他拥护方法论个体主义,而这是分析和评价社会科学的错误取径,因为社会科学应该研究社会事实而非个体行动。(对于对个体主义和整体主义的批判,以及对它们的备选项,参见 Bunge,1979b,1996,1998。)这可以解释为什么波普尔发现新古典微观经济学和马克思的半古典宏观经济学有一样多的优点:除了可检验性(或更确切地说,可反驳性)标准以外,他就没有评价社会理论的标准。这就是为什么他从不对照任何经验社会研究来检查他的社会看法,故而未能遵从他自己的方法论处方。并且这也是为什么波普尔的看法没有鼓舞任何一项社会立法,遑论任何进步的社会运动。

从波普尔未能建立与当代社会研究相兼容的原创、一致、全面、深远且建设性的社会哲学中,得出了这个明显的道理:不可能仅仅通过纠缠于单一消极的、尽管重要的主题,比如对暴政、社会不公正、国家依附、性别歧视或迷信的憎恶,来完成这种任务。只看到错误和腐朽的哈姆雷特,没有火炬为我们展示正确的道路。全面的(well-rounded)社会哲学,必须包括跟积极的道德哲学一起的对社会的积极理论,那就是,提出了社会善的理论,无论多么可商榷和可改变。没有这种全局性的且积极的社会哲学,对开放社会的清晰愿景就不可能涌现。并且没有这种愿景,人们就不会被动员起来去建立新社会。

如果就像我试图展示的那样,《开放社会及其敌人》提出的社会哲学是虚弱无力的,那么是什么解释了它的轰动性成功?我主张它的成功是由于三个因素的合取:内容、风格和机会。**内容**:这本书充满了关于种类繁多的主题的有趣想法;关于几乎每个哲学正统,它都说了点东西;它表明古人仍能与现代人对话;它提出并捍卫了开放社会这个崇高的、尽管模糊的理想。**风格**:虽然是学术作品,但它的写作清晰优美;尤其是它慎用哲学黑话,也没有社会学特有用语;最后但同样重要的是,它有个吸引人的书名。**机会**:这本书出乎意料地出现在哲学沙漠中,而且是在柏拉图和黑格尔的政治哲学的最后成果被盟军坦克碾压的时候,以及在所谓的西方联合起来反对其昔日的盟友,即马克思的继承者的时候。结果便是,《开放社会及其敌人》被广泛认为是对极权意识形态的学术墓志铭和关于它们的标准参考书。你一定想知道,无论是早10年还是晚50年出版,它将得到怎样的反响。

尾声

波普尔的大量哲学观点最好被理解为得到了"否定"的署名:字词不重要;(极力)避免讨论字词的含义;信念不重要;知识并不依赖于知晓者;永远别问"是什么"或"你怎么知道"这类问题;不存在本质性质;只要有可能,克制作出存在判断陈述(因为它是"形而上学的");我们从不确证;我们只能未能证伪;永远别试图证成;我们可以知道舛误而非真理;不存在归纳逻辑;就知识而言,低概率的比高概率的更可取;除了试错以外,不存在科学方法;回避常规科学;决定论为假;演化生物学不科学;既不存在社会整体,也不存在社会规律;只要求消极的自由权(免于……的自由);所有意识形态都是有害的;所有革命都是坏的;不存在至善;不伤害,尤其是,不要让哲学为压迫服务;不要从事善行主义:仅仅克制作恶;等等。简而言之,波普尔的哲学可以被戏称为**逻辑否定主义**。换句话说,波普尔在本质上是怀疑论者,且肯定是他那个世纪最著名的怀疑论者——虽然像伯特兰·罗素一样是充满激情的怀疑论者。这就是为什么他的哲学虽然极其有趣,却残缺(不系统)且相当肤浅。它也更有助于发现错误,而非寻求真理或公平。

在批评教派哲学(school philosophy)①上,波普尔无疑是对的。他还正确地强调了理性批评在管理社会冲突以及追求知识中的角色。但肯定的是,陈述和提议必须在能受制于批判性审视前被作出:创造先于批判,就像树先于木头而存在。无论如何,所有领域的学科都在恒常地倾吐大量被证成的"是"以及"否"和"也许"。因此,任何科技哲学都不应低估被证成的"是"。此外,以创造和分析或者观察和实验为代价夸大批评的重要性,就会危险地接近于经院哲学和怀疑论,以及所有研究都仅仅是讨论这个时髦看法。毕竟,否定真理比肯定真理更多,故而更廉价。

类似的东西对行动领域也成立。建设性行动,无论是个体的还是社会的,除了对目标和手段的理性讨论外,还需要积极的看法和计划。尤其是设计、规划和建设更好的社会秩序,需要的不只是一小撮危险信号来帮助避免暴政或与之斗争,还需要包括对开放社会的清晰愿景(能激发并动员人们的愿景)的积极的社会哲学。["在未知领域,可能暗藏着不知道的危险"(Here there be dragons)的警告可能是有帮助的,但它并不指出正确的道路。]此外,这种哲学最好形成体系,而非相互脱节的看法的加总,因为社会问题——就像关于它们的任何正确的想法一样——碰巧都是成束而非一次一个地出现。②一次一步是对的;一次一事是不对的。

---

① 根据邦格编纂的《哲学词典》,school philosophy 是指教条的学派、运动或宗派的哲学。这种哲学常常把半真理和绝对必然的全真理拔高为唯一的真理,本书批评的理性选择理论和外部主义科学社会学都是典型的例子。邦格还认为这种哲学顽固难改,因为它确实有一丝真,或者被社会运动支撑着。读者可参考 Mario Bunge, "School Philosophy", in *Philosophical Dictionary* (enlarged ed.), Amherst, N.Y.: Prometheus Books, 2003。

② 读者可进一步阅读 Mario Bunge, 2014, "Big Questions Come in Bundles, Hence They Should be Tackled Systematically", *International Journal of Health Services*, Vol.44(4), pp.835—844。

第七章　启蒙运动及其敌人

现代性诞生于 17 世纪,并在 18 世纪达到成熟期。这就是启蒙时代(*siècle des Lumières*)或启蒙运动时期。开明的人和蒙昧者可能总是存在。但只在 18 世纪作出了系统且协同的努力来构建一个开明的意识形态,而它指导了一场旨在实现深远进步的社会转型的强大文化政治运动。18 世纪是美国革命和法国大革命的世纪,是世俗主义和自由主义开始的世纪,是神化理性并褒扬科技与工业的世纪。它是进步和乐观主义的时代。它是第二次文艺复兴,此后出现了倒退和悲观主义。

自启蒙运动以来,我们已走过漫长的道路。我们已取得巨大进步,但我们不能再把进步视为理所当然,相反,我们必须为之工作,并与其敌人斗争。此外,我们必须承认我们取得的许多进步都有"铅衬里"(lead lining)。面对核武器、人口过剩、环境恶化、不可再生的自然资源的快速枯竭、殖民剥削和种族主义的持续存在、第三世界的贫困化、财富集中在少数国家的少数人手中、文化垃圾的大量生产、法西斯主义和侵略性民族主义近来的复兴,相信绝对进步出现在各方面是愚蠢的。所有进步都有代价。①

然而,如果相信我们被宣判了退步和最终灭绝,那将是更愚蠢的且事实上是自杀性的。尤其愚蠢且自杀性的是,对我们重新设计未来以及在科技和无私的人文主义道德的帮助下确保人类生存的能力感到绝望。然而,在我们的"后现

---

① 读者可进一步阅读 Mario Bunge, "The Dark Side of Technological Progress", in *The Impact of Critical Rationalism: Expanding the Popperian Legacy through the Works of Ian C. Jarvie*, eds. Raphael Sassower and Nathaniel Laor, Cham: Palgrave Macmillan, 2019。

代"时期,向这种绝望投降而且把我们当前的窘境怪罪于理性和科技——而非错误价值以及我们的政治领袖和商业领袖——已变得时髦。

新浪漫主义很时髦,部分原因是我这代人的幻想和承诺尚未实现。此外,还因为很容易相信它,这是因为不行动比行动容易,以及最反动的势力赞成无理性主义,这些势力靠我们的无知和不愿以理性现实的方式处理社会问题而兴旺发达。正如艾萨克·阿西莫夫所说,拒绝科技要比反叛社会秩序容易得多且危险更小:前者只需要无知,且不会把人的生命或自由置于危险之中。

从启蒙运动中退却是很时髦的但远非原创的。事实上,反启蒙运动紧随启蒙运动之后,它在不到一个世纪前被复兴,靠纳粹主义取得了短暂胜利,并在反主流文化和后现代主义的标题下再次时髦。两个世纪前,浪漫主义作家、文化民族主义之父赫尔德惊呼:"我不是为了思考而在这里,而是为了存在、感受和生活。"1925 年至 1945 年,法西斯力图通过用对"血与土"的崇拜取代对普遍理性的崇拜,来重新神话化现代社会。如今,数以百万计的年轻人听着重金属"乐团"之一的穷街乐队(Skid Row)的歌,而该乐队的座右铭是"如果你思考,就有臭味道"(If you think, you stink)。

我们将审视在社会研究领域中的"后现代"倒退。然而,从把它置于其历史情境中开始,将有助于我们理解这个倒退。

启蒙运动的特质

启蒙运动的标语是**自然**与**人类**、**理性**与**科学**、**自由权**与**平等**、**快乐**与**效用**、**工作**与**进步**。理性被置于这个星丛的中心:人要是理性地思考和行动,剩下的会随之而来。启蒙时代的思想家常常被称为"启蒙思想家"(*philosophe*),他们自视理性火炬的传递者,以及对曾笼罩在继承自黑暗时代的黑暗中的世界的探索者。

记住《百科全书》(始于 1751 年)、美国《独立宣言》(1776 年)、《人权和公民权宣言》(1789 年),以及洛克与休谟、伏尔泰与孔狄亚克、孟德斯鸠与孔多塞、狄德罗与达朗贝尔、布丰与拉瓦锡、爱尔维修与霍尔巴赫、魁奈与斯密、贝卡里亚与边沁、富兰克林与潘恩等多样的思想家,就足够了。

启蒙运动是一个全新的意识形态，即一套世界观、一个价值体系和一个政治议程。它是第一个全面的现代意识形态，且挤在另外两个全面的意识形态之间：托马斯主义和马克思主义——而马克思主义在一些方面是启蒙运动的延续，在其他一些方面则是对启蒙运动的抗拒（下一小节有更多关于这方面的内容）。

启蒙运动意识形态可以被精简为以下十个原则。

1. **对理性的信任**：法国大革命期间，在对理性女神的可悲崇拜中达到顶峰。

2. **对神话**、迷信和毫无依据的一般信念或教条的**拒绝**。

3. **自由探索和世俗主义**，以及对自然神论（与有神论相反）、不可知论甚或无神论的鼓励。

4. **自然主义**（与超自然主义相对立），尤其是唯物主义。

5. **科学主义**：采取科学取径来研究社会和自然。

6. **功利主义**（既反对宗教道德，又反对世俗道义论）。

7. **尊重践行**——手艺和工业——以及对机器的敬畏。

8. 现代主义和进步主义：对过去（除了古典时代）的蔑视，对现在的缺点和恶习的批评，以及对未来的信任。

9. **个体主义**连同自由至上主义、平等主义（在某个或其他程度上）和政治民主——虽然对妇女和奴隶来说还没有。

10. **普世主义**或世界大同主义，例如，所有"自由人"的人权和教育。

其中一些原则是世界观的一部分，另一些是价值判断，还有一些是改变社会的项目的一部分。虽然启蒙运动意识形态是一个融贯的体系，但一些人采纳了其一些成分而拒绝了其他成分。例如，欧洲的开明专制者和南北美洲的一些贵族采纳了启蒙运动意识形态的哲学成分，而非政治成分。尤其是，他们反对蒙昧主义但不支持社会解放。另一方面，浪漫主义哲学家和政治思想家拒绝了所有十个原则：他们反动到底。

第一个反启蒙运动

在1800年前后各跨越了四分之一世纪的浪漫主义是一场强大的文化运动，

它通常呈现为对启蒙运动和法国大革命以及拿破仑入侵的抗拒。关于哲学和政治,它是如此。但浪漫主义不仅仅是抗拒:还有浪漫主义艺术,并且这个艺术在文学和音乐上具有不同寻常的原创性和丰富性。此外,它几乎不被哲学或政治触及。

因此,我们将区分三股浪漫主义:艺术的、哲学的和政治的。艺术浪漫主义在哲学和政治上是中立的,哲学浪漫主义是蒙昧的,政治浪漫主义是保守的或更糟的。几个例子将清晰地说明这一点。首先,卢梭常常被认为是第一个浪漫主义者,他在政治上是进步的,但在哲学上是蒙昧的,因为他把感觉褒扬在理性之上,并认为科学对社会具有有害的影响。另一方面,海涅、贝多芬和雪莱在艺术上是浪漫的,但他们站在了启蒙运动的世界观和政治哲学那边。歌德和布莱克在政治上是进步的,却是反智主义的,尤其是他们不喜欢现代科学。离我们更近的新右派的多数意识形态家都是理性主义者,而新左派(或它留下的东西)以及女性主义运动和绿色运动充斥着无理性主义者——尤其是科技的敌人(参见Gross and Levitt,1994)。

在为艺术浪漫主义、智识浪漫主义与政治浪漫主义划出区别后,我们此后将集中于中间那股,因为它是与我们主题最相干的一股。与艺术浪漫主义截然相反,智识浪漫主义是对启蒙运动的哲学和价值体系的抗拒。它是无理性主义的(尤其是直觉主义的)或观念主义的;它是反经验主义的(尤其是观念主义的或先验主义的),且它是反科学的和恐惧技术的。简而言之,智识浪漫主义是传统主义的或反现代主义的——或者如果愿意,是后现代主义的。

智识浪漫主义的核心是费希特、谢林、黑格尔、赫尔德和叔本华的观念主义哲学。虽然不同,但这五个人都是观念主义者,他们反对他们那个时代迅速发展的科学,并试图抵制马克斯·韦伯为呼应奥古斯特·孔德而视之为现代性标志的祛魅或去神秘化的过程。

浪漫主义哲学家把本体论等同于逻辑学,这个混同允许他们自由地臆断实在:他们常常把虚构误认为事实。他们希望用自然哲学取代自然科学,用社会哲学(尤其是法哲学)取代社会科学。他们相信所有事物都是难以分析的有机整体。并且他们反对概念分析和经验分析,声称对事物的所有剖析都会杀死事物。

在伦理学和政治哲学领域,浪漫主义者提出用整体主义或集体主义取代资产阶级个体主义。(相比之下,浪漫主义艺术家是个体主义者。)最后但同样重要的是,浪漫主义哲学家的散文尤其令人费解和沉闷。他们就是发明了把胡扯冒充为深奥这个把戏的人。这个把戏在 20 世纪被现象学家、存在主义者、释义学家和解构主义者所完善。

如同其他智识潮流,在这个案例中有一些边界案例。伊曼纽尔·康德就是其中之一。在普鲁士最落后孤立的省份,他的开明程度不亚于任何人。他尊重数学和科学,虽然他几乎不理解它们;并且他是普世主义者、世界大同主义者和和平主义者。但由于他的观念主义和直觉主义、他对理性的局限性的坚持,以及他的心理学和对社会的研究永远不可能成为科学这个教条,他为德国浪漫主义哲学的肇始铺平了道路。

另一个带着浪漫主义色彩的启蒙运动案例是马克思主义。马克思和恩格斯认为自己是启蒙运动和法国大革命的继承者。他们在一些重要方面是如此:他们是非常重要的社会科学家,他们以富有特色的浪漫主义热情把自由主义推向左翼,他们大体上是唯物主义者,且除了辩证法以外,他们都清晰地思考着。

然而,马克思和恩格斯从黑格尔那里吸取了一些损害自己的整个体系的教训。其中之一就是辩证本体论。按照辩证本体论的观点,每个事物都是对立面的统一,且对立、"矛盾"或冲突是所有变化的来源——由此偏好革命而非改革。黑格尔的第二个遗产是把逻辑学等于本体论——这使本体论臆断摆脱了经验约束。第三个遗产是以下这个信念:为了确立事实陈述的真性,援引几个有利的例子就够了,而无需费心寻找反例(例外)——这是未经训练的思维的特色。黑格尔的第四个遗产是整体主义或集体主义,即整体决定局部这一论题,例如,个体任凭社会系统和历史力量摆布。第五个遗产是整体主义的伦理后果,即与服从"历史必然性"和声称代表了它的国家或政党的义务相比,个体权利简直什么也不是。

我主张黑格尔的这一遗产无疑是蒙昧的,且它赞成将马克思主义结晶为与"资产阶级"哲学和"资产阶级"社会科学断连的教条。尽管有黑格尔主义的这些重要遗产,但原始马克思主义大体上是反浪漫主义的。(另一方面,新马克思主义尤其是斯大林式的马克思主义、结构主义式的马克思主义和批判理论,常常突出了马克思和恩格斯身上的浪漫主义痕迹,尤其是重于思辩,轻于经验检验。)所以,仍有希望挽救马克思主义的一些成分——恰恰是与启蒙运动相协调的成分。马克思主义遗产的这个歧义性仍有待探索(首先可以参见 Curtis,1970[1997])。

第二波和第三波浪漫主义浪潮

第二波浪漫主义浪潮大致在第一波浪潮诞生后的一个世纪出现。它是由弗里德里希·尼采(他后来成为希特勒和海德格尔最喜欢的哲学家)以及哲学释义学之父威廉·狄尔泰发起的。第二波浪潮的其他重要成员有海因里希·李凯尔特(韦伯的朋友兼哲学导师)、亨利·柏格森、汉斯·费英格甚至后期的威廉·詹姆斯——被正确地称为浪漫主义的功利主义者。新黑格尔主义者克罗齐和秦梯利(墨索里尼的共同作者和教育部部长)后来也加入其中。

这是个杂乱的集合:他们中的一些人是直觉主义者,一些人是观念主义者,另一些人是激进怀疑论者,还有一些人是实用主义者。但他们都分享对理性尤其是对形式逻辑和数学的不信任,且总体上对科学缺乏信心。他们都不关心经验检验,且其中一些人甚至找不到"真"这个概念的用途。他们中的多数人也是反民主的。

第三波浪漫主义浪潮,我将称之为"新浪漫主义",与第二波浪潮部分重叠。它从胡塞尔的现象学开始,接着是海德格尔的存在主义,并在"后现代主义"和当代反科技运动中达到顶峰。在这场运动中,一些比较知名的名字是埃德蒙德·胡塞尔与马丁·海德格尔、奥斯瓦尔德·斯宾格勒与雅克·埃吕尔、格奥尔格·卢卡奇与路易·阿尔都塞、阿尔贝·加缪与让-保罗·萨特、卡尔·雅斯贝尔斯与汉斯-格奥尔格·伽达默尔、米歇尔·福柯与雅克·德里达、保罗·费耶阿本德与理查德·罗蒂、克利福德·格尔茨与哈罗德·加芬克尔、巴里·巴恩斯与布鲁诺·拉图尔。

虽然彼此之间相当不同,但这些作者分享了以下五个典型的浪漫主义特性中的多数或全部。这些特性是:

1. **对理性**尤其是对逻辑学和科学的**不信任**。

2. **主观主义**,或"世界是我们的表象"这一学说。

3. **相对主义**,或对普遍真理的存在的否定。

4. 对**象征、神话、比喻和修辞**的**迷恋**。

5. **悲观主义**,或对进步的可能性的否认——尤其就科学知识而言。

多数新浪漫主义者写着不精确且常常不可理解的散文——浪漫主义的另一个特性。(记住尼采对约翰·斯图尔特·穆勒的"令人不适的简单风格"的蔑视,或者更好的是,海德格尔毫无意义故而不可翻译的字串。)此外,他们对道德难题不感兴趣,结果便是除了道德个体主义(利己主义)或道德集体主义(顺从主义)以外,他们没有任何道德哲学可以提供。最后,由于不敢被认为是反现代的——反动的,这些作者中的一些人自称**后现代的**,这是矛盾修辞法,无理性主义恰如其分[参见诸如 1988 年第 5 卷第 2—3 期《理论、文化与社会》(*Theory, Culture & Society*);Harvey,1989]。

直到 20 世纪 60 年代,新浪漫主义的影响还局限于德法及其文化势力范围。英美世界及其文化势力范围内的主要智识潮流是亲科技的和反蒙昧的。尤其是,全世界的学术共同体大体上致力于批判性思维、经验证据和自由政治。启蒙运动的遗产被认为是理所当然的。此外,我们应该已经进入了太空和计算机时代。我们的社会应该是由知识而非劳动来运行的后工业社会。最后,工业化国家在约 1950 年至 1970 年的持续经济增长表明,"我们"(即五分之一的人类)已经达到了富裕和高质量生活的时代。

富裕与战争的组合改变了美国的一切。中产阶级的富裕侵蚀了工作伦理,并促进了享乐主义和利己主义。"战后婴儿潮一代"(Me Generation)开始了。然而,越南战争和后来军备竞赛的加速,吞噬了许多自由社会项目的专款。大批人口被疏远或心怀不满。许多学生和青年学者开始质疑广为接受的价值体系和相伴的意识形态——特别是在面临征兵或失业时。他们开始接受所谓"美国生活方式"的备选的观念和生活方式。这其中有两个完美的伴侣,即毒品和无理性主义。

大约从 20 世纪 60 年代中期开始,德法的新浪漫主义被进口到英美学术界。它不仅在文学批评家和哲学家间变得有影响,而且在研究社会的学者间(尤其是人类学家和社会学家间)也变得有影响[参见诸如 Fiske and Shweder,1986 以及《社会学理论》(*Sociological Theory*)期刊]。蒙昧主义与极权政治之间的传统亲密关系被割开了,或者为了新市场的消费目的而被掩盖了。以至于许多人把反叛理性误认为是对"建制派"的反叛,好像逻辑学和基础科学在意识形态上被玷污了,而事实上,正如波普尔(Popper, 1945[1962])很早以前就指出的那样,无理性主义是有效的智识压迫工具,因为它削弱了批判性思维和价值评定。

现在,让我们审视新浪漫主义近来对社会研究的影响。

批判理论与现象学社会学

让我们快速看一下社会研究的两个新浪漫主义学派:批判理论与现象学社会学。两者都拒绝科学取径,把严格意义上的科学视为又一个意识形态或神话,不信任理性,且其特色是不加批判的思维和秘义的语言。

批判理论又称"法兰克福学派",是"人文主义"社会学(或者摇椅的且不懂算术的社会学)的变体,其初始特色是:批判资本主义和所有已知类型的社会秩序,否认科学与意识形态之间的区别,指责科技是资本主义的婢女;拒绝实证主义、理性主义和科学主义,声称理性废除了个性和自主性,声称"启蒙运动是极权的",反复援引黑格尔、马克思和弗洛伊德,要求社会科学成为社会变迁的工具,以及缺乏分析和论证、数字与公式的冗长、沉重、难懂的散文(参见诸如Horkheimer and Adorno, 1947[1972]; Arato and Gebhardt, 1978)。这对许多法国的结构主义者和后结构主义者尤其是路易·阿尔都塞和米歇尔·福柯也成立。

我们不会触及法兰克福学派对资本主义的批判,它在本质上源于马克思主义——虽然没有后者聚集的任何经验支持。相反,我们将集中于批判理论的一些哲学成分。第一,像马克思主义一样,批判理论不加批判地采取了黑格尔辩证法:它并不质疑每个事物都是对立面的统一,且每个变化的来源都是"矛盾"或对立面的斗争。它没有阐明"对立面"和"斗争"这两个术语,且它无视了"矛盾"(对立)是变化的动力这个"规律"的所有例外。尤其是它无视了生产、贸易、合作、人口变化和技术创新,这些都不能被很容易地解读为对立面的斗争——除了在新事物有时反对旧事物这个意义上。

第二,批判理论家拒绝理性,相信它是人的至高无上的支配工具。第三,他们不加批判地接受精神分析及其所有狂野的臆断,故而表明他们很好骗且没有能力区分伪科学与科学。第四,他们把科学误认为是技术,结果便是他们无法理解基础科学不能被直接用作社会变迁的行为体,以及所需要的不仅是理解社会,而且是重新设计社会。第五,他们拒绝科学与意识形态之间的区别。确实,批判理论的核心论点是:(1)科学=技术=资本主义意识形态;(2)社会学家必然致力于社会的保守或改变,故而才有形容词"批判的"。此外,他们认为科学不是伦理中立的甚或认识论客观的。他们把声称有可能获得对社会事实的客观知识的人打上"实证主义者"的烙印。换句话说,他们把科学等于实证主义,故而给后者提供了不应得的服务。

在两次世界大战之间,法兰克福学派处理了一些真实的社会问题,尽管是以相当文学的方式:不受监管的资本主义的邪恶、纳粹主义和极权主义的罪行,以及自由主义的无能。它发挥了有用的、尽管微小的意识形态功能,甚至当它把工业主义误认为资本主义,夸大了自由主义与纳粹主义之间的相似性,并贬损对社会的科学研究时。从那时起,批判理论家继续以不精确的通称词项批评资本主义和极权主义。然而,他们越来越转向唯观念(尤其是新康德主义)哲学,且关于战后最紧迫的社会问题,比如人口过剩、环境恶化、军备竞赛、南北鸿沟、滞胀和族群冲突,他们没有什么精确的东西要说。尤其是,哈贝马斯的兴趣已逐渐从社会冲突和压迫转移到"交往"行动上——这是教授所擅长且首先被常人方法学家探索的"行动"类型,而下一节将审视常人方法学。

通过拒绝针对社会问题的科学取径,批判理论家无意地阻碍了对这种问题的理解,以及任何理性地故而有效地处理这种问题的尝试。这样一来,尽管其言辞具有革命性,批判理论已成为保守的力量、给非顺从主义者的学术上值得尊重的安全阀,以及蒙昧主义的又一个变体。更有甚者,他们70多年来的所有发表既没有阐明任何关键的社会学概念,也没有提出任何原创且可检验的假说——更没有提出严格意义上的理论。总之,批判理论什么也不是。

我们的第二个例子是现象学社会学(Schütz, 1932[1967];Berger and Luckmann, 1966)。这是批判理论的保守对应物。其特色是精神主义和主观主义,以及个体主义(包括本体论的和方法论的)和保守主义——伦理的和政治的。前两个特征很明显：按照现象学，社会实在是建构物而非自在物，因为所有社会事实是"有意义的"，故而要被"诠释"。结果便是，所有"社会的"东西都是精神的和主观的，或最多是主体间的，而非物质的和客观的。

现象学的本体论个体主义源于其主观主义。因为个体被说成要"诠释"自己和他人，而不曾面对任何初始的社会事实，所以社会学家的任务是把握"主观的意义结构"，而非建构和检验社会系统的社会学模型。尤其是，他必须研究个体的生活世界（日常生活），避开诸如性别歧视与种族歧视、社会冲突与政治压迫、军国主义与殖民主义等大型社会问题。现象学社会学家能直接把握他研究的客体，因为它们是日常的：它们都在生活世界或日常生活中。此外，"本质直观"（Wesensschau）使他倍感荣幸，这是给予他即时的理解的特殊洞见。因此，他能摒弃烦琐的事实发现、细致的经验检验和严谨的论证。简而言之，现象学社会学是无可否认地不科学的。

现象学的伦理和政治很清晰：远非受制于社会约束，个体是自主的，因为他建构了社会实在。因此，没有理由为解放而费心。社会学家应该只对社会秩序感兴趣，因为人渴求"意义"和秩序。他应该回避冲突和一般的社会问题。社会至善是稳定以及相伴的僵化的秩序和确定性，而非社会进步以及相伴的无序、风险和不确定性。简而言之，现象学在伦理和政治上是保守的。结果便是除了"法律和秩序"以外，它不是任何社会政策的指南。

常人方法学与诠释人类学

对社会科学的新浪漫主义抗拒的下一个例子是常人方法学，它是现象学与符号互动论联合的产物（参见诸如 Garfinkel，1967）。常人方法学家实践着现象学社会学家和批判理论家所布道的东西：他们亲自观察生活世界或日常生活中的琐碎事件，聚焦于交流，并避开任何重要的社会活动（比如工作）以及社会问题（比如贫困）。他们从事参与性观察，但回避他们基于哲学依据而不赞成的实验。

大多数常人方法学家缺乏自己的理论，因此采用现象学甚至存在主义——科学的两个臭名昭著的激进敌人——的含混声明。显然，反科学的哲学很难鼓舞科研。万幸的是,常人方法学家在自己的经验作品中并不运用这些学说。事实上,在田野中,他们像常见的实证主义者一样行事,甚至在激烈地公然抨击实证主义时——因为他们把大部分时间花在收集数据上,而由于缺乏理论,他们不能正确地吸收这些数据。

事实上,常人方法学家对"细致的、可观察的实践(进行录音和录像),而这些实践创造了日常社会事实的人格化生产,比如排队服务的顺序、对话的顺序,以及娴熟的具身即兴行事的顺序"(Lynch, Livingston, and Garfinkel, 1983:206)。用直白的话表示为:常人方法学家记录可观察的日常生活事件。

因此,收集的数据是想必有目的地、明智地行事的人留下的可听或可见的痕迹。这是常人方法学家唯一能遵照的线索,由于缺乏理论,他们不能解释是什么使人们运行起来。常人方法学家的实践并不异于经验主义者尤其是行为主义者的实践。简而言之,他像实证主义者一样行事,甚至在猛击实证主义时——实际上这是对科学取径的攻击。

只有晦涩的行话暗示了常人方法学家与其哲学导师的亲密接触。例如,加芬克尔(Garfinkel, 1967:1)在他最著名的书的开头就陈述,常人方法学"建议""成员[?]生产和管理有条理的日常事务的场景[?]所凭的活动,等价于成员的支持使那些场景变得'可阐释'的程序。阐释性[?]实践和阐释的'反思性'[?]特征或'人格化'[?]特征构成了该建议的关键"。为什么要用这种难懂的散文来描写对日常生活的日常阐释?

这不是要否认观察常人方法学家最喜欢的材料(诸如偶遇和对话等日常生活事情)的价值。对日常生活的观察是人类学家的常见实践,它为科学家产出原材料,以便参照假说进行加工,以期提出新假说。但该经验材料的用途有限,除非主体被置于其社会网络中,因为只有这可以告诉我们为什么行动者如此行事。确实,众所周知,任何行动者在不同场景中可能会不同地行事。但常人方法学家故意无视宏观社会情境和大规模社会问题。这个事实,再加上对提出的"诠释"(假说)的检验的缺席和理论的缺乏,解释了常人方法学发现的贫困。

对日常生活的这一贫瘠的唯个体取径,与制度主义者或"关系主义者"(即系统主义者)克里斯·蒂利和查尔斯·蒂利(Tilly and Tilly, 1998)的取径进行比较。他们对资本主义下的工作的全面研究从以下句子开始:"法国农村工人玛丽·凯瑟琳·加德兹于1891年出生在北部省,她在漫长的一生中努力工作。"这位女性的生活史只激发和例证了两位作者的这些论题:劳务市场中的工作仅仅是许多工作形式中的一个;得到和更换工作不是在无形的劳务市场中发生的,而是发生在某个社会网络内;工资不是唯一的工作激励——其他激励是对家庭或社群的承诺以及强制;习俗、群体规范、意识形态和待定性至少与契约一样重要。克里斯·蒂利和查尔斯·蒂利在制度主义理论(或更确切地说,制度主义框架)内得出这些和其他论题,用来自各种部门和各种时期的硬统计数据支持它们,并展示了这一取径对个体主义和马克思主义的优越性。这与常人方法学的狭隘性形成对比!

现在,让我们看看常人方法学家如何看待科研。(总结性观点,可参见Lynch, Livingston, and Garfinkel, 1983。)他们的发现本质上有两个。一个是科研涉及比甚至在最细致的指导手册中能被表述的东西"更多的东西"。这个"更多的东西"是意会假设和零碎的窍门(程序性知识)的集合,而它们都是心理学家、哲学家和工程师所熟知的。

另一个"发现"是,无论多么初级的科学实验,若没有一点理论,就不能实施它。这就是为什么在对化学基本一无所知的肢体健全的常人方法学学生的帮助下,半身不遂的化学系学生能完成自己的实验练习,前者充当了后者的手。但至少我们这些受过科学训练且没有被经验主义的最愚鲁的形式骗到的人,不是一直都知道这一点吗?并且如果常人方法学家理解没有理论就没有真正的科学,他们为什么不生产理论呢?

由克利福德·格尔茨(Geertz, 1973;1983)实践并拥护的诠释人类学或释义学人类学,与常人方法学非常接近。事实上,两者都回避科学方法,过度强调符号的角色,避免深刻的假说,并聚焦于日常生活中的细枝末节。因此,诠释人类学相当不同于韦伯的诠释社会学。确实,韦伯处理了一些重要的社会过程,提出了大量假说,且不允许他宣称的不科学的哲学干涉他的科研。它们不同还因为,不像韦伯的枯燥散文,格尔茨的散文是妙趣横生的——这在很大程度上解释了它在本科生间的流行。

例如,读到摩洛哥的同一个琐碎故事会被柏柏尔游牧民、犹太商人和法国陆军上尉不同地诠释,是很有趣的。但这个发现有多新奇呢?它是科学还是文学?

并且它与诸如马文·哈里斯和布鲁斯·崔格尔等努力理解人们如何谋生和彼此相处的当代卓越的非马克思主义唯物主义人类学家的发现相比,又如何呢?①

作为激进个体主义者,并聚焦于诸如对话、仪式和娱乐等日常生活实践,常人方法学家和诠释人类学家公开承认他们对社会结构的难题且其实对所有社会问题都漠不关心——就像狄尔泰、胡塞尔和舒茨建议的那样。他们集中于个体(或最多成对的个体),并无视所有重要的社会活动和社会系统,未能认真考虑并着手处理社会实在。这就是为什么他们没有做出重要的社会发现。为什么只记录琐碎事实、没有理论可讲且不相信客观真理的人,应该被算作科学家?并且为什么在给科学家排名时,要将绝不算在发现里的东西都算进去呢?

结论

启蒙运动给予了我们当代文明生活的大多数基本价值,比如对理性的信任、对自由探索的激情,以及平等主义。当然,启蒙运动没有为我们做所有事情——没有一场社会运动能为后世做所有事情,历史没有终结。例如,启蒙运动的思想家并未预见到工业化的滥用,他们夸大了个体主义,以合作为代价歌颂竞争,在社会改革上走得不够远,且对妇女和欠发达地区的人民关心不多。然而,启蒙运动确实完善、称颂和扩散了超越它自身的主要概念工具和道德工具。

相比之下,反启蒙运动的狂热者让我们把时间倒流,而非处理当前问题并试图向前进。他们是决心摧毁现代文化同时继续享受其技术衍生品的野蛮人。虽然他们构成了一群乌合之众,但他们之间的差异基本只在对理性和科学——他们省事地把它戏称为"实证主义"——的仇恨程度上。并不令人吃惊的是,他们没有生产任何引人注目的发现甚或有趣的新错误,而对这些错误的否认将构成有价值的真理。然而,他们成功吸引了一些学者,比如自称是科学社会学家但不

---

① 读者可进一步阅读 Mario Bunge, 2004, "Book Review of *Understanding Early Civilization*", *Philosophy of the Social Science*, Vol.34(4), pp.588—590; *From a Scientific Point of View: Reasoning and Evidence Beat Improvisation across Fields*, Chapter 5, Newcastle: Cambridge Scholars Publishing, 2018。

熟悉科学和社会而写科学和社会的人——就像接下来的两章将论证的那样。

　　日常错误和科学错误能参照理性或经验来探察和修正。但当理性和经验被勾销时,这种修正就变得不可能,错误被延续下去,且廉价的胡扯和肤浅的比喻会取代对系统和真理的艰苦寻求。我们得到的不是重要的统计和严肃的理论,而是故事("深描")以及诸如"生活是文本""生活是舞台"和"生活是游戏"等轻浮的比喻。更糟糕的是,当蒙昧主义占上风时,自由和进步就处于风险之中。并且当这发生时,所谓的学究就会被光头党围攻,而光头党的糊涂的脑控制着穿靴的腿,急于践踏启蒙运动的遗产。

第八章　科学社会学:从马克思到默顿及其后

　　一度稀缺且边缘的科学社会学,已变得庞大且居于核心地位。越来越多的社会学家以及已失去自己对文学研究的品位而从事其所称的"文化研究"的"后现代"文学批评家,实践着科学社会学。除了每年出版的一大串书籍外,还有1970 年创办的季刊《科学的社会研究》(*Social Studies of Science*)、1977 年出版的《科学社会学年鉴》(*Sociology of the Sciences Yearbook*)以及半年刊《情境中的科学》(*Science in Context*),更不用提及一般社会学期刊上的众多文章。此外,该学科已成为所有主要大学的项目的常规特征。它常常作为所谓的 STS(科学、技术与社会)项目和 STS 中心的核心而出现。

　　自 20 世纪 60 年代以来,这个领域涌现了几个新方向。虽然它们在几个论点上相异,但这些新方向共享一些教义。它们是:(1)**外部主义**,或者概念内容被社会情境决定这一论题;(2)**建构主义**或主观主义,其想法是,探究主体不仅建构他对事实的说明,而且建构事实本身,且可能建构整个世界;(3)**相对主义**,或者不存在客观的、普遍的真理这一论题;(4)**实用主义**,或者以观念为代价强调行动和互动,以及把科学等于技术;(5)**日常主义**(ordinarism),或者科研是纯粹的汗水而没有灵感这一论题,拒绝给予科学以特殊地位,且拒绝区分科学与意识形态、伪科学甚至反科学;(6)**采取过时的心理学学说**,比如行为主义和精神分析;(7)**用一些不科学甚至反科学的哲学**——比如语言哲学、现象学、存在主义、释义学、"批判理论"、后结构主义、解构主义或法国符号学学派,视情况而定——**替代**实证主义、理性主义和其他古典哲学。

我将论证,作为赞成这七个教义的后果,新式科学社会学家无法理解科学:他们从不告诉我们是什么使科学家作为科学家运行起来,科学家的意会哲学假设和方法论-伦理规范是什么,区分科研与其他活动的是什么,科研在社会中的地位是什么,以及为什么科学在理解实在和增进技术上如此成功,且在去除魔法思维上如此不成功。更糟糕的是,他们否认科学家从事的是截然不同的文化活动,以及科学家具有自己的精神气质。

这不是要嫉妒他们中的一些人由于偶尔关注细枝末节(尽管他们的哲学有缺陷)而获得的少许微小成就。但与他们近年来强加在科学社会学上的巨大退步相比,他们对科学学(science of science)的正面贡献显得苍白无力。这个退步是这样的,以至于任何具有科学背景的人都注定会把该领域的当前多数产物视为科研的一幅怪诞漫画。

在本章中,我将审视被我当作科学社会学中的新方向的致命缺陷。我的每一个批评都适用于当代新科学社会学中的至少一个学派,有些则适用于所有学派。然而,在考察新方向之前,先快速看一下古典科学社会学,因为虽然它被"少壮派"诽谤了很多,但它包含了新方向上许多错误的胚胎,而这些错误是伴随着它的许多永久价值的。

马克思主义根源

科学社会学当然是知识社会学的一个分支,知识社会学的其他重要分支是技术社会学、医学社会学、艺术社会学和宗教社会学。卡尔·曼海姆(Mannheim,1929[1936])——马克斯·韦伯的学生,也是深受格奥尔格·卢卡奇(Lukács,1923[1971])影响的马克思学者——就因为创造了"知识社会学"(*Wissenssoziologie*)和"思想风格"(*Denkstil*)这两个术语而被误认为是知识社会学之父。然而,不像他的前辈韦伯和涂尔干,曼海姆没有进行任何专业研究,也没有建立任何细致的理论。他把自己基本限于强调观念的社会制约,故而基本限于知识社会学作为知识史和知识哲学的附属品的重要性;并且因为他从不认为所有科学都具有社会内容,所以他常常被新科学社会学的成员责骂,他们坚持认为社会事实由科学"构成"，而非仅仅是从外部影响科学的"待定"因素。

实际上，现代知识社会学并非由曼海姆发起。它首先被卡尔·马克思和弗里德里希·恩格斯概述，很晚之后被埃米尔·涂尔干和马克斯·韦伯（这两人都聚焦于宗教社会学）、马克斯·舍勒、约翰·贝尔纳和他的圈子、罗伯特·金·默顿及其合作者和学生，以及其他一些人系统地发展。因为默顿是古典学派的最后一位卓越成员，且因为他遵守科学方法，结果便是他既非建构主义者也非相对主义者，所以新式科学社会学家把他变为自己许多挖苦的靶子，他们喜欢自称"后默顿派"并声称自己已远远超越了他。

马克思和恩格斯是新科学社会学的始祖，因为他们首先持有如下著名论题：

1. "不是人们的意识决定人们的存在，相反，是**人们的社会存在决定人们的意识**。"（Marx，1859［Marx and Engels，1986］:182，粗体为我所加）

2. "在不同的财产形式上，在存在的社会条件上，耸立着由截然不同的且特有地形成的情操、幻觉、思想方式和人生观构成的整个上层建筑。**整个阶级用其物质基础和对应的社会关系，创造和形成了它们。个体经由传统和教养，得到了它们。**"（Marx，1852［Marx and Engels，1986］:118—119，粗体为我所加）

3. 社会科学是有意识形态承诺的：它促进某个或其他社会阶层的物质利益。在现代，有资产阶级社会科学，也有无产阶级社会科学。然而，前者充满了错误和幻觉——因为被意识形态所扭曲——而后者客观为真，因为无产阶级代表了作为整体的人类的利益。

在 19 世纪中期，这些无疑是大胆的新想法，且每一个都有一丝真。事实上：

1. 发展心理学和社会心理学表明，社会环境确实**制约**人的心灵气质——但并不完全决定它——因为基因组和神经系统以及常常逆流而上的个体行动，往轻里说，确实非常重要。本章"外部主义"一节有更多关于这方面的内容。

2. 因为在分层社会中，每个人都出生在某个社会阶级，该阶级的成员分享特定的利益、价值、信念、期望等等，属于某个阶级确实影响**社会**科学家的取径，但这并不推衍出他不能克服这种限制，或者其阶级为他进行思考。对唯物主义者而言，认为没有脑的社会阶级能思考，这很奇怪。并且所有观念甚至数学观念都是从社会的经济基础中被创造出来的，这就为假。我们将在本章"强纲领"回到这一点。

3. 确实,经济学和政治科学的一些分支,尤其是与经济体的管理和政府有关的分支,被统治阶级的利益玷污了。回顾新自由主义经济政策和列宁主义就够了。然而,自从建立福利国家以来,经济学和政治学中的许多作品认为,理所当然的是,国家远非统治阶级的工具,它必须在阶级斗争中充当裁判员且必须以公平的方式再分配部分剩余。此外,甚至在马克思和恩格斯的时代,也存在客观的社会研究,这其中的许多研究被他们自己用于描述和控诉资本主义。总之,基础社会科学或描述性社会科学常常是无偏的,而处方性社会研究或规范性社会研究常常是党派性的(参见 Bunge,1998)。

引人注目的是,马克思和恩格斯关于知识的社会制约和社会科学的党派性的看法竟然如此有影响力,因为它们是概略的、不系统的且太不清晰。在"社会存在决定意识"这句话中,"决定"究竟意味着什么?它意味着作为整体的社会**导致**心灵过程吗,还是个体的社会地位和行为强烈地**影响**他思考的方式呢?显然,日常语言中固有的歧义使其具有多元诠释。

此外,马克思和恩格斯在这些问题上摇摆。首先,他们有时认为科技属于社会的下层建筑或经济基础,其他时候却把它们置于上层建筑。另外,他们虽然有时认为每个观念都是社会阶级的创造,故而被阶级利益所扭曲,但其他时候他们却主张基础自然科学和数学是阶级无涉的,即便当它们被社会环境制约时。由于这种摇摆、概略和不精确,在马克思主义阵营里,关于这些问题有各种观点和无定论的论战。

马克思主义科学社会学的繁荣

苏联科学史学家和科学哲学家鲍里斯·赫森(Hessen,1931[1971])写了"科学史中的马克思主义形式的外部主义的一份名副其实的宣言"(Needham,1971:viii)。在其《牛顿〈原理〉的社会经济根源》一文中,赫森认为牛顿的作品是他的阶级和时代的产物,且他的科学作品是对解决由资本主义的兴起提出的技术难题的尝试。显然,这个论题有一丝为真:牛顿处理了在现代之前甚至都没被提出的科学难题,他在完全现代的方法的帮助下这么做,且其作品的轰动性成功部分地被它对迅速扩张着的资本主义工业所运用的技术的有用性所解释——虽然工业革命在《自然哲学的数学原理》出版后一个世纪才开始。

　　然而,这并不证明牛顿的力学公式,遑论他对无穷小微积分的贡献,具有社会**内容**。他的力学指称动体,他的数学指称"流数"(随时间变化的函数)。此外,你怎么解释牛顿碰巧是"他的阶级和时代的(唯一产生该不朽作品的)产物"? 为什么只有一本《自然哲学的数学原理》,而非由牛顿的许多同时代人写的数以千计的类似书籍? 并且如果就像赫森声称的,牛顿对工业如此感兴趣,为什么他没有设计任何机器或工业流程? 为什么他是理论物理学家和数学家而非工程师? 并且为什么该社会阶级既产生了无神论者霍布斯,也产生了自然神论者牛顿? 难道个体脑和社会群体不可能与原创想法有关吗?

　　赫森的论文具有巨大影响力。它帮助形塑了西方马克思主义科学社会学,后者在 20 世纪 30 年代中期至 60 年代中期蓬勃发展。于 1936 年创刊的美国季刊《科学与社会》(*Science & Society*)至今仍在壮大。来自这个学派最彻底且最有影响力的一本书是贝尔纳(Bernal,1939)的《科学的社会功能》,科学史学家德瑞克·普莱斯(Price,1964)错误地认为它奠定了科学社会学的基础。英国皇家学会会士约翰·贝尔纳是卓越的晶体学家,他的工作被证明对揭开蛋白质、脱氧核糖核酸和核糖核酸的组成和结构至关重要。事实上,大不列颠共产党党员贝尔纳是分子生物学的先驱,且他的同事觉得只是他的好斗阻止他获得诺贝尔奖。(现代综合演化论的设计者之一的霍尔丹可能也是如此。)其他密切伴随着贝尔纳并对该学科做出贡献的科学家包括:两位物理学家,英国皇家学会会士布莱克特(诺贝尔奖得主)和英国皇家学会会士伯霍普;三位生物学家,英国皇家学会会士霍尔丹、英国皇家学会会士李约瑟和英国皇家学会会士霍格本;以及数学家利维。(对于他们的作品的一个代表性样本,参见 Goldsmith and Mackay,1964;生动的普及作品,参见 Crowther,1941。)

　　足够有趣的是,贝尔纳和他的朋友是**温和**马克思主义科学社会学家,且他们主要对科学政策而非学术性的科学社会学感兴趣。他们确实既强调了科研的社会**条件**,又强调了科学的实际的和可能的社会**运用**和社会**误用**,但他们并未声称数学和自然科学具有社会**内容**。今天,他们也许会被描述为内部主义者,而非外部主义者。他们急于让科学在大学得到充分支持,并适用于工业、公共卫生和教育,以及用于英国对纳粹攻击的抵御。第二次世界大战后,他们大力反对核弹。

早期的马克思主义科学社会学家的首要兴趣是实践性的,而非理论性的。他们主要关注科学的应用,而他们希望看到科学被用于人民的利益,并关注科技组织。他们都没有社会科学的背景;他们都是这个领域的业余人士,常常被马克思主义教条误导,且很少为检验自己的草率概括而寻找反例。(只有李约瑟最终成为职业的科学史学家,事实上他是中国科技史的领军专家;普莱斯则从物理学转向科学社会学和科学史。但他们都不是正统的马克思主义者。)

然而,以贝尔纳为中心的"无形学院"确实在科学社会学中产生了一些有趣的洞见,因为其成员受过严谨的科学训练,在"硬"科学上做过原创研究,作为大学科学系的成员参与了对科学的管理,并且在第二次世界大战期间还参与了政府部门。不像顶多参观过实验室的新科学社会学的提倡者,他们是杰出的科学家;他们知道自己在说什么或写什么,尽管他们有时通过辩证唯物主义和历史唯物主义的视角来看待自己的工作——而这是相当粗糙过时的哲学。①

大约在同时,一些法国科学家和哲学家对马克思主义取径的科学社会学、科学史和科学哲学产生了兴趣。当人民阵线在 1936 年掌权时②,他们中的一些人被赋予组织科研的工作,而自第一次世界大战以来,科研人员和资金都严重不足。保罗·朗之万、诺贝尔奖得主让·皮兰和约里奥-居里夫妇,以及其他卓越的科学家参与了这项任务。其他人写了一些书,其中许多书由左派出版商国际社会出版社(*Éditions Sociales Internationales*)出版——值得称道的是,它还出版了一些法国古典哲学家的注释选集,而当时就像现在一样,这些古典哲学家被在观念主义者和无理性主义者手中的哲学建制派所忽视。这类群体出版的主要刊物是月刊《思想》(*La Pensée*),它在德国占领期间被中断出版,但在战后又恢复出版,现在似乎已进入了末期阶段。

法兰克福学派的一些成员在其第一次流亡巴黎期间,也对科学社会学产生了兴趣,但他们似乎没有做出成绩。只有弗兰茨·柏克瑙(Borkenau, 1934)的巨著《从封建世界观到资产阶级世界观的转变》仍被偶尔引用。它的基础论题很像

---

① 读者可进一步阅读 Mario Bunge, *Matter and Mind: A Philosophical Inquiry*, Chapter 7, Dordrecht: Springer, 2010; *Evaluating Philosophies*, Chapter 9, Dordrecht: Springer, 2012。

② 原文误作 1935 年,但法国人民阵线是在 1936 年 5 月赢得大选继而执政的。

赫森的论题:新的生产方式产生新的世界观。(新的生产方式碰巧在科学革命开始的一个半世纪后涌现。)

所有这些热情的努力留下了什么?很少,除了现在几乎被每个研究科学的学者都接受的一般想法:科学并不在社会真空中运行,它执行了重要的社会功能,以及它甚至应该执行更重要的功能。这些研究科学的学者的主要贡献是关于科学政策的。至于他们像在苏联那样规划所有研究的提议,则引起了强烈抵制。尤其是,杰出的化学家迈克尔·波兰尼(Polanyi,1958)强调了研究的自由和它从意识形态中拆分出来的需要。遗憾的是,他同时夸大了科研的意会方面和不理性方面,声称意会知识优于明确知识。(对于这个论题,以及一般的窍门/事理的区别,参见 Bunge,1983a。)

科学的开始:默顿学派

历史唯物主义对历史编纂学的主要影响是间接的:它是法国年鉴学派的成就的一个主要根源,其最著名的成员是费尔南·布罗代尔。该学派的成员对一些社会的物质(环境和经济)方面进行了重要的原创研究,而非仅仅重复马克思主义口号。类似地,马克思主义对科学社会学的主要影响也是间接的:马克思是对罗伯特·金·默顿及其学派的作品产生最重要影响的三个人物之一——另外两个是马克斯·韦伯和埃米尔·涂尔干。在这两个案例中,马克思主义必须被冲淡和激活(而非背诵),才能有任何用。冲淡,即剥离其情境决定内容这个激进的外部主义论题;激活,即从修辞转变为研究。

默顿是受过训练的社会学家和观念史学家,在经验社会学和理论社会学的多个领域工作过,是科学社会学作为一门科学和一个职业的真正奠基人;他的前辈都是业余人士。当默顿在 20 世纪 30 年代中期开始他的学术生涯时,除了马克思主义者之外,所有研究科学的学者都是严格的内部主义者。这尤其适用于乔治·萨顿、亚历山大·柯瓦雷、阿多·梅里、查尔斯·辛格和赫伯特·巴特菲尔德。诚然,萨顿——默顿的导师之一——确实发出了关于科学的"社会背景"的一些声音,但他并未建立它与科学的问题意识和一般科学观之间的联系。此外,他着重拒绝了任何主要以社会经济术语解释科学史的尝试。他声称"这种解释顶多适用于在职者,很难适用于狂热爱好者、疯狂的个体"(Sarton, 1952:xiii)。

默顿于 1935 年提交并在三年后出版题为"十七世纪英格兰的科学、技术与社会"的博士论文。(这部书名中的"科学、技术与社会"指定了如今的一个既定学术领域。)该书的核心一般假说是默顿本人以非典型的自大所称的"科学社会学中的哥白尼革命"的东西:"不仅错误、幻觉或未被鉴定为真的信念,而且真理的发现也是社会制约的(历史制约的)。"具体假说是,清教伦理促进了科学在英国的兴起。(对于关于这个论题的研究的一部选集,参见 Cohen,1990。)

研究科学社会学的社会学家可能会认为这个想法"流行了开来",尤其从近来的三个经历来看。一个是 20 世纪 30 年代马克思主义在西方知识分子间的流行,以及他们对苏联代表尤其是鲍里斯·赫森在 1931 年于伦敦召开的国际科技史大会上表述的激进外部主义论题的热情反响(回顾本章"马克思主义科学社会学的繁荣"一节)。第二个事实是,苏联政府在走上党派斗争和科学猎巫的灾难性道路之前给予科研的大力支持——鉴于当时苏联经济的不发达和英法吝啬的科学预算,这个支持就更引人注目了。第三个事件是在纳粹德国,所谓雅利安科学(人种学、日耳曼物理学等)的兴起和对所谓犹太科学的迫害,尤其是纳粹知识分子和纳粹官员,比如大学校长兼纳粹党御用文人马丁·海德格尔和恩斯特·克里克,在形成新的反智氛围中扮演的角色(参见诸如 Kolnai,1938;Farías,1987[1989])。

1938 年,关于后一个主题,默顿写了一篇题为"科学与社会秩序"的出色又及时的文章(参见 Merton,1973)。在这篇文章中,他把科学的精神气质总结为"智识诚实、正直、有条理的怀疑论、无私利性、非个人性",所有这些都"被(纳粹)国家将在科研领域强加的一系列新情操糟蹋了"。默顿很少怀疑这些精神气质的存在将在 30 年后受到后默顿派科学社会学家的挑战,他们中的许多人认为自己是左派,结果便是如果他们被告知自己无意地接受了纳粹信条的一个核心部分,即对纯科学和一般的观念的蔑视,他们会觉得受到了侮辱。

在此总结默顿对科学社会学的贡献是没有意义的,因为他的贡献很多且众所周知,且他的散文——不像许多新式科学社会学家的散文——是易懂且优雅的,故而读起来很舒服。(对于关于默顿学派的成就的早先简明报告,参见

Barber，1952。)然而,我们必须提出两个论点。

第一个论点是,默顿似乎是第一个陈述了科学具有自己的精神气质的人,它包含四个"制度要件":**普世主义**,或非相对主义;认识**共有主义**,或不受限制地分享科学知识;**无私利性**,或免于经济或政治的动机和约束;以及**有条理的怀疑论**,或强调有章法的质疑、可论证性和可检验性(Merton，1942)。这个论点后来被布罗诺夫斯基(Bronowski，1959)和我(Bunge，1960)所详述。

第二个论点是,默顿及其周围的人的作品现在会被描述为**话语分析**。它在于分析科学文献,特别是发表,且它几乎不涉及任何经验研究,除了偶尔的问卷调查以外(对于这个作品的一个代表性样本,参见 Barber and Hirsch，1962)。这些科学家中没有一个人在科学实验室里花一年观察并记录公开行为和由探索者生产的"铭写",而由于缺乏专业训练,他们不可能理解这些探索者的行动。

在正确理解了"科学关于什么"的学者的手中,话语分析产生了一些经典之作,比如默顿自己的"科学中的单一发现和多重发现"(Merton，1961)、"科学中的马太效应"(Merton，1968),以及与哈里特·朱可曼合写的"科学中的年龄、老龄化与年龄结构"(Merton and Zuckerman，1972)。来自该学派的其他经典之作有:巴伯和福克斯的"垂耳兔的案例:机缘得失的一个例子"(Barberand Fox，1958)、普莱斯的"科学的指数曲线"(Price，1956),以及巴伯的"科学发现的阻力"(Barber，1961)(这些文章被收集在 Barber and Hirsch，1962 或 Merton，1973)。

所有这些研究都正确地假设了基础科学的**唯一性**,而它源于其普世主义、共有主义、无私利性和有条理的怀疑论——这个唯一性被新科学社会学否认了。这并不是说所有这种研究都是完美无缺的。

在我看来,它们中的一些过度外部主义了,且它们过度最小化了诸如阿基米德、牛顿、达尔文和爱因斯坦等天才人物的贡献的唯一性。因此,在其关于单一发现和多重发现的实至名归的著名论文中,默顿写道:"天才科学家恰恰是其工作最终会被重新发现的人。这些重新发现不会由单一科学家作出,而是由一批科学家作出。从这个看法来看,科学天才个体是其他相当多的才华程度各异的科学家的功能等价物。"(Merton，1973:366)

我们如何能知道情况确实如此呢? 我主张我们无法知道。我们只知道:(1)许多天才的工作常常被承认得很慢;(2)在一些科学突破的案例中,比如在量子理论、现代综合演化论、生理心理学和分子生物学的源起中,整个天才团队都在为建立一门新学科而工作。可以肯定的是,有一些案例——默顿研究的那些案例——符合他的假说,但它们很少是科学突破的案例。

总而言之,默顿学派在认为数量能弥补质量上偶尔犯了错误,且作为结构主义者,它偶尔夸大了社会母体的力量。但它实践的是对外部主义与内部主义的一种综合,它从不接受建构主义和相对主义,也没有低估观念的重要性。这就是为什么它产生了一些关于科学作为制度的严肃研究。在我看来,默顿学派迄今为止一直是科学社会学的顶峰。就像下一节将论证的那样,从 20 世纪 60 年代中期它开始被新科学社会学替换的时刻起,科学社会学就开始走下坡路了。

"强纲领"

在 20 世纪六七十年代,科学社会学涌现了一些新的"后默顿派"导向(参见例如 Knorr-Cetina and Mulkay, 1983)。其中表达最清晰的一个导向是由爱丁堡大学科学元勘小组(Science Studies Unit)的巴里·巴恩斯、大卫·布鲁尔和斯蒂文·夏平发起的所谓"强纲领"。在讨论细节之前,让我们先快速地初步看一下它。

从 20 世纪 30 年代开始工作的西方马克思主义的以及默顿派科学社会学家和科学史学家,都区分了科学的概念内容与其社会情境,并认为后者影响前者,但后者并不完全决定前者。此外,他们使数学和自然科学免除了这个指控:这些学科分支是有意识形态承诺的。相比之下,新科学社会学尤其是"强纲领"声称,**所有**知识都被社会所形塑,而且以某种方式**关于**社会,即它具有**社会内容**——由此最终不存在内容/情境的区别。

这甚至对数学也成立:"如果数学关于数及其关系,且如果这些是社会创造和社会约定,那么确实,数学关于某个'社会性'的东西。因此,在间接的意义上,数学是'关于'社会的,与涂尔干所说宗教是关于社会的意义相同。它看起来是关于实在的,表征了对已投入其中的社会劳动的转变了的理解"(Bloor, 1976:93)。并且雷斯蒂沃(Restivo, 1992)向我们保证道,"数学是彻彻底底社会性的"。

类似地,兰德尔·柯林斯(Collins,1998:862)主张"数学是社会话语",就因为它是可交流的。①该论证能被用来证明艾滋病病毒是社会实体。

当然,这些不同寻常的陈述仅仅是纲领性的:没有作出认真的努力来收集支持它们的证据。(对于来源全面深入的讨论,参见 Restivo,1983;1992。)但当反对它的证据是如此其有压倒性的时候,就没有必要寻求正面证据了。首先,数学不仅仅是"关于数及其关系"。只有数论关于(整)数,或更确切地说是关于数系。此外,数论是当代数学颇小的一部分,而当代数学包含了许多非数值领域,比如逻辑学、抽象代数、范畴论和拓扑学。然而,这是次要论点,它只表明我们的科学社会学家对他所写的学科并不熟悉。

重点是这个断言:每门科学甚至纯数学都是关于社会的。即便在数学是由一些互动并相互学习的人建构的这个意义上,数学诚然是社会创造,但这个琐碎论点并不得出数学公理、数学定义或数学定理指称社会,遑论描述社会。让指称理论(哲学语义学的一个分支)来决定给定的数学概念或数学命题关于什么,这不是裁决的问题。现在,任何合理的指称理论都将告诉我们:"2 是偶数"这个陈述指称数字 2;"泊松括号不满足结合律"这个陈述指称泊松括号;以及"线性函数的导数是常数"指称线性函数。(对于精确的指称理论,参见 Bunge,1974。)

如果把合理的指称理论应用于数学家的数学,而非新科学社会学的信徒所想象的数学,将产出这个并不令人惊讶的结果:集合论关于集合,抽象代数关于代数系统,拓扑学关于拓扑空间,几何学关于流形,分析学关于函数,等等。假如数学关于社会,那么它是社会科学,结果便是:(1)它不适用于物理学、化学、生物学或心理学;(2)它被以社会科学假说应该被经验检验的方式经验检验;(3)严格意义上的社会科学是多余的。

无论如何,形如"X 指称 Y"的断言必须在指称理论的帮助下被证实,且新一批科学社会学家并未提出或运用任何这种理论:他们以一种教条的方式,故而以不科学的方式来处理这个关键问题。这对"强纲领"来说是个恶兆。但现在是时

①　读者可进一步阅读 Mario Bunge, 1999, "Philosophy Sociologized", *Contemporary Sociology*, Vol.28(3), pp.280—281; 2000, "Philosophy from the Outside", *Philosophy of the Social Sciences*, Vol.30(2), pp.227—245。

候看一下后者了。

大卫·布鲁尔（Bloor，1976）提出了科学社会学中"强纲领"的以下四个原则。

1. **因果性**：科学社会学应该"关注带来信念或知识状态的条件"；知识"发源于社会"，它是"集体影响和集体资源的产物，是给定文化所特有的"。

2. "与真和假、理性或不理性、成功或失败"有关的**无偏性**。

3. 与解释有关的**对称性**："相同类型的原因能解释，比如说真信念和假信念。"

4. **反身性**："原则上，它的解释模式不得不适用于社会学本身。"

此刻，以下批判性评说暂时就够了。

1. **因果分析是不够的，而且有时是不适当的，**因为（1）它聚集于外部条件，忽视了探索者的动机和认知难题，或把它们都归因于外部因素，故而使探索者看似仅仅是棋子而非创造者；（2）它无视了机遇——机遇永远在脑内外在场。

2. **无偏性**当然是必要的，只要它不被解读为真理与错误之间的无差异，以及对反科学和伪科学的容忍或者与科学的混同——就像该学派的一些成员对与智商和优生学论战有关的断言，以及与超心理学的科学地位、维利科夫斯基的臆断和占星术有关的断言所实际发生的那样。无偏性是一回事，不关心真性是另一回事。

3. 在外部主义和相对主义的视角中，与解释有关的**对称性**显然是错误的，它要求既得利益掩盖实在，故而更经常导致错误而非真理。在古典视角中，它也是错误的，尤其当它与因果性要求结合起来时，因为它衍推出区分真信念的"原因"与假信念的"原因"要么不可能，要么无意义。在任何一个情况下，科学社会学都仅仅是学术练习，而非我们为了理解科学并促进其进步而拥有的三个手段之一。

4. **反身性**是个诚实但自毁性的要求；如果以"强纲领"来看它自己，它就必须被解读为对某种科学以外的利益的回应，故而与意识形态一样不可信。无论如何，该原则似乎并未被应用过。

然而，这个纲领还有一个更重要的难题，即它的第一个原则（因果性）乞题了科学观念事实上是否由社会环境所致。这个问题不应留给无偏的研究吗，或者向新科学社会学要求遵守默顿所概述的科学的精神气质是否幼稚？ 如果一个社会心理学家要展示给定社会刺激在 A 身上引起了观念 a,在 B 身上引起了观念 b,以此类推直到 N,而在他的实验群体的剩下的人身上根本没有引起任何观念,那该怎么办? 毕竟,这就是实验心理学所谓的第零定律(或哈佛定律)令我们期望的东西,甚至期望老鼠会如此。

并且如果一个专门跟踪研究者的日常琐事(并理解自己的主题关于什么)的研究科学的人类学家要展示研究者有时得到合作者和同事的帮助而有时被后者所阻碍,但其许多难题、想法和计划是他们独自或在诸如众所周知的里约热内卢的海滩等不太可能的环境下得到的,那该怎么办?

意识形态家或政客试图证明某某情况如此,而科学家探究情况**是否**确实如此并试图保持客观,即便出于某个理由或无理性,他希望情况是(或不是)如此。意识形态项目是对信仰的宣言,以及强化和宣传该信仰的计划。科学项目是研究课题,它从难题开始,而非从除了在所有科研之下的一般哲学原则(例如,外部世界是真实的、遵循规律的和可知的)以外的原则开始。

参照上文,科学社会学中的"强纲领"是否更科学而非意识形态,就更可疑了。然而,更糟糕的情况出现了:就像下一章将看到的那样,新科学社会学中的其他方向因拒绝认识论实在主义,与真正的科学甚至相去更远。然而,在审视它们之前,我们提议仔细看看外部主义以及新科学社会学处理微观-宏观难题的方式。

外部主义

科学社会学中的外部主义论题是,情境决定内容,甚或两者之间不存在差异;个体科学家的观念、程序和行动被其社会环境所决定,甚或后者"构成了"前者。由于"社会情境""决定"和"构成"等表达是模糊的,所以外部主义论题能以各种方式来诠释。事实上,可以区分出以下诸版本:

温和外部主义或弱外部主义:知识被社会地制约。

M1(局域的):科学共同体影响其成员的工作。

M2(全局的):整个社会影响个体科学家的工作。

激进外部主义或强外部主义:知识是社会性的。

R1(局域的):科学共同体散发或建构科学观念,所有科学观念最终都具有社会内容。

R2(全局的):整个社会散发或建构科学观念——故而没有内部-外部、微观-宏观、内容-情境和话语-践行的区别。

温和局域论题 M1 预设了科学共同体是自我调控的:它制定自己的议程并解决自己的事务。这个论题如此温和,很难与内部主义论题相区分。论题 M1 与论题 M2 之间的差异是,不像传统科学史中固有的唯个体的激进内部主义,温和全局外部主义(即 M2)假定个体科学家并不独自行动,而是作为其科学共同体的成员而行动,他遵守这种系统中盛行的规范和标准,寻求同行的承认和奖励,且在多数情况下遵守当时的科学方式。大致上,默顿学派周围的科学社会学家(参见本章"科学的开始:默顿学派"一节)接受了温和局域外部主义,而它完美兼容了这个内部主义论题:科研有自己的规则和标准,且主要由好奇心驱动。此外,它是对内部主义的必要补充(参见 Agassi, 1981; Bunge, 1983a: Chapter 3)。

一些新式科学社会学家把托马斯·库恩视为激进外部主义者,甚至视为外部主义科学社会学家和新科学社会学之父(参见诸如 Barnes, 1982a; Collins, 1983)。但事实上,库恩是温和全局外部主义历史学家,他对观念的兴趣远远超过对其社会环境的兴趣。确实,他从未详细提到社会结构,且他只把科学共同体视为科学观念的圣化者或亵渎者。此外,他从不具体研究任何科学共同体,且正如门德尔松(Mendelsohn, 1977:7)指出的那样,库恩甚至从不向自己提出知识与制度性结构或更广泛的社会结构和过程之间的可能关系这个难题。

那么,为什么库恩有时被誉为新科学社会学的奠基人呢? 出于不同理由:因为他是相对主义者和约定主义者;因为他偏袒无理性主义而非经验主义或理性主义;因为他拒绝了逻辑和方法强于直觉、类比、比喻、社会约定或时尚这个想法。简而言之,他被视为新科学社会学的教父。(对于库恩与其侍从之间的差异,参见 Merton, 1977。)

被我称为**温和全局外部主义**论题的东西走得更远:它宣称科学受外部社会的控制,而非科学共同体施加的内部控制。这是新马克思主义的看法:马克思和恩格斯偶尔会激进得多(回顾本章"马克思主义根源"一节)。它宣称科学是生产力,故而是社会的经济下层建筑的一部分。更确切地说,按照这个学派:(1)每个科学难题都是生产难题或贸易难题;(2)科学只是解决经济难题的工具;(3)表达了统治阶级的物质利益的占支配地位的意识形态,确定了科学家的研究方向。

这个学派的典范是赫森(Hessen,1931[1971])关于"牛顿《原理》的社会经济根源"的著名论文,而我们在本章"马克思主义科学社会学的繁荣"一节遇到了它。赫森问道:"我们要在哪里寻找牛顿的创造性天才的来源?是什么决定了他活动的内容和方向?"(Hessen,1931[1971]:151)。在他看来,来源不在牛顿那沉浸在他那个时代的文化中的脑中,而在现代资本主义、航海和战争中,而所有这些都提出了力学难题。这些涉及机器、采矿、交通、枪炮之类的技术难题,构成了牛顿《自然哲学的数学原理》的"现世核心"(Hessen,1931[1971]:171)。甚至牛顿晚年对炼金术的激情,也是他对工业尤其是冶金业的兴趣的结果(Hessen,1931[1971]:172ff.)。然而,赫森不是完全的经济决定论者,因为他承认意识形态(尤其是宗教)的影响——虽然像马克思一样,只是以扭曲的能力(Hessen,1931[1971]:82ff.)。

虽然赫森是外部主义者,但与流行的外部主义者相比,他是温和的,因为他毕竟确实承认科研是由个体完成的**智识**活动。他声称科学有经济(其次也是意识形态)投入和产出,但并不声称其内容是社会性的,或它发源于社会群体。因此,他不会接受我们现在要转而讨论的任何激进外部主义论题。

激进外部主义是这个论题:所有知识在内容和起源上都是社会性的。换句话说:告诉我你生活在哪种社会中,我将告诉你你在思考什么。这个看法接近于对著名的费尔巴哈-涂尔干论题的概括:所有**宗教**都是实际社会结构的符号转录——这个论题被一些研究所确证(诸如 Frankfort,Frankfort,Wilson,Jacobsen,and Irwin,1946)。假如它对**科学**也为真,我们就能从科学理论中读出社会,就像涂尔干(Durkheim,1972:189)声称的,"正是经由宗教,我们才能追踪社会的结构"。

当然,没有人通过研究麦克斯韦方程组或电磁场强度的测量方式,发现了关于社会结构的任何东西。自然科学碰巧不是在对社会的形象中并以强化社会秩序这个目的来建立的:自然科学应该探索和表征自然(参考整个科学文献)。

我们之前陈述道,激进外部主义分为局域的和全局的两大类。**激进局域外**

部主义论题 R1 是,每门科学及其所有客体真的都是由对应的科学共同体创造的。这个论题的古典陈述是路德维克·弗莱克(Fleck,1935[1979])的《一个科学事实的源起与发展》,这本晦涩难懂的书最初出版于 1935 年,库恩把它从遗忘中拯救出来(参见 1979 年由特伦和默顿编辑并由库恩作序的英译本)。弗莱克是位有才干的细菌学家,他似乎是第一个处理了医学思想的社会发生的人。他的书的主题是关于梅毒的医学思考和大众思考的历史,而他把梅毒称为"科学事实"。(书评参见 Bunge,1981b。)

弗莱克否认科学研究独立存在的事物:他是建构主义者。尤其是他认为"梅毒本身并不存在"。我们将在下一章审视其著作的这个方面。此处我们关注的是弗莱克的这个论题:每个"科学事实"都是"思想集体"(*Denkkollektiv*)或由"思想风格"统一在一起的人的共同体的产物。他拒绝了一个人能思考这个想法,并赞许地引用了路德维希·贡普洛维奇的名言"一个人内心真正思考的,不是他个体本身,而是他的社会共同体"(Fleck,1935[1979]:46—47)。因此,每个"科学事实"(发现或发明)都是社会事实。反之也成立。按照弗莱克的观点,不存在"在那的"(out there)外部世界这种东西:"在那"就是在这(in here)。确实,"客观实在能被分解为属于集体的观念的历史序列"(Fleck,1935[1979]:41)。由后期胡塞尔(Husserl,1931[1960])勾画出的这个集体主义形式的主观主义,已被一些社会学家(比如 Berger and Luckmann,1966)和科学社会学家(比如 Latour and Woolgar,1979)所采纳。但是,支持其真性的证据在哪里?我们把答案推迟到第九章。

该思想学派的一个更近来且常常被引用为新科学社会学的伟大成就的产物,是保罗·福曼(Forman,1971)的长文《魏玛文化、因果性与量子理论,1918—1927:德国物理学家和数学家对敌意的智识环境的适应》。文章标题说明一切:量子力学的发明者没有战胜战后德国猖獗的反智主义意识形态,相反,他们适应了它。尤其是,"1918 年后在德国出现如此突然且蓬勃发展的摒弃物理学中因果性的运动,主要是德国物理学家为使其科学的内容适应其智识环境的价值的努力"(Forman,1971:7)。

福曼那篇被大量引用的论文有几个致命缺陷。第一,在量子理论孕育之时,德国占支配地位的哲学确实是反科学的、活力论的和无理性主义的。回顾后期胡塞尔哲学和他的明星学生马丁·海德格尔的哲学就足够了。(顺便一提,这两人都是新科学社会学的英雄。)但这明确**不是**物理学家间流行的哲学:物理学家绝大多数是实证主义者,故而亲科学的。甚至连好战的纳粹党人兼量子理论的卓越贡献者帕斯库尔·约尔当也是实证主义者。(当然有一些例外:爱因斯坦和普朗克是实在主义者,而玻尔直到1935年左右才改信实证主义。)以至于从1935年左右到近来都盛行的量子力学的数学形式的正统诠释或哥本哈根诠释,被普遍认为是实证主义的。诚然,我们能展示这个诠释与该理论的数学形式不一致,且它能被严格的实在主义诠释有利地取代(Bunge,1967,1973b,1985a)。不过,在量子力学诞生之时,实证主义还是比较开明的哲学,而非像现象学、存在主义或黑格尔主义那样的蒙昧哲学。毕竟,它曾遭攻击且仍遭攻击主要是因为它的亲科学立场,而非其严重的缺陷。

第二,通过聚焦于德国,福曼忘记了量子理论之父不仅包括德国人海森堡、玻恩和约尔当,而且包括丹麦人玻尔、奥地利人薛定谔、法国人德布罗意、英国人狄拉克和世界公民爱因斯坦。毕竟,当时所有量子物理学家都去蜂拥朝圣的被称为"量子理论的麦加"的地方是哥本哈根,而非哥廷根、柏林、莱比锡或慕尼黑。(一些朝圣者,这其中有我的老师吉多·贝克,竟然到了与丹麦姑娘结婚的程度。)

第三,量子力学并非像福曼声称的那样,作为"适应智识环境的努力"而被发明,而是作为解决在魏玛共和国诞生之前近20年就激起了物理学家兴趣的长期难题的努力。怎么能有人仅仅为了取悦一群蒙昧哲学家而发明矩阵力学、波动力学或量子电动力学呢?确实,正如我们刚才看到的那样,实证主义而非胡塞尔和海德格尔等人赞成的日益流行的生命哲学,提出了量子力学的(操作主义)诠释。同样,玻尔在设想他那令人费解的互补"原理"时——但它不是原理,因为它并不衍推任何东西,且它反正在任何计算中都不扮演任何角色——起初被他的同胞克尔凯郭尔和霍夫丁所影响。

第四,也是最后一点,关于假定机遇与因果关系相交织,而不仅仅是我们对后者的无知,有何故弄玄虚之处呢?为什么我们不应该相信机遇:就因为原因与理由之间,以及概率与不明确性之间的流行混同吗?并且关于第一次成功尝试解释原子、分子、光子、晶体、核反应和化学反应等的存在和主要性质,又有何故弄玄虚的?

　　就像在他之前的弗莱克,福曼是激进外部主义者和相对主义者,虽然不是建构主义者。但两人都保留了局内-局外的区别:弗莱克提到了科学共同体,福曼则是提到了相对于在给定时间给定国家作为整体的知识界。激进全局外部主义者不是如此。对他们而言,就因为科学实验室是向外行(甚至对自然科学一无所知的作者)开放的公共机构,它们没有围墙而是与整个社会密切融合,所以里面发生的事情相当日常(诸如 Latour,1983)。

　　仅仅因为在实验室里思想与行动相交织,"情境与内容融合了"(Latour,1987)。出于相同理由,话语与践行之间没有区别(Woolgar,1986)。并且仅仅因为科研涉及一些政治活动,且当科学被误认为是技术时,它能被视为现代社会中权力的最强有力的来源,所以"科学是通过其他手段来推行的政治"(Latour,1983:168)。因此,微观与宏观的区别最终也消解在新科学社会学家所称的"科学"的大岩浆之中。下一节有更多关于这方面的内容。

　　激进外部主义论题,即所有知识都是社会性的,以至于不能在其内容与其情境之间划出区分,出于以下理由该论题为假。第一,与如果有机体与其环境的所有关系都被割开就无法存活这个事实并不反驳有机体/环境的区别一样,内容被情境影响这个事实并不证明这两者不可区分。(只有不同事物才能互动,这是一般的老生常谈。)细胞生物学家和有机体生物学家虽然并不否认环境的存在和重要性,但他们聚焦于有机体而非其环境。用语义学术语来说,生物学陈述的**中心被指称项**是有机体,而环境是其**外围被指称项**。类似地,对研究科学的严肃学者而言,科学是他的陈述的中心被指称项,且社会是外围被指称项。

　　激进外部主义者并不划出这种语义学区别:对他而言,中心和外围融合为巨大的糊状物,科学观念就淹没在那里。这种融合是避免认真考虑并着手处理诸如科学理论的建构和检验等"技术"问题的省事把戏:它允许学者从研究的基本原理转移到其工具、外部性和待定性。它允许局外人嘲笑忽视了"形成中的科学"的科学哲学家。它甚至助长了这个幻觉:局外人能"向局内人解释这一切如何运行"(Latour,1987:15)。科学谦逊的典范!

　　激进外部主义论题为假的第二个理由已在本章"强纲领"一节预见到了,即任何合理的指称理论都将告诉我们,数学陈述的被指称项是数学客体,物理学陈述的被指称项是物理客体而非社会事实。数学函数的社会内容是什么,化学反应公式的社会内容是什么? 外部主义者没有对这些问题给出精确答案。与一盒麦片的生产销售的社会本性并不把麦片本身和我们吃麦片及消化麦片变为社会过程一样,这种建构物的创造需要向他人学习和与他人交流,且这种建构物中的一些通过技术被用于工业和贸易这些事实,并不把这些建构物变为社会事实。

对基础科学成立的东西,经适当更改后对技术也成立。在这两个领域,智识创造力都是脑的性质,而非社会群体的性质。后者只能刺激或抑制智识创造力。出于这个理由,把技术冒充为社会建构的七零八落、三心二意的努力(比如Bijker, Hughes, and Pinch, 1987)是没有说服力的。

技术设计、计划、提议和建议,肯定必须符合经济政治的现实和可能性。但众所周知,"需求拉动"只促使现存人工制品的改善:缺陷需要修复(参见Petroski, 1992)。激进的新发明,无论在技术还是科学中,最终都是由好奇心、解决难题的激情和修补的乐趣激发的;并且激进的发明远非市场的产物,它引发新市场(参见 Bunge, 1998)。

总而言之,外部主义者认为科学家并不生活在社会真空中,这是正确的。结果便是,把科学观念和科学实践从科学家及其社会环境中拆分出来,是纯粹分析的——尽管如果我们要理解并评价**作为**观念或实践的它们,这将是不可或缺的。但陈述社会待定性**构成了**科学观念和科学实践,就像说由于我们必须呼吸以维持生命,所以我们完全被大气圈决定,或者在激进外部主义的情况下,我们由空气组成——而且可能是热空气/夸夸其谈(hot air)。(对于外部主义的进一步的批评,参见 Shils, 1982。)

微观-宏观问题或能动性-结构问题

每门科学都面临这个难题:微观层次与宏观层次之间的关系,即局部(比如个体)与整体(比如社会)之间的关系。这个难题对社会科学尤为重要(参见诸如Knorr-Cetina and Cicourel, 1981; Alexander, Giesen, Münch, and Smelser, 1987)。

解决(或更确切地说,逃避)这个难题的两个古典尝试是个体主义和整体主义,两者都有本体论方面和方法论方面(参见诸如 Krimerman,1969;O'Neill,1973;Bunge,1979b,1985b)。整体主义者主张个体是社会的棋子,故而赞成自上而下(或宏观到微观)的取径:他们是宏观还原主义者。相比之下,个体主义者认为所有"社会的"东西都是个体行动的合力,故而赞成自下而上(或微观到宏观)的取径:他们是微观还原主义者。马克思和涂尔干在很大程度上是整体主义者,而韦伯和舒茨在很大程度上是个体主义者。

不过,可以论证的是,整体主义和个体主义都是理想类型。例如,马克思并不否认个体行动,相反歌颂个体(虽然是协同的)行动,尤其是旨在改变现存的社会秩序时。甚至连最激进的个体主义者也承认,个体在不同社会情形中可能会以不同的方式行动——但他甚至不会尝试根据个体行动来分析情形这个宏观社会学概念。

总之,从业的社会科学家不可能是一致的整体主义者或一致的个体主义者。无论他是否知道,他都是系统主义者,即研究科学共同体等社会系统被个体行动所产生、维持、改革、革命或拆除的方式,以及这些个体行动继而被社会结构所制约(尤其是刺激或抑制)的方式的人。系统主义者承认微观-宏观的区别和关系,并接受一些合乎情理的还原(向上或向下),但他也强调社会系统由个体组成,个体行动被社会环境所制约等事实设置了还原的局限(参见 Bunge,1979b:Chapter 5,1985b:Chapter 4,1991a,1996)。

科学社会学中的各种学派在与个体主义-整体主义-系统主义三难困境有关的立场上站在哪一边? 显然,在他们的一般陈述中,马克思和恩格斯是整体主义者(回顾本章"马克思主义根源"一节)。但当他们评判他们所尊敬的个体科学家,比如李嘉图或达尔文时,他们并不把他们仅仅视作资产阶级的代言人,且他们并不宣称他们的观念是从物质下层建筑的成分中形成的。至于诸如贝尔纳等西方马克思主义科学家,他们甚至不如马克思和恩格斯那么唯整体,因为他们并不否认个体创造力,且他们并不声称每个科学陈述都具有社会内容。他们强调社会情境对内容的影响,但不抹去两者之间的区别(回顾本章"马克思主义科学社会学的繁荣"一节)。

至于默顿,虽然他过去常常是功能主义者-结构主义者,故而勉强称得上是整体主义者，但他和他的学生对科学社会学的重要贡献既不属于整体主义阵营，也不属于个体主义阵营。确实，它们都处理个体科学家，或共享一个取径、一个知识库和一个精神气质的科学家团队。由于这些贡献涉及社会中的个体，以及个体科学家和研究团队的工作的社会（尤其是经济和意识形态）投入和产出，所以他们确立了微观-宏观链接，而非尝试实施宏观还原（整体主义的特色）或微观还原（个体主义中固有的）。简而言之，科学社会学中的默顿学派可以被刻画为系统主义的，虽然绝非肯定的是，默顿本人会接受这个刻画，即便只因为他早先反对帕森斯对系统晦涩的谈论。

新科学社会学如何呢？不管它在其他问题上如何统一，它在微观-宏观问题上是分裂的。少数人尤其是常人方法学家是个体主义的，而大多数人尤其是"新纲领"的倡导者是集体主义的或至少是隐秘整体主义的。与社会学的其他分支相比，新科学社会学的成员中似乎没有系统主义者——这是个糟糕的迹象。

让我们在哲学上快速看一下常人方法学。这个学派的主要哲学成分是现象学，而现象学在根本上是主观主义的，故而是唯个体的。现象学之父胡塞尔要求主体把目光转向自己，以追踪自己意识的流动，并把实在置于"插入语中"，即假装它不存在。此外，按照这个看法，主体创造了自己周围的社会实在，尤其是他自己的日常实在或生活世界。诚然，后期胡塞尔（Husserl, 1931[1960]）把这个任务分派给"个体的主体间共同体"。不过，基础想法是实在绝非自我存在的：真实世界"与超验主体性不可分离"，而且它是个**与可和谐组合的经验的无限性有关的、无限的观念**"（Husserl, 1931[1960]:62，粗体为原文所加）。这就是为什么现象学"**与在迄今为止所接受的意义上的**实证的、'**客观的**'科学形成了**最极端的对比**"（Husserl, 1931[1960]:30，粗体为原文所加）。

简而言之，胡塞尔本人强调，现象学涉及对认识论实在主义的强烈拒绝，而认识论实在主义是科技所特有的，且是社会学的诸奠基人著作的特色。为什么不把一门甚至并不尝试给出对实在的客观说明的学科——即便它自评是科学的——评为科学的，真的有必要对此进行解释吗？

伯格和卢克曼（Berger and Luckmann, 1966）追随舒茨（Schütz, 1932[1967]）——而舒茨追随胡塞尔，胡塞尔追随狄尔泰，狄尔泰追随康德和黑格尔——故而写的是**实在的建构**，而非对实在的**研究**。（对于现象学社会学的血统,参见 Outhwaite,1975[1986]。)哈罗德·加芬克尔(Garfinkel,1967)和常人方法学派的其他成员也是如此。然而,虽然常人方法学的推定哲学教父是后期胡塞尔甚至海德格尔,但不像这些哲学家,常人方法学家不是先验主义者,而是进行关于细枝末节的经验研究。毫无疑问,蔑视科学的胡塞尔和海德格尔会强烈反对这种经验研究,就像相伴的秘义的黑话会让他们高兴一样。

常人方法学反对激进外部主义,因为后者的多数倡导者把外部世界的真实性视为理所当然的,且他们所有人都把个体视为完全是其社会环境的产物。假如不完全忽视大型社会系统和社会问题,且假如伴随着对个体科学家和研究团队的特有活动的深度研究,对外部主义的这一拒绝就是完备的。但可惜情况并非如此。

确实,常人方法学研究所特有的东西是:(1)记录(录音和录像)日常生活行动的细枝末节,那就是,熟悉的而非不同寻常的东西;(2)把它们面临的每个新情形的"一般意义体系"的分派,任意归因于主体或行动者——当然,在狄尔泰和韦伯的传统中,"意义"(或其实用等价物"诠释")这个关键术语没被定义。(对于领悟或诠释的歧义,以及它与韦伯的科学作品的不相干性,参见 Bunge,1996。)

研究科学的常人方法学家只对科学家在其"具身实践"(能有离身实践吗?)中使用的"尘世物品"(比如测量仪器)以及他们所说和所写的记号感兴趣。他对赋予该实践和科学家本身间的互动以"意义"的科学观念不感兴趣。他不可能感兴趣,因为他并不理解它们:他是局外人,故而是方法论外部主义者,虽然不是本体论外部主义者。他对科学与技术之间的互动,或产业和政府提供的约束和机会也不感兴趣。我们将在第九章回到常人方法学。

然而,新科学社会学的多数成员是整体主义者。对他们来说,群体先于个体并支配个体,且群体形成和持有所有信念。信念体系能被归因于社会群体尤其是社会阶级这个看法,面临两个困难。其中之一已被新科学社会学的一个元老指出了:研究发现"似乎被一个阶级的利益合理地表示的信念,被令人不安地发现在另一个阶级的成员间很普遍;一个阶级的支配信念,有时非常难以根据其客观利益的任何靠谱版本来合理理解;有时如此多样的信念和思想在一个阶级内被发现,以至于排除了对支配形式是什么的分析"(Barnes,1977:45)。

简而言之,社会阶级在意识形态上不是同质的。但早在新科学社会学涌现之前,我们就知道这一点。例如,我们知道法国大革命虽然是无可否认地资产阶级性质的,但它部分是相当多属于小贵族或小牧师的人的写作和行动的结果。1917 年的俄国革命相似:特权阶级的一些成员参与其中,这其中有列宁和托洛茨基。此外,有疑问的是,除非统治阶级分裂,否则任何革命是否都是可能发生的。

然而,唯整体归咎观的主要困难是,它们预设了信念能被社会群体所持有,而不仅仅被社会群体的成员所持有。信念是心灵状态或心灵过程,故而它只能被个体心灵(或者更确切地说是脑)所形成、怀有、持有或放弃。因此,把信念归因于社会群体,只能是省略的;那就是,"社会群体 X 相信 Y"这个表达应该被解读为"X 的所有(或多数)(成年)成员相信 Y"的简写。(这当然是方法论个体主义的有效教义之一。)

正如我们在本章"外部主义"一节看到的那样,弗莱克(Fleck,1935[1979])也许第一个宣称"思想共同体"而非个体建构了科学乃至事实,比如梅毒感染。(只有自然人或超自然人创造事实这个想法,当然要旧得多。不仅要记住乔治·贝克莱,而且要记住恩斯特·马赫和创造了"学者创造的事实"这个著名短语的约定主义哲学家爱德华·勒鲁瓦。)按照弗莱克的观点,每个思想集体都有自己的思想风格,且各种思想风格——就像今天一些人会说的——互相"不可通约"。

弗莱克如何得到这些想法? 想必他从当时在欧洲相当流行的马克思主义中得到了这些想法的要旨。他如何确证这些想法? 通过把自己的研究聚焦于对梅毒的瓦色曼检验的历史,甚至聚焦于几个相对常规性质的团队工作的案例,且完全忽视个体工作。他没有意识到,虽然发现和发明能是匿名的并受制于社会影响,但它们从不是集体的。这是因为它们是心灵过程,且心灵过程只能发生在个体脑中。无视个体心灵的人,无法解释好奇心和创造力。因此,他们无法回答形如"尽管 X 的许多同时代人与 X 分享相同的相干数据、相同利益和相同难题,为什么只有 X 想出了 Y?"这一初级问题。

新科学社会学的许多实践者分享弗莱克的整体主义。例如,布鲁尔(Bloor,1976:12)写的是被解读为"集体视野"的"社会的知识"。拉图尔(Latour,1983)声称,在他所谓的微观行动者与宏观行动者之间,或者在实验室内外,不存在任何差异。他的这一论题基于他对路易·巴斯德 1881 年著名的炭疽病实验的审视。巴斯德实验室的大门向公众开放,且他本人去农场进行田野实验。据称,这些行动抹去了科学家与公众之间的边界。毕竟,"对科学的'科学性'的信念已经消失了"(Latour, 1983:142)。

但内外的区别刚被否认,就被重申了:通过在实验室里研究炭疽杆菌,路易·巴斯德能"支配"它,而在外部,在田野里,很难研究并控制给定微生物,因为它不可见且与许多其他微生物混在一起(Latour, 1983:147)。此外,通过无视微生物科学,疫苗的设计、控制和使用技术,疫苗产业以及由卫生员和教师发起的教育运动之间的联系,拉图尔得出结论:"**巴斯德主动地修改了他那个时代的社会,且他通过移离社会中一些最重要的行动者**(即兽医)**而直接——而非间接——这么做**。"(Latour, 1983:156,粗体为原文所加)然后,他作了跃进式归纳:实验室"产生了权力的多数新来源"(Latour, 1983:160),故而是社会变迁的强有力且直接的行为体。因此,文章的标题很谦虚:"给我一个实验室,我将举起世界。"这个社会学稀奇古怪,它忽视了把个体科学家与同行科学家、产业和政府关联起来的链条上的三个链接点。

总结一下,个体主义在科学社会学中行不通,因为它最小化甚或忽视了每个个体科学家所属的社会系统(比如科学网络和大学)的存在。结果便是,它未能解释个体研究者作为这种系统的成员的特有行为——例如,被夹在教授及其研究生之间的博士后研究员的困难处境。整体主义也行不通,因为它最小化甚或否认了个体主动性、创造力、奉献精神和道德勇气,把所有科学家都变成没有好奇心、缺乏主动性、不会质疑、没有激情且偶尔反叛的上班族。

整体主义和个体主义都是片面的,故而是贫乏的。并且在常人方法学家和"强纲领"的倡导者间探察到的在两者之间的摇摆,展示了这些人的混乱。我主张,对每门社会科学中的所有难题的正确取径是系统取径,因为它暗示了研究人们为了建立、改革或摧毁社会系统而组合的方式——在一些方面合作并在其他方面竞争,以及合作和竞争在整个社会中发挥功能和互动的方式(回顾第一章)。

我们的下一个任务将是审视新科学社会学的所有论题中最激进、最骇人、最令人厌恶的论题,即社会建构主义和相对主义。

第九章　建构主义-相对主义科学社会学

在 20 世纪 60 年代,一些科学哲学家声称,观察概念与理论概念之间不存在绝对的区别,因为在所有观察都被一些或隐或现的假说所指导或误导的意义上,所有观察概念都是"理论负载的"。这个论题有一丝真,即不像日常观察,**科学观察**是参照假说来设计和进行的。不过,诸如"蓝色"等观察概念与诸如"波长"等理论概念之间,存在明显的差异。前者属于日常知识,而后者属于科学理论。诚然这两者是相关联的,但这并不推衍出它们属于相同范畴。此外,甚至连高等实验科学也使用以前理论方式运用的概念,比如"事物""位置""变化"和"颜色"等概念。

从关于经验概念的理论负载的论题到宣布"废除事实与理论的区别"(Barnes,1983:21),似乎只是一小步。但它不是,因为你可以承认前者而不承认后者。那就是,你可以承认观察概念与理论概念之间的区别不是绝对的,或者它是程度问题,但保留事实与理论的区别,因为前者是认识论区别(它只涉及知识),而后者是本体论区别,因为它涉及作为整体的实在。换句话说,你可以一致地宣称,对客观事实(理论无涉的事实)的科学观察涉及(一些)理论概念,而不把建构物误认为事物,或者相反。这个初级的混同,是新科学社会学和新科学哲学中的建构主义-相对主义学派的来源。

建构主义

当不在哲学基调中时,物理学家可能会承认任何电子理论所包含(并阐明)

的电子**概念**都是理论的，同时承认无论我们是否理论化电子，电子都存在在那里。类似地，社会学家承认社会分层**概念**是理论的，同时认为现代社会是客观地分层的，且每个社会分层理论都试图表征这种客观特征。简而言之，除了激进经验主义者之外的所有人都同意建构物（概念、假说和理论）是**被**建构的，而只有主观主义者声称所有事实也是被建构的。因此，虽然**认识论**建构主义和**心理学**建构主义在一定程度上是合宜的，但**本体论**建构主义不是，因为它与证据完全抵触。

确实，假如事实与理论是相同的，就没有事实能被用于检验理论，也没有理论能被用于指导对新事实的寻求。由于理论检验和理论引导的探索是日常科学生活的事实（而非理论），因此否认它们之间的区别是违背事实的（虽然不违背主观主义理论）。此外，假如事实与理论是等价的，事实就具有理论性质（比如一致性和解释力），且理论就具有物理性质、化学性质、生物性质或社会性质（比如黏性和化学反应性）。情况并非如此，假定的事实-理论同一性仅仅是诡辩。

然而，这个诡辩与随之而来的认识论相对主义，是我们在第八章"强纲领"一节首次遇到的"强纲领"的特色。其倡导者声称，实在是人类建构物，且所有建构物都具有社会内容。尤其是，**"科学事实的社会建构"**这个短语在新科学社会学中已变得司空见惯，尤其从它被用作拉图尔和伍尔加（Latour and Woolgar, 1979）经常被引用的第一版《实验室生活》的副标题以来。

在建构主义者写"科学事实的社会建构"的地方，多数科学家、实在主义科学哲学家和科学社会学家会提到科学家间的互动过程（无论是面对面互动还是通过文献互动）。这个互动从一个观察、一个猜想或一个批判性评说开始，并以一个或更多陈述结束。由于通过了所有必要的检验，至少就目前而言，这些陈述被普遍接受（足够真）。因此，拉图尔和伍尔加（Latour and Woolgar, 1986：152）声称，"促甲状腺素释放因子是彻底的社会建构"，而实在主义者会说，促甲状腺素释放因子的分子组成和生物功能是被在两个相互竞争的（但常常合作的）研究团队中工作了十多年的科学家**发现**的。

在建构主义者的写作中，对"事实"和"建构"等关键术语的运用，不只是粗心大意。他们还故意忽略研究过程的"技术"方面，即与研究团队成员间交流看法、计划和发现相伴随的难题、假说、论证、实验设计和测量，而没有这些东西，这种交流就完全不可理解。他们甚至明确拒绝运用诸如"假说""证明"之类的方法论术语，想必因为它们是内部主义者的圣痕（参见例如 Latour and Woolgar，1986：153）。

这种对实验室中生产的"铭写"的含义和真值的忽略，不是偶然的。它是刻意选择的产物：是把科学家的部落研究成仿佛诸如狩猎-采集者的部落或渔村等日常社会系统的产物。在日常社会系统的情况下，由于熟悉基础的跨文化人类活动，甚至连游客或调查记者也能从未经训练的观察中学到某个东西：他只有希望理解该群体的政治组织、神话学或仪式，才会进行深度研究。

但科研团队与原始部落非常不同。不是因为前者的运转很神秘，而是因为他们具有极其专业和精致的功能：通过一些过程生产**科学**知识，而这些过程不像采集、狩猎或捕鱼，它们不是一览无遗的。参观实验室的外行，只能观察到锁在研究者及其助手脑中的心灵过程的行为表现。对外行而言，触发了研究活动的难题甚至比其结果更不可理解。因此，他注定只会表面地看一下，就像行为主义心理学家把自己的任务限于描述公开行为一样。我们将在本章"隐秘行为主义与公开实用主义"一节中坚持这一点。

尽管有这个明显的局限性，拉图尔和伍尔加（Latour and Woolgar，1986）声称，"对实际的实验室实践的观察"产出了"尤其适合于分析科学活动的私密细节"的材料。他们没有解释甚至连与自己"分享"（因为处于相同空间中）日常生活的"部落"的语言都不理解的局外人，如何能触及这种私密细节，而这种细节碰巧发生在研究的主体的脑袋里。他们也没有解释仅仅对话交流和"磋商"如何能"创造或摧毁事实"。

这两个科学人类学家插手那些他们无法理解的课题，他们不仅未向从事这些课题研究的团队道歉，他们还相信这种无知是优点："在我们**不把**在先认知……视为理解科学家的工作的必要先决条件的意义上，我们认为我们的实验室的成员在技术问题上的显而易见的优越性是微不足道的。这类似于人类学家拒绝向原始巫师的知识低头。"（Latour and Woolgar，1986：29）

难怪这两个装备不良的观察者得出结论：科学家并不从事任何特有的思想过程，科学活动"仅仅是社会舞台"，实验室仅仅是"文学铭写系统"。如果他们并不理解科学家干着什么，他们如何知道这些？并且鉴于他们故意混同事实与命题,他们如何知道什么时候"陈述分裂成实体和关于实体的陈述"(Latour and Woolgar,1986:180)——或者什么时候是相反过程,而在该过程中实在被"解构"——用日常的说法,什么时候假说被反驳?根据这种初级的混同和对反科学的哲学的借用,他们得出结论:"'在那性'(即外部世界)是科学工作的**后果**而非其**原因**"(Latour and Woolgar,1986:182)。

你可能会认为,拉图尔和伍尔加不是主观主义者,他们误用"事实"一词来指定被认为无限定条件而为真的陈述,比如"地球是行星",仅仅是哲学上不老练。其实,他们确实陈述"事实只不过是没有模态(即没有指出它被视为假说,或它已被确证)也没有作者的痕迹的陈述"(Latour and Woolgar,1986:82)。那就是,你可能会认为,由于缺乏哲学上的精致,这是和"生态学"与"环境"、"气象学"与"天气"、"社会学的"与"社会的"、"本体论"与"指称类"、"方法论"与"方法"等庸俗的混同同样的混同。但由于自第 174 页及之后,他们对实在主义发起了攻击,你不得不认真对待他们的主观主义。

当拉图尔和伍尔加陈述"实在是这个建构的后果而非原因",所以"科学家的活动不被导向'实在',而是对陈述的这些操作"时(Latour and Woolgar,1986:237),他们毫不质疑自己的主观主义。这不仅对社会世界成立,而且对自然也成立。"自然只有作为竞技活动的副产品,才是可用的概念(不管这可能是什么)。"(Latour and Woolgar,1986:237)

该学派的其他成员表示赞同。尤其是哈里·柯林斯(Collins,1981:3)写道:"自然世界在科学知识的建构中,扮演了很小甚至不存在的角色。"并且就因为实验室塞满了活的和无生命的人工制品,诺尔-塞蒂纳(Knorr-Cetina,1983:119)声称:"在实验室里,我们找不到'自然'或'实在',而它对探索的描述主义诠释是如此关键。"

简而言之,按照建构主义,实在并不独立于探索主体,而是探索主体的产物:科研是"生成组成了'世界'的无尽的实体流和关系流"(Knorr-Cetina,1983:135)。并且新科学社会学的一位主要哲学导师写道:"**科学实体**(就此而言,以及所有实体)**是投射,故而与投射了它们的理论、意识形态和文化相联系**"(Feyerabend,1990:147,粗体为原文所加)。遗憾的是,他并未解释没有屏幕如何能有投射——在这个案例中,屏幕是自主的外部世界。

新科学社会学已用"社会建构"这个概念取代了"发现"这个概念。相应地，克里斯托弗·哥伦布和库克船长、迈克尔·法拉第和拉蒙-卡哈尔，以及所有其他认为自己有所发现的人，都处于错觉中：他们只是参与了一些社会建构。就像加芬克尔和他的学生所说，甚至连天体也是"文化客体"（Garfinkel, Lynch, and Livingston, 1981）。并且确实，每个客体都是"实验室时间性的标志"（不管这可能意味着什么）（Lynch, Livingston, and Garfinkel, 1983）。此外，对世界的用具成立的东西，据称对整个世界都成立。阿图尔·叔本华的旧准则"世界是我的表象"现在表述为"世界是我们的建构"。

建构主义不是新科学社会学的发明：它在观念主义中是固有的。该学派的一些实践者意识到这一点。例如，哈里·柯林斯（Collins, 1981）承认，新科学社会学受到诸如现象学、结构主义、后结构主义、解构主义以及后期维特根斯坦和法国普通符号学学派的语言中心主义等观念主义哲学的影响。并且伍尔加（Woolgar, 1986:312）解释道，他、拉图尔、诺尔-塞蒂纳和其他人实践的话语分析受惠于后结构主义（尤其是福柯），而后结构主义"与常人方法学的这个观念主义立场相一致：不存在独立于用来理解它的字词（文本、记号、文件等）的实在。换句话说，实在是在话语中并通过话语构成的"。世界是本巨大的书，且甚至连"践行都不能在话语之外存在"（Woolgar, 1986:312）。

按照文本主义（或释义学）版本的观念主义，**存在就是成为铭写者或铭写**。回忆下海德格尔（Heidegger, 1953[1987]:16）所说的："事物在字词中、在语言中，才生成并存在。"因此，如果你希望理解世界，你必须做的一切就是阅读文本，或把人类行动视为话语，并让它们受制于释义学分析或符号学分析。这对科学的世界尤其成立，而科学仅仅是一堆铭写（Latour and Woolgar, 1979）。多么省事啊！

由于搞科学或元科学——就此而言，或其他任何事情——只是文字技巧问题或语言游戏问题，所以任何识字的人都能玩这个游戏。事实/虚构和真/假的区别的后果，是显然的："事实与虚构之间的区别因此被弱化了，因为两者都被视为交往行动的产物和来源。"（Brown, 1990:188）那么，为什么应该有人担心"真"（除了共识以外）这个概念，遑论对真性的经验检验呢？

文本主义（或释义学）取径是如此省事，以至于它甚至允许你只用符号学分析工具来处理最深奥的科学观念。因此，拉图尔（Latour, 1988）用狭义相对论来进行这种分析。虽然这种狭义相对论不是在任何科学发表中详述的狭义相对论,而是在爱因斯坦最早的科普书《狭义相对论与广义相对论浅说》,并且是其1920年的英译本中详述的狭义相对论。由于爱因斯坦对狭义相对论的科普性论述围绕着一群登上火车、测量时间和发射信号的旅客展开,拉图尔得出结论:狭义相对论并不关于动体的电动力学(爱因斯坦1905年奠基性论文的标题),甚或不关于空间和时间。他向我们揭示道,在狭义相对论中重要的是特定的人类活动(Latour,1988:11)。拉图尔竟然提出爱因斯坦选错了书名:"他的书本应题为:'带回长途科学旅客的新指南'。"(Latour,1988:23)此外,爱因斯坦的工作类似于史密森学会的初始计划,即建立全国性天气观察网络,以"建立气象学现象"(原文如此)。显而易见,从建构主义视角来看,狭义相对论所引入的我们对空间和时间的概念的深远变化,以及力学与电动力学之间的关系的深远变化,都是不可见的。

不满足于扭曲狭义相对论的内容,拉图尔继续证明关于狭义相对论(以及量子力学)的这个古老的错误的哲学诠释:它是对**认识论**相对主义的确证,而认识论相对主义是主观主义的一个形式,按照主观主义,所有科学事实都是由"独立且主动的观察者"创造的。因此,其论文的标题是"对爱因斯坦相对论的相对主义阐释"。他没有想到,为了评价任何涉及观察者在科学理论中的角色的断言,有必要:(1)公理化理论,以分离科学谷粒与哲学糠秕;(2)在某个指称理论的帮助下分析理论,以搜寻其真正的被指称项(参见诸如 Bunge,1974)。

如果实施这个任务,就能**证明**而非仅仅**声称**狭义相对论和量子力学关于独立存在的物理事物,**而非**"关于描述任何可能经验的方式"(Latour,1988:25)。尤其是,通过证明相对论性力学的被指称项是通过电磁场互动的物体(正如爱因斯坦奠基性论文的标题所表明的那样),你证误了光速和洛伦兹变换是"建立社会的常规事务的一部分"(Latour,1988:25)这个不同寻常的断言。社会是由人建立的,大多没有蓝图,早在科学诞生之前社会就已存在了,并且——无论是好是坏——社会的涌现和崩溃都与相对论完全无关。

悖论的是,新科学社会学的提倡者不顾其反实在主义,声称只有他们自己的"经验研究"提供了对科研的恰当说明(为真的实在主义说明)。伍尔加(Woolgar,1986)注意到了这个悖论,但这似乎并未令他感到困扰。毕竟,只有研究科学的旧式学者关心逻辑。

相对主义

如果不存在独立的实在,如果整个世界是社会建构,且如果事实是特定种类的陈述,就不可能存在客观真理。换句话说,如果不存在之前不"在这的"任何"在那的"东西,"观念与事实的符合"这个表达就说不通。并且如果不存在客观真理,那么科研就不是对真理的追求。或者用更温和的方式来说,"什么算作真理,能因地因时而异"(Collins,1983:88)。这是认识论相对主义的核心。它是文化相对主义的重要部分,而文化相对主义继而是文化民族主义的哲学成分(参见Jarvie,1984;Trigger,1998)。

假如相对主义为真,至少潜在地,就应该有与社会(或族群或其他)群体一样多的"另类"数学:男性数学与女性数学,白人数学与黑人数学,西方数学与东方数学,等等。正如布鲁尔(Bloor,1976)和雷斯蒂沃(Restivo,1983)提醒我们的那样,这确实是一度流行的蒙昧且浮夸的历史哲学家奥斯瓦尔德·斯宾格勒的论题,也是得到路德维希·维特根斯坦认可的论题。但它还是个受宠的纳粹论题:例如,雅利安数学是具象的、直觉的,故而与"血与土"的神话相契合,而犹太数学是抽象的、反直觉的。

通过展示数学陈述并不指称任何"真实的"东西(尤其是"社会的"东西),且不能通过求助于经验操作,尤其是社会行动来证成(尤其是证明),能证明上述关于"另类"数学的论题为假(参见诸如 Bunge,1985a:Chapter 1)。为真的是,数学不可能在落后的社会中蓬勃发展,这种社会的成员既缺少教育,又缺少把自己投身于所有纯科学中最纯粹的一门科学的动机和手段。

虽然对我们的相对主义社会学家而言也许不重要,但为真的是,现代数学包含大量**与"正典"数学理论并行的**"另类"数学理论。例子:直觉主义逻辑、非标准集合论、模算术、非欧几何和非标准分析。因此,正如一个多世纪以来人们已知道的那样,数学真理**是**相对的。(例如,等式"12+1=1"在时钟算术中为真,虽然在数论中为假。另一个古老的例子是,在圆盘里,存在无数条线与任何给定直线相平行。①第三个例子是,球面三角形的内角和不等于两个直角和。)

然而,每个数学真理都是相对于某个**理论**而非社会,并且任何对正典数学理论、标准数学理论或古典数学理论的背离,都是由纯智识的理由激起的,主要是希望推广,即克服早先理论的限制。(例子:如果删去逆运算,群就坍缩为半群,且如果去除满足结合律这个条件,半群就被推广为原群②。)任何这种变化都是由纯智识的好奇心带来的。它们不是对社会压力、工业需要或意识形态需求的回应。它们是对概念难题而非社会问题的答案。假如数学难题是社会难题,那么后者大多是可解的,而且它们会跟数学的进步一起得到解决——可惜这是不可能的。

社会结构与"离经叛道的"数学理论毫无关系。所有这些理论不仅未能指称任何"社会的"东西,它们还跟标准理论在相同的数学共同体中一起发展,不管经济因素或政治因素如何——当然,除了贫穷的社会无力支持许多数学研究,且独裁者可能不喜欢数学的特定分支。顺便一提,1976—1983 年阿根廷军事独裁下的两位省长通过取缔被认为是颠覆性的现代数学(包括向量微积分),而无意地坚持了"强纲领"。

当然,认识论相对主义不是新东西;它很早以前就被陈述在这个简洁的准则中:真理是时间的女儿(*Veritas filia temporis*)。它是对各种文化和关于相同事实的相冲突的看法的多元性的幼稚反应。对世界的共存或接续的表征的多元性,鼓舞了怀疑论,尤其是参照这个外部主义看法:社会环境和利益决定甚或构成了所有科学陈述。

哲学家很早以前就处置了这些论证。关于同一事实领域的同时或接续的互不兼容的理论的多元性,只能证明科研并不保证**即时**、**完整且确定的真理**。但正如观察检验和实验检验所展示的那样,我们常常确实想出了部分为真的假说。并且正如科学史展示的那样,如果一个假说是有趣的且足够真,它将刺激可能导

---

① 这句话的正确表述应该是,在双曲几何(其最常见的模型就是庞加莱圆盘)中,给定任何一条直线和不在该直线上的任何一点,经过该点存在无数条直线与给定直线相平行。

② 在当代的抽象代数中,如果某个集合在某个二元运算上满足封闭性,就称为"原群"(magma)。原文这里写的是 groupoid(在当代译为"广群"或"群胚"),但其实不是错误,而是已经过时的用法——当初布尔巴基学派引入这两个概念时,它们是等价的。我感谢作者夫人、麦吉尔大学荣休数学教授玛尔塔·邦格生前的邮件指教。

致更真或更深刻的假说的进一步的研究。对假说和理论成立的东西,经适当更改后对实验设计也成立。毕竟,**存在**科学进步,是因为**存在**客观的(虽然通常只是部分的)真理。

如果科学课题被物质利益或意识形态利益所激发或扭曲,就不能产出客观为真的结果。这个怀疑是哲学家所称"**起源谬误**"的东西的一个例子。事实上,它在于通过知识的"出生证"(或"洗礼证")来评判知识。(人身攻击是起源谬误的一个特例。)假说、数据或方法可以是正确的(在命题的情况下是真的),不管生产了它的研究的动机如何。或者,它可以是假的,即便是以最纯粹的意图生产的。简而言之,观念的正确性独立于其起源和使用,且它必须通过严格客观的手段来确立。这对观念的内容也成立。例如,涂尔干认为所有逻辑观念,尤其是类包含这个观念,都具有社会(尤其是宗教)**起源**,但他并未声称它们也具有社会(尤其是宗教)**内容**。

相对主义的另一个来源——已被库恩(Kuhn, 1962)运用过的来源——是格式塔心理学家对歧义图像的感知研究。如果我现在看到人脸,且现在看到花瓶,那么真正要看到的是什么,以及我如何能声称任何一个感知是正确的呢?建构主义者回复道:"这个例子最精妙的特征是,我们能看出,就其中哪个感知是**真正的**提出问题,这是有多么愚蠢。"(Collins, 1983:90,粗体为原文所加)但当然,**根据定义**,歧义图像是能以两个不同方式来诠释的图像,任何一个方式都不比另一个更真。心理学家知道,该歧义既不存在于真实的人脸中,也不存在于真实的花瓶中,而是存在于脑中,而脑每隔 30 秒左右就自动从一个感知切换到另一个感知。

[顺便一提,科学史学家库恩不是建构主义/相对主义者,就像他关于量子物理学的起源的作品所证明的那样。但他的哲学评论是如此歧义,以至于能被解读为支持新科学社会学。正如默顿(Merton, 1977:108)所写,它们被"把这些想法转化为符合自己意识形态秉性的各种侍从(尤其是主观主义者和想成为马克思主义者的人)"运用。]

柯林斯提出,这种歧义影响**所有**科学难题、数据、假说和方法。但他和其他人都没有提出任何**证据**表明情况确实如此。此外,任何科学家或科学哲学家都知道,歧义和模糊将发生但必须被修正。我们都知道,算命的人靠歧义而兴旺发达,但研究科学的严肃学者从没想到科学家必须忍受它。

虽然新科学社会学的实践者不怎么运用"真"的概念,但他们不能忽视每个人都犯错这个事实。只是,他们没有像在观测误差理论和认识论中做的那样,根据对真理的背离来**定义**错误或误差这个概念:他们就是不去定义它。

此外,新科学社会学的一些提倡者似乎更看重错误而非真理。例如,拉图尔(Latour,1983:164—165)向我们保证道,科学家"希望犯多少错误就能犯多少错误,或者就是能比不能掌握尺度变换的任何其他'局外'人犯更多错误。每个错误继而被归档、保存、记录和变得可轻易再次读取……当你总结了一系列错误,你就比被允许比你少犯错误的任何人更强大"。因此,实验室"就是通过成倍增加错误来获得力量的技术设备"(Latour,1983:165)。如果读者怀疑拉图尔把科学误认为政治,那么读者是对的。事实上,拉图尔和伍尔加(Latour and Woolgar,1979:237)写道:"维持科学的'政治'与其'真性'之间的区别,几乎没有什么收益。"简而言之,正如黑格尔和法律实证主义者所说,强权即公理。

据称对真理成立的东西,对论战也成立。按照相对主义者的说法,所有科学论战在概念上都是无尽的,因为不存在客观真理。因此,**即便在最纯粹的科学中**,如果要结束辩论,就必须通过一些通常不被认为是严格**科学的**手段来结束"(Collins,1983:99,强调为原文所加)。换句话说,不存在关键的观察或实验,不存在新预测,不存在逻辑证明或数学证明,不存在决定性的反例,不存在对(内部或外部)一致性的检验,等等。只存在"核心集团"或掌权集团的任意选择,或者相互竞争的派系之间的磋商和最终妥协。"政治活动"是科学游戏的名字。

甚至连引用的选择,也是政治问题:作者引用别人的作品不是为了偿还智识恩情,而只是为了强化自己的地位或削弱对手的地位(Latour,1987:37—38)。但这是又一个教条的陈述,没有社会建构主义者费心检验它。这种探究涉及在引用频率与诸如社会关系、被引作者的显赫性和机构的显赫性等变量之间寻找统计相关性。现在,这类唯一现存的研究(Baldi,1998)参考了天体物理学领域,反驳了这个社会建构主义论题:被感知到的个人贡献的价值,依赖于这个人在相关社会网络中的地位,而不是相反。相反,该研究验证了这个常识性看法:探究者引用作品既为了承认智识恩情,也为了支持自己的断言。

在纯粹的逻辑论证的帮助下,或者通过列出科学的一些持久发现——比如行星系统的日心论,血液循环,电磁场、原子和基因的存在,以及生物物种的演化——哲学家已应对了认识论相对主义或怀疑论。这些，以及逻辑学和数学的多数真理，肯定是自现代开始以来确立的许多完整（而不仅仅是部分的）且永恒的真理中的一些——休谟、恩格斯和波普尔等杰出的怀疑论者见谅。

社会学家汤姆·博托莫尔（Bottomore，1956：56）通过陈述"如果所有命题都是存在决定的（就像曼海姆过去常常说的那样），且没有命题绝对为真，那么这个命题本身如果为真，就不是绝对为真，而是存在决定的"，运用外部主义者的相同论证来反驳相对主义。20 年后，布鲁尔（Bloor，1976：14）在表述"强纲领"时，认为他通过声称它预设了社会因果关系蕴涵错误（比如意识形态偏见）而处置了这个论证。但并非如此，因为博托莫尔为了论证而承认外部主义论题为真。他只是指出，即便该论题实际上为真，也不可能绝对为真，而只是在（或相对于）给定社会群体或给定社会中为真。如果是如此，为什么他或我，不同部落的成员，应该坚持该论题？毕竟，在确切概念出现之前，博托莫尔所做的就是应用外部主义科学社会学"强纲领"的第四个要求，即"原则上，它的解释模式不得不适用于社会学本身"（回顾第八章"强纲领"一节）。

然而，认识论相对主义并非完全为假，它确实有一丝为真。其实，科研通过假设所有**命题**其实**在原则上**都是可谬的和可矫正的来进行。科研者意会地采取了与**系统**（或激进）**怀疑论**相反的、可以称为**方法论**（或温和）**怀疑论**的东西。他只在有某个（逻辑的或经验的）**理由**质疑的地方质疑，且他从不**同时**质疑**一切**，而是参照他的大量背景知识来衡量被质疑的东西。并且他并不质疑新科学社会学拒绝的一些哲学原则，这其中有外部世界的独立存在及其客观可理解性。简而言之，多数关于世界的真理可能只是**部分的**，但它们仍是**真理**，而不仅仅是寓言（参见 Bunge，1991b）。

此外，科学真理，无论是全部的还是部分的，都应该是**普遍的**，而非这个或那个群体的性质。不存在无产阶级科学或雅利安科学、黑人数学或女性哲学这种东西：这些仅仅是政治诈骗或学术诈骗。可以肯定的是，教育在一些群体或社会中比在其他群体或社会中更繁荣。但迷信也是如此。

许多价值和规范是受文化束缚的，科学发现则不是。那就是，价值论相对主义和伦理相对主义是可部分证成的，而认识论相对主义不是。如果一个看法只对某个社会群体的成员是可接受的，那么它是意识形态的而非科学的。甚至当一个观念起源于一个特殊群体时，要被算作科学的，它就必须是**可普遍化的**。除非接受这个科学性标准，否则不可能区分科学与意识形态、伪科学或反科学——当然，就像我们将在"科学与意识形态"和"非科学"两节看到的那样，这是新科学社会学的断言之一。（对于认识论相对主义的进一步的批评，参见 Archer，1987；Siegel，1987；Livingston，1988；Boudon，1990；Wolpert，1992；Trigger，1998。）

隐秘行为主义与公开实用主义

抨击实证主义已变得时髦，且新科学社会学的提倡者以这项运动为乐。现在，有两种反实证主义：开明的和蒙昧的。开明的反实证主义攻击实证主义的狭隘性并力图克服它的局限性，尤其是它对经验主义的依附、它的现象主义形而上学，以及它对理论的轻视。相比之下，蒙昧的反实证主义批评了实证主义中最好的东西：它对科学和数学的（不求回报的）热爱、它的概念清晰性和对形式方法的运用、它对检验的需求，以及它对蒙昧主义的批评。

遗憾的是，多数公然抨击实证主义的研究社会的学者和社会科学哲学家都采取了蒙昧立场。他们中的许多人拒绝实证主义，因为相信它与自然科学是相同的。曼海姆的英雄之一卢卡奇（Lukács，1923[1971]）是最早把实证主义等于自然科学并激烈指责这两者的人之一。讽刺的是，新科学社会学的多数成员是实证主义者，因为他们把许多时间花在收集数据上，但由于缺乏理论，他们不能吸收这些数据。这对于常人方法学家而言尤其成立。

常人方法学家对"细致的、可观察的实践（进行录音和录像），而这些实践创造了日常社会事实的人格化生产，比如排队服务的顺序、对话的顺序，以及娴熟的具身即兴行事的顺序"（Lynch，Livingston，and Garfinkel，1983：206）。这句话可翻译为："常人方法学家记录可观察的日常生活事件。"他的数据是想必有目的地、明智地行事的人留下的可听或可见的痕迹。这是他唯一能遵照的线索，由于缺乏科学家的专业知识，他不能理解是什么使科学家运行起来：科学家的疑难和野心是什么，其原则、价值和方法是什么，其猜想、计划和决策是什么——总之，科学家的脑袋里进行的一切是什么。

　　常人方法学家的程序在哪里异于激进经验主义者尤其是行为主义心理学家的程序？只在于前者过分地喜欢令人费解的黑话，以及胡塞尔和海德格尔等出了名难懂的哲学家，而这两人都不推崇严格意义上的科学（参见诸如 Husserl，1931[1960]：Sections 3—5，论"真正的科学"即现象学与科学之间的对立；Heidegger，1953[1987]：Chapter 1，论科学相较哲学和诗歌的从属地位）。除此以外，常人方法学家的实践并不异于经验主义者尤其是行为主义者的实践——就像甚至连该学派的同情者阿特金森（Atkinson，1988）都承认的那样。

　　常人方法学对科学的研究的发现是什么？本质上是两个。（总结性观点，可参见 Lynch，Livingston，and Garfinkel，1983。）一个是科研涉及比甚至在最细致的指导手册中能被表述的东西"更多的东西"。当然，这个"更多的东西"是意会假设和零碎的窍门或程序性知识的集合，而它们都是心理学家、哲学家和工程师所熟知的。

　　另一个"发现"是，无论多么初级的科学实验，若没有一点理论，就不能实施它——这就是为什么在对化学基本一无所知的肢体健全的常人方法学学生的帮助下，半身不遂的化学系学生能完成自己的实验练习，前者充当了后者的手。但至少我们这些受过科学训练的人，不是一直都知道这一点吗？这两个结果都不新，且在这两个案例中，科学哲学家可能提供了常人方法学家没想到的东西，即对这个问题的答案：确切地说，给定实验所涉及的明确假设和意会假设是什么？

　　认识论建构主义和认识论相对主义蕴涵了约定主义和工具主义。新科学社会学所赞成的具体类型的约定主义可以被称为**社会约定主义**，因为它与激进外部主义一道出现。如果所有文化都是等价的，如果没有一个比其他更优越，且甚至不存在不同种类的知识（比如科学知识和意识形态知识），那么任何观念的采纳都是社会约定，且是对给定共同体有用的问题。

　　社会约定主义尤其认为：(1)"（例如，分类性术语的）合适的用法就是被同意的用法"；(2)"**就'理性证成'的可能性而言，不同**（概念）**网的地位是等价的。所有言语文化系统都被同样合理地持有**"（Barnes，1983：33，粗体为原文所加）。巴恩斯从对不同**文字出现以前的**人对动物进行分类的方式的审视，以及他对维特根斯坦（Wittgenstein，1953）的《哲学研究》的阅读中，得出了这些结论，当然，《哲学研究》只关注**日常**语言。

巴恩斯把他认为在关于原始日常知识的文献中发现的东西推广到**所有**知识，甚至数学知识、科学知识和技术知识。[涂尔干和莫斯（Durkheim and Mauss，1903[1968]）是最早指出原始分类反映了该部落的社会结构的人，尤其在图腾崇拜的案例中，而他们没有犯巴恩斯的错误。]

巴恩斯并未费心考察**当代**系统分类学家或化学家的分类方式，或者物理学家建立理论和检查理论的方式。想必他不会因诸如"鲸鱼是鱼"和"存在女巫"等陈述为假这个异议而改变观点。这并不令人吃惊，因为所有相对主义人类学家都是认识论相对主义者、约定主义者和主观主义者。（参见例如 Shweder，1986：172，由于对女巫的信念影响行为，所以女巫"在某个重要意义上是真实的、客观的"。）魔法思维似乎已经控制了应该科学地研究它的人。我们必须得出他们已被蛊惑了这个结论吗？

社会约定主义是外部主义与建构主义相结合的产物，它蕴涵了工具主义或实用主义。后期涂尔干意识到了这一点，他在遗作中从其基础性作品《社会学方法的规则》（Durkheim，1895[1988]）的实在主义中退却。在那部作品中，我们发现了这个发人深省的段落："如果思想的目标仅仅是'再生产'实在，它就是事物的奴隶，它就被实在束缚。除了以奴役的方式'复制'它面前的实在，它就没有任何角色。如果思想要得到自由，它就必须成为它自己的客体的创造者；而实现这一目标的唯一方式，就是给予它一个它不得不自己创造或建构的实在。**因此，思想的目的不是对给定实在的再生产，而是对未来实在的建构**。这就可以得出，观念的价值再也不能通过提到客体来评估，而必须由其效用程度、其或多或少'有利的'特征来决定"（Durkheim，1972：251，强调为原文所加）。

并不令人吃惊的是，工具主义或实用主义是新科学社会学的核心。因此，巴恩斯（Barnes，1977：2）陈述，知识"被主动地发展，并为回应实践待定性而被修改"。理论难题和理论发展不在实用主义的权限之内。拉图尔和伍尔加（Latour and Woolgar，1979：171）写道："一句有用的格言是海德格尔的观察——思想是手艺（*Gedanke ist Handwerk*）。"在其他地方，他们对一般的思想和关于"心灵拥有观念的故事"嗤之以鼻。实验室研究没有任何特别之处，且他们的活动与他们的信息提供者的活动之间没有本质差异："唯一的差异是他们拥有实验室"（Latour and Woolgar，1979：257）。并且诺尔-塞蒂纳（Knorr-Cetina，1981：7）声称："如果存在一个原则似乎支配着实验室行动,那它就是科学家对使事物'运行'的关注,而这指向成功的原则,而非真性的原则。"她是优秀的建构主义者,她组合了实用主义与主观主义,借用纳尔逊·古德曼(Goodman,1978)的短语,她声称科研是"创造世界的方式"(Knorr-Cetina,1983)。

就像汝尔丹先生不知道他一辈子都在说散文①一样,新科学社会学的提倡者重新发明了威廉·詹姆斯的真之实用主义概念——真就是效率(或现金价值)。因此,布鲁尔(Bloor,1976:35)宣称,(事实)真之实在主义概念作为观念与实在的匹配能够被摒弃:"很难看出它的缺席会有什么损失。"在理论中,重要的是它应该"行得通"。(但对理论而言"行得通"究竟是什么,他没有解释。)

真相是,对假说的每个概念检验或经验检验(观察检验或实验检验)都是对其**真性**的检验,不管其可信度或潜在有用性如何。如果一个假说通过了检验,我们将宣称它(足够)为真(暂时)。这一旦发生,假说就可用于进一步的论证、检验或应用。简而言之,真先于"社会约定",而非反过来。

新科学社会学和新科学哲学的实践者还无意地重新发明了布里奇曼对含义的操作主义概念——含义就是实验室操作的集合。因此,拉图尔(Latour,1988:26)写道:"我们拒绝给予任何不描绘建立实验室、铭写手法、网络等**工作**的描述以含义;我们总是把'实在'一词与特定实验室和特定网络内衡量一些行动元(actant)的阻力的特定试验关联起来。"显然,从这个看法来看,所有数学和理论科学(尤其是理论物理学、理论化学、理论生物学、理论心理学和理论社会学)都是毫无意义的。但同样,新科学社会学也是如此,因为它并不从事实验室工作,而只是偶尔参观实验室。

工具主义或实用主义对科学行不通,因为科学理论和科学实验旨在建构对真实世界的最大程度的一致、真且深刻的解释。假如它们不是如此,检查或完善这种解释就没有意义。只有技术理论、设计和计划会被检验效率,即连同低成本、低风险和显著收益的有效性。然而,虽然在技术追求的是实践成功而非认知成功的意义上,技术是实用的,但实用主义未能传递一幅对现代技术的忠实图

---

① 在莫里哀的喜剧《贵人迷》中,汝尔丹为了献媚贵妇人,请自己雇用的教师替他写封情书。教师问他是要写诗歌还是散文,汝尔丹对两者一无所知。教师便开导他,不是散文便是诗歌,不是诗歌便是散文,说话就是散文。汝尔丹听后大吃一惊,感慨自己竟说了40多年散文而不自知。

景,因为后者以无私利的探索为基础。不像前科学"工艺",现代技术只有在其深层科学有一定真性的情况下才能"运行"。可以肯定的是,偶尔会有人工制品或过程是在稀缺的科学知识上设计的。(然而,蒸汽机和飞机是这种过程的唯一重要的现代例子。)如果一项发明高效且重要,它注定会引起最终证明其设计正确的科研。

虽然实用主义与理性主义不一致,但它与直觉主义甚至更强形式的无理性主义(比如存在主义)都很搭。并不令人吃惊的是,新科学社会学包含一些直觉主义论题。例如,它认为科学家并非理性地、批判地和客观地进行研究,而是受盛行的文化范式和时尚(包括阶级偏见)以及类比和比喻的指导。[此处将适当引用托马斯·库恩(Kuhn,1962)、玛丽·赫西(Hesse,1980)或理查德·罗蒂(Rorty,1979)的观点。]

诚然,没有各种直觉就没有成果丰硕的科学努力。信息和严谨性不足以"发现"新的难题、假说、实验设计或方法。然而,没有逻辑,直觉是无能为力的,就像没有观察或实验,理性(在数学之外)是无能为力的。富有创造力的科学家成功组合这三者(参见 Bunge,1962)。因此,直觉主义是与激进理性主义和激进经验主义一样不当的科学哲学。并且在所有种类的直觉主义中,现象学是最糟糕的,因为它假定了本质直观的存在,或以直接且即时的方式"看到"本质的能力的存在,而这使现象学家免除了建立理论(尤其是数学模型)以及进行任何种类的检验这些艰巨任务。

简而言之,新科学社会学饱受行为主义和实用主义的影响。就像我们从心理学史中知道的那样,前者是心理学肤浅的保证,因为它无视了心灵过程,更不必说它并不考察其神经机制(参见诸如 Bunge and Ardila,1987)。至于实用主义,我们从科学哲学中知道,它并不说明科研,因为它最小化了理论的角色,且它把含义等同于操作性,把真等同于效率。那么,难怪就像将会看到的那样,新科学社会学的特色是肤浅。

日常主义

新科学社会学的一个主要教义是,科学没有任何特有之处,遑论不同寻常之处：它就是又一个"社会建构"，又一个"创造世界的方式"，又一个"政治舞台"。你能从带有这个我在上一章开头称之为"日常主义"的预设而进行的研究中期望什么？我们能期望它教导我们是什么**区分了**科学与人类努力的其他领域，比如技术和意识形态，或产业和政府，以及它与它们是如何**互动的**？显然不能，因为新科学社会学否认了这种差异，故而否认了这种互动的可能性。我们能期望它发现刺激和抑制科学进步的社会因素吗？显然不能，因为它把社会因素本身解读为建构，尤其是科学建构。我们也不能期望它**发现**其他任何东西，因为它出于这个简单的理由而否认了发现现存的任何在那的东西的可能性：不存在"在那的"这种东西。如果我们听建构主义的话，我们就只能期望它提供组成了它自己的东西。如果我们听相对主义的话，我们就只能期望它的交付之物不比寓言好。

所以，为什么要相信新科学社会学家告诉我们的任何东西呢？

并非该学派的英雄之一的弗朗西斯·培根，相信自己已想出凡人能做出科学发现所凭的一小撮规则。事实上，他在《新大西岛》中为所罗门学院制定的计划中规定，它只由几十个勤奋细致但在其他方面相当平凡的人任职。新科学社会学的倡导者（比如 Knorr-Cetina，1981；Latour，1983）同意实证主义的始祖们，甚至更进一步，宣称科学没有任何特殊之处，"没有任何认知质性"。因此，拉图尔（Latour，1983：162）写道："科学事实是平常的凡人与场景的产物，他们彼此之间不被特殊的规范或交流形式连接着，但他们用铭写手法工作。"别管铭写是什么意思，也别管如何检查其内容的一致性和真性：只有"铭写技术（书写、教学、印刷、记录手法）"是重要的。"接受费耶阿本德的警句：'在实验室里怎么都行，除了铭写手法和论文之外。'"（Latour，1983：161）

建构主义/相对主义科研观是培根观点的社会学版本。按照它，科学家只忙于收集（或更确切地说，建构）数据、制作铭写、彼此"磋商"，并以神秘的方式改变他们的"规则"（甚至改变其"看的规则"）（参见诸如 Collins，1983）。不知怎的，难题的发现、假说的构想、实验的设计和对真性的检验，都没有发生在柯林斯（Collins，1983）所谓的"对科学活动的维特根斯坦式/现象学式/库恩式模式"中。

因为新科学社会学是外部主义的和实用主义的，所以它不关注科学理论——或者当它关注时，它把它们误认为是能受制于"符号学分析"的一堆铭写，就像拉图尔(Latour, 1988)对狭义相对论所做的那样。并且因为新科学社会学无视或错误诠释了科学理论,所以它未能给出对实验室操作的恰当(真)说明,而所有实验室操作实际上都预设了一些理论,且一些实验室操作旨在检验理论。

因此,拉图尔和伍尔加(Latour and Woolgar, 1979)以及诺尔-塞蒂纳(Knorr-Cetina, 1981)相信,实验室工作的本质是对人工制品的操纵。在该过程中,科学家不会发现或发明任何东西(甚至连仪器本身都不是),他们只会获得和积累"操纵事物的新技能",尤其是操纵实验室设备的新技能(Knorr-Cetina, 1981;Latour, 1983)。实际上,实验室设备的操作常常留给实验室技术员甚或自动化设备,因为无论多么精致的仪器都只是手段——生产关于世界的客观知识的条目的手段。当**手段**被系统性地误认为是目的时,不仅在道德上而且在任何地方都会发生根本性的错误。

从这个操作主义科学工作观来看,想必牛顿并未探究物体的运动(力学的被指称项),而是忙于操作测量仪器——可惜他并不关心这些。并且虽然牛顿沉默寡言,但他实际上与莱布尼茨和笛卡尔派进行了"磋商"。牛顿对他们的最终胜利,想必是他比其对手技高一筹的优越能力的结果:牛顿是更好的政客。类似地,想必克里克和沃森应该被呈现为在剑桥花时间进行测量(而他们实际上从未测量过),并与罗莎琳德·富兰克林和其他晶体学家"磋商",以及经由莱纳斯·鲍林的儿子与鲍林"磋商",而一直处于自己决心发现遗传物质的组成和结构的错觉中。要是他们熟悉建构主义-相对主义纲领,就会知道自己实际上在做什么。没有什么比咨询你正确的科学治疗师更能摆脱你的错觉。

新科学社会学的倡导者一再声称,他们远未忽略自己研究的科学课题的"技术内容",他们提供了"对科学活动的'基本原理'的细致阐释"(Pinch, 1985:3)。他们不是通过经受常规的漫长的科学学徒期,而是通过参观科学实验室来实现这一点。因此,平奇(Pinch, 1985:5)告诉我们他在"参观了(雷蒙德·戴维斯的)实验场所并花几天时间与实验团队交谈和'观察'后",开始"熟悉"棘手的太阳中微子难题。要完成这项任务,不需要坚实的理论物理学或实验物理学背景。你所需要的一切,就是有足够的胆识请求被邀请去参观实验室,以及充分掌握自然语言来理解主人愿意分派给大胆探索者的科普版本。显然,虽然这被误认为参与式观察,但它只是阳台观察。

确实,为了以除了实验室技术员以外的任何身份有效参与科学课题,就必须理解正在探究的难题。例如,要理解所谓的太阳中微子难题,你必须能阅读中微子通量的复杂数学公式。并且要理解实验设计,除了别的以外,你必须理解正在运用的中微子探测原理,而这需要一些复杂的理论原子物理学。否则,就不能理解该难题,即解释测量数据与理论计算之间的差异,遑论详述该难题。无可否认的是,平奇在科普整个事情上做得很好,但他未能阐释真正的"基本原理",因为这需要高度专业的知识。毕竟,科学不是那么日常。

讽刺的是,除了一些旁注之外,平奇的分析是对参照理论诠释观察数据的方式的彻底的认识论说明,故而是**内部主义**说明——可惜是浅薄的分析,因为他只提及该课题所涉及的一部分理论,而没有分析其中任何一个理论。平奇声称,他根据这两个所谓的新概念概述了对案例研究发现的理论整合:外部性和证据情境。他所谓的"外部性"或"观察的外部化",意味着"进行观察时涉及的诠释链"。他声称必须参照理论来"看待"经验结果,这是对的,但他并未试图展示如何通过理论的片段和指标假说来实施这种"诠释"。(对于这方面的内容,参见 Bunge, 1973b,1983b,1996。)

至于"观察的证据情境",它只是"观察的目的"的用词不当:进行观察是为了发现新事实,为了获得新数据以将其插入理论计算中,为了检验理论,还是为了检查另一个观察的结果?简而言之,平奇一直在重新发明他和他的战友激烈地公然抨击为不忠于科学的科学哲学。但因为他们不信任逻辑,所以他们没有成功建立清晰且一致的科学哲学。

新科学社会学的实践者并不费心学习他声称要研究的部落的语言。在他的一生中,会有一两次在对任何生物学都一无所知的情况下参观生物实验室,在没有经受数学训练的情况下写数学社会学,等等。因此,他是前马林诺夫斯基的阳台观察者,而非真正的参与式观察者。然而,他声称自己拥有快速且万无一失的方法来获得任何科学中的"本土才能",即掌握任何科学"游戏"的意会规则和明确规则。秘诀是这个:"意会知识最好通过(与科学家的)面对面接触"来获得——别管他们的主题是什么(Collins, 1983:92)。然而,柯林斯(Collins, 1983:93)承认,"在实践中很少能获得[原文如此]完全参与的方法……但一系列的深度采访是可接受的替代品"。简而言之,要掌握一个研究领域,你不需要经受该领域的任何训练,遑论进行原创研究,从事科学新闻工作就够了。

难怪相信科研是日常努力的科学社会学家的发现本身就是日常的。事实上,他们的正确发现是,科研不是在隔离中而是在社会网络之中实施的;研究团队的每个成员都与其他成员交流信息、问题、价值评定、提议等;科学家作出不同种类的陈述(比如,试探性的和坚决主张的);一种陈述不间断地转变为另一种陈述;"我们所说和所创造的东西的命运掌握在后来的使用者手中"(Latour,1987:29)。

与这种陈词滥调并肩,我们发现了令人发指的错误,比如这些论断:每个陈述都具有社会内容;当"陈述摆脱其产生环境"时,"它变成了事实"(Latour and Woolgar,1979);实在是以与文学文本相同的方式被建构和"解构"的;"已表明整个事实建构过程可在社会学框架内阐释"(Latour,1980:53);甚至连"矛盾"这个概念,以及仪器校准和统计分析等操作,都能且必须以社会学术语来解读(Collins,1983:101);"实际上,从一般到特殊的推断具有归纳特征"(Barnes,1982b:101),等等。

简而言之,正如老掉牙的笑话那样,新科学社会学中为真的东西不是原创的,原创的东西则为假(也可参见 Gieryn,1982)。

科学与意识形态

新科学社会学的好多能手都采用了法兰克福学派(比如 Marcuse,1964;Habermas,1971;Horkheimer and Adorno,1947[1972])的论题:科技(包括数学)具有意识形态内容,甚至已成为当代资本主义的意识形态,所以它们执行了合法化权力的功能(回顾第七章)。支持这个大胆论题的**证据**是什么?其捍卫者没有说。"证据"这个概念对独断论者而言很陌生。

现在,众所周知,现代科技已与资本主义齐头并进地演化,且意识形态渗透进**社会科学**尤其是经济学。(这个历史论点几乎无疑。对于第二个论点,参见诸如 Robinson and Eatwell,1973[1974];Galbraith,1987。)但科技在(真正的)社会主义社会中应该一样有用——甚至像贝尔纳（Bernal, 1939）论证的那样，更有用。至于经济学，回顾经济学理论和方法，不像经济政策，如果它们要被算作科学的，就必须是意识形态无涉的——根据"科学"和"意识形态"的定义。由于计量经济学方法和模型、投入-产出模型和生物经济学模型可从一个社会移植到另一个社会，所以没有理由怀疑它们在意识形态上被污染了。无论如何，没有**证据**表明它们被污染了。

指控纯数学和基础自然科学是资本主义的意识形态武器和政治武器，更是毫无依据。请问，毕达哥拉斯定理或欧几里得素数定理的经济内容或政治内容是什么？氢原子有一个质子，碳有四个原子价，核糖体合成蛋白质，脑由许多子系统组成而每个子系统都有特定功能，儿童类似于其祖先，或者铅有毒，这些论断的社会内容是什么？可以肯定的是，数学和科学能被**用**于经济目的或政治目的。但它们既能被用于善的社会目标，也能被用于恶的社会目标，这无疑是支持它们是内在中立的这个论题的论证。

如果每个数学陈述或科学陈述都被灌输某个（未被定义的）社会内容，这将得出所有科学论战（1）都具有意识形态成分，（2）都通过除了实验、计算或逻辑论证以外的手段来终止。确实，这些论题是新科学社会学的"宠儿"。我们又一次提问：**证据**是什么？唯一被认为是证据的东西是，**一些**科学论战确实具有意识形态的弦外之音，因为冲突中的其中一个看法是统治阶级的意识形态成分。当然，对伽利略的审判、演化论与神创论的论战、存在高级人种的断言、李森科丑闻和其他一些，情况是如此。然而，最终的判决是科学的，而非政治的。

只有非常原始的归纳主义者会从**一些**跃进到**所有**，而不关注反例。现在，意识形态无涉的科学论战碰巧比意识形态负载的论战多得多。以下是第一种激烈论战的随机样本：1989 年围绕冷核聚变的论战；关于黑洞存在的不间断论战；演化生物学中渐变论者与骤变论者之间的争论；20 世纪三四十年代围绕神经元间接触的（电学或化学）本性的争议；自量子理论于 1926 年创始以来围绕其诠释的论战；狭义相对论于 1905 年被发明后的十年里的激烈辩论；1900 年前后关于原子的存在的论战和关于集合论的讨论；19 世纪中期场论者与超距作用的党徒之间的争论；17 世纪和 18 世纪牛顿派与笛卡尔派之间的冲突。

这不是要否认这些论战中的部分具有一些**哲学**成分。例如，最后引用的那个论战确实具有这种成分,但两个相互竞争的看法,即笛卡尔主义和牛顿主义,当时碰巧在意识形态上都是进步的,因为两者都是力学论的。①然而,论点是上文引用的科学论战是**意识形态**无涉的,且通过严格科学的手段来终止。(尤其是牛顿派通过表明他们能计算尤其是预测一些情况下物体的真实轨迹而获胜,因为笛卡尔派无法做到这一点。)上述反例能很容易地被成倍增加,它们反驳了新科学社会学的论题:在**所有**案例中,科学中的共识依赖于谁的胳膊肘最硬、谁喊得更响或谁说的谎最好。

不可否认的是,在**一些**案例中,意识形态因素或社会政治因素确实干涉了科学论战的常规过程。但并非所有案例都如此。尤其是,巴斯德-普歇围绕自然发生的论战这个案例并非如此,而新科学社会学的一些成员用它来确证自己的论题。诚然,巴斯德是天主教徒——但他的对手是新教徒,因此他本应站在巴斯德一边以保持忠于《创世记》。但重点是,巴斯德在否认有机体从无机物中近乎瞬间涌现的可能性上——尤其在他生产的无菌条件下——是**对的**。并且不能怪罪他没有预见到 1922 年奥巴林关于生命的非生物起源的假说。无论普歇的假说的哲学优点是什么,它都被巴斯德以纯科学的依据决定性地反驳了。(对于整个这个问题,参见 Roll-Hansen,1983。)

---

① 邦格编纂的《哲学词典》对 mechanism 作为世界观(力学论)的释义是:按照这种世界观,宇宙是时钟式的。结果便是,宇宙学等于力学——笛卡尔的臆断性的流体动力学,或者牛顿的更现实的粒子力学。力学论是第一个科学的世界观。它推广了当时最发达的科学,并指示研究者探究所有可见事物的力学性质。同样,它使人们远离早先盛行的唯整体且等级制的世界观。尤其是,笛卡尔和其他人把动物身体视为仅仅由泵(心脏)驱动的复杂机器。只有灵魂得以幸免,且并非总是如此。力学论以两个版本出现:世俗的和宗教的。**世俗**力学论认为宇宙是自我存且自我调控的机制——一种自我重绕的永恒钟。相比之下,**宗教**力学论假设了钟表匠。上帝的创造恰如其分,笛卡尔的宇宙钟是完美的,所以它无需修理匠。创造了物质并赋予它动力学规律,笛卡尔式上帝无需再忙于物理宇宙,并能把自己的所有注意力投身于精神物质。相比之下,牛顿式宇宙是耗散的:天体机器的轮子间存在摩擦。因此,上帝不得不时推它以保持其运行。自它在 17 世纪科学革命中的创始起至 19 世纪中期,世俗力学论刺激了巨大的科技生产。随着场论和热力学的诞生以及演化生物学的兴起,它开始衰退。到 20 世纪初,它完全"死了"。我们现在理解力学只是物理学的章节之一。我们还意识到撇开电动力学,相对论性力学就说不通,且量子"力学"完全不是力学的,因为它并不描述具有明确形状和精确轨迹的微粒。总之,力学论有过光辉的时光。四个世纪以前,它展示了对物理世界的科学探索之道。确实,它教导了对实在的研究的正确取径就是把实在分解为按照规律而行事的基础成分,而这些规律能由能在实验室或田野里被检验的数学公式来表征。因此虽不明确,但力学论需要理性主义与经验主义的综合,并且它的成败表明,世界观与科学可以互动。

我们的最后一个例子是，平奇版本的由戴维·玻姆 1952 年的著名论文所触发的围绕量子力学中隐变量的早期论战（Pinch，1977）。这个说明的技术部分是正确的，虽然很肤浅，它未能区分该论战的两个哲学方面。其中一个由这两个本体论难题组成：一是决定论，二是每个物理性质是否一直具有"锐"值。（事后看来，尤其是在 1981 年阿斯佩等人的实验导致了对贝尔不等式的反驳之后，我们能看出玻姆以及爱因斯坦和德布罗意在这一点上是错误的。）第二个哲学成分是这个认识论问题：量子力学是关于物理实在还是关于实验者的操作（在我看来，玻姆、爱因斯坦和德布罗意在这一点上是对的；参见诸如 Bunge，1967，1979c，1985a，1988b）。[1]然而，我们在此必须集中于平奇版本中所谓的社会学方面。

平奇的分析的原创性在于他声称自己是社会学的，就因为他使用了皮埃尔·布尔迪厄的"社会资本"和"投资策略"等表述，而它们涉及知识生产与商品生产之间的浅薄类比，路易·阿尔都塞早先就提出这一点了（Bourdieu，1975）。其想法是，科学活动是争取科学支配（"资本认可"）的斗争。这种斗争参照"投资策略"来进行，偶尔也参照"颠覆策略"。因此，他告诉我们："1943 年，他（玻姆）通过获得博士学位增加了自己的社会资本……1945 年，他通过被任命为普林斯顿大学的助理教授获得了更多资本。"（Pinch，1977：179）其关于量子力学的著名教科书的出版，"为玻姆提供了进一步的资本，并帮他建立了与量子精英的联系"（Pinch，1977：180）。到了 1952 年，玻姆"已积累了相当多的社会资本"，"然后用其异端论文的发表转向颠覆策略"（Pinch，1977：181）。

把戴维·玻姆表征为从事囤积和试图收购的"社会资本家"，阐明了他根据隐变量重铸量子力学的尝试吗？完全没有，因为它忽略了玻姆最强烈的动机，而该动机是哲学的——我碰巧知道，因为 1953 年我与他在圣保罗待了一学期，讨论的恰恰是由他 1952 年的划时代论文所提出的问题。当时，玻姆正在研究三个

---

① 读者可进一步阅读 Mario Bunge，2003，"Twenty-Five Centuries of Quantum Physics: From Pythagoras to Us, and from Subjectivism to Realism", *Science & Education*, Vol.12(5—6), pp.445—466; 2003, "Quantons are Quaint but Basic and Real, and the Quantum Theory Explains Much but not Everything: Reply to my Commentators", *Science & Education*, Vol.12(5—6), pp.587—597。

棘手的科学-哲学难题。一个是试图从除了态函数（或波函数）以外的某个（些）函数中得出量子力学概率。第二个是通过组织层次这个概念，来阐明因果关系与机遇之间的关系。［玻姆阅读了我关于这个主题的论文（Bunge，1951），他很喜欢，故而为我争取到一个研究员职位，让我有机会面对面地讨论我在信中对他的理论提出的异议。］玻姆当时的第三个难题是，应用他自己的备选理论来解决测量难题，而沃尔夫冈·泡利——按照操作主义的教条——宣称这是赋予玻姆的理论以物理含义所必需的。（顺便一提，建构测量的一般理论这个难题仍是开放的。此外，它可能是不可解的。）

平奇版本的故事大错特错，因为它无视当时激发着玻姆的哲学观念。此外，他没有为玻姆对真理的无私利且充满激情的追求创造一席之地，也没有为玻姆既没有战胜的希望，也没有获得任何种类的权力的希望，更没有增加他以前赢得的任何"社会资本"（即学术声望）的希望而挑战正统所需要的勇气创造一席之地。无需多说的是，布尔迪厄-平奇取径也没有阐明玻姆后来转向东方神秘主义。（对于布尔迪厄取径的批评，参见 Bourricaud，1975；Knorr-Cetina，1983。）

此外，其教科书的出版并未令玻姆加入"量子精英"的行列：他已是其中的成员了。这本书吸引了爱因斯坦对他的关注。正如玻姆告诉我的那样，爱因斯坦把他叫到自己的办公室并告诉他："你的书是关于标准量子力学的最好的书。但标准理论是错的，因为它并不试图表征物理实在。我相信，应该用隐变量［即无散函数（dispersion-free function）］来取代或补充它。你为什么不审视这个可能性呢？我将非常有兴趣与你讨论这种工作。"显然，玻姆无法拒绝这个建议。很快，爱因斯坦播下的种子发芽了，20 年前冯·诺伊曼通过裁决而终止的围绕隐变量的旧辩论又重新开始了。在这个过程中，玻姆失去而非增加了他的"社会资本"。事实上，他被物理学共同体排挤在外，直到关于阿哈罗诺夫-玻姆效应的著名论文出现。

在本节的开头，我们提及了所有科学都被意识形态玷污了这个信念的根源之一。另一个根源是费尔巴哈-涂尔干有趣假说的换位：**原始的宇宙观和宗教**是根据对应的社会建模的。"强纲领"的起草人（Bloor，1976：Chapter 2）相信，对原始的宇宙论和宗教成立的东西，对现代科学也成立。但鉴于科学远非信念体系而是研究领域,因此在信念是假说和数据的最后(甚至只是暂时)阶段之处,为什么应该如此呢?

科学论战只能通过科学以外的手段来解决这个断言,还有第三个根源,即由奎因普及但实际上古希腊天文学家已知的理论被数据的"欠缺决定"论题。按照这个论题,任何经验数据集都可以被两个或更多理论所解释,而这些理论被说成"在经验上等价"。皮埃尔·迪昂等约定主义者和菲利普·弗兰克等一些经验主义者,都利用这个所谓的事实来反对科学实在主义并赞成这个看法:科学论战是通过求助于一些非科学标准(但仍是概念标准)来解决的,比如简单性(参见诸如Bunge, 1963a)。新科学社会学的成员用它来支持自己的断言:科学论战是通过非概念手段来解决的,比如政治操纵。事实上,经验欠缺决定这个难题并不像它看上去那样糟糕,也没有证据表明科学家以非概念方式来解决。

首先,通常的欠缺决定情形涉及假说(单一命题),而非全面性理论(假说系统)。不像前者,后者应该解释一些貌似迥异的数据的集合。与之相当的是,科学理论应该预测乍看不相关的诸事实。因此,相互竞争的诸理论受制于一个古典检验,即弄清它们中的哪个更准确地预测了更多种类的事实。这就是麦克斯韦的电磁场理论如何比安培-高斯-韦伯的超距作用理论更受欢迎,爱因斯坦的相对论性力学如何比古典力学更受欢迎,量子电动力学如何比古典电动力学更受欢迎,等等。

不过,为真的是,预测力是不够的:科学理论要通过一整套额外检验,但所有这些都是概念性的(Bunge, 1963a, 1967[1998], 1983b)。其中之一就是我所称的"外部一致性检验"的东西,即与大量背景知识的兼容性。另一个是与在科学共同体中盛行的世界观的兼容性——而科学共同体的世界观可能与统治阶级的意识形态相悖。这并不令人吃惊,因为科学的世界观与科学本身齐头并进地成长。例如,如果两个相互竞争的心理学学习理论与相同实验数据相兼容,但其中一个指称了一些神经生理过程,而另一个没有,那么出于以下理由,更喜欢前者是很自然的。第一,因为前一个理论将帮助探索神经生理学习机制,故而可能得到额外的经验支持;第二,因为"心灵功能是脑功能,而非非物质的心灵的功能"这个假说,与在当代科学共同体中盛行的自然主义世界观一致。简而言之,哲学确实在(一些)科学论战中发挥作用。但政治并不,或者当政治发挥作用时,这表明其中一方是政治的而非科学的。

对科学的研究如果无法区分科学与意识形态，或者更糟糕的，混淆这两者，一定出了什么错。这个混同的来源是朴素实用主义认识论，按照这种认识论，知识"就是被人当作知识的东西。它由人们自信地持有并赖以生存的信念组成"（Bloor，1976:2），但附带条件是"知识"一词应该被保留为"被集体性地认可的东西，而把个体的和具有个体特征的东西仅仅算作信念"（Bloor，1976:3）。简而言之，知识是得到社会许可的任何信念。（对于对知识是一种信念这个看法的两个不同批评，参见 Popper，1972；Bunge，1983a。）

按照对"知识"的这个定义，深奥但良确证的科学理论（比如量子力学）没有资格作为知识，因为它们没有被集体性地认可。另一方面，迷信确实有资格，因为它广为流行。

我们不要围绕"知识"这个概念的正确定义争论不休。在此，关键是，研究科学的学者是否应该在真与假之间划出任何区别。按照"强纲领"的提倡者，社会学家对真/假的区别不感兴趣：他必须给予所有理论"相同时间"，且他自己的理论"不得不既适用于真信念，又适用于假信念"，且"不管探究者如何评价它们"（Bloor，1976:3）。结果便是，新科学社会学家既不能也不愿意区分科学与非科学。然而，这个难题值得用单独的一节来论述。

非科学

多数新式科学社会学家并不欣赏、信任或热爱科学。他们把科学视为意识形态、支配工具、对普遍真理没有合乎情理的断言的铭写制作手法，以及仅仅又一种与挖掘壕沟同样甚至更糟的社会建构。他们把科学家视为有技能的工匠，但又是有点无良的奸商和不正直的政客。简而言之，他们嘲笑默顿对科学精神气质的刻画。

新科学社会学的成员把所有事实，或至少他们称之为"科学事实"的东西都视为社会建构。但就知识而言，唯一真正的社会建构是由两个或更多人犯的科学造假。这种造假的一个著名例子是 1912 年被两个人"发现"的皮尔当人化石，它被一些专家(这其中有德日进)证明为真品,直到 1950 年才被揭露是赝品。[1]按照该学派的存在标准,我们应该承认皮尔当人确实存在,至少在 1912 年至 1950 年存在,因为科学共同体相信它。我们准备相信这点吗,或更确切地说,准备怀疑新科学社会学没有能力甚或不愿意区分夸夸其谈与客观事实吗?

因为新科学社会学的成员否认科学与其他人类努力之间存在任何概念差异,所以他们对科学的一些评价与对反主流文化的评价重叠,以至于该学派在一些重要方面是反主流文化的成分。让我们看几个例子。

该学派的早期领导人迈克尔·马尔凯(Mulkay,1972)对科学共同体对待伊曼纽尔·维利科夫斯基所谓的革命性著作《碰撞中的世界》的方式表示愤慨。他责骂科学家"谩骂性地且不加批判地拒绝"维利科夫斯基的臆断并固守"理论范式与方法论范式"——这其中有天体力学规律。他声称,天文学家有责任对维利科夫斯基的幻想进行检验。

马尔凯的抱怨忽视了:(1)证明的重担落在想成为创新者的人身上;(2)当一个理论违背了良确证的理论或成功的方法时,且它并不解决任何重要难题时,经验检验是不必要的;(3)维利科夫斯基的几乎所有断言都已被证明是错误的(除了他的星系之间曾存在碰撞这个猜想,而他没有为这个幸运的猜测提供任何证据);(4)科学家有比把自己的精力投身于检验没有任何科学证书的局外人的幻

---

[1]　此处有误,皮尔当人化石造假是在 1953 年 11 月才被揭露的。自皮尔当人[它曾被命名为"道森曙人"(*Eoanthropus dawsoni*)]的化石碎片(包括颅骨、带有臼齿的下颌骨、犬齿)被陆续发现后,争论的焦点便是其人类的颅骨与类似猿类的下颌骨是否属于同一个体,以及它生存的时代。从肯尼思·奥克利于 1949 年和 1950 年在《考古学通讯》(*Archaeological News Letter*)、《科学的进展》(*Advancement of Science*)和《自然》(*Nature*)发表的三篇文章来看,在检测了氟含量后,他主张所有皮尔当人化石都属于同一时代,只不过最早是中更新世,更可能是晚更新世早期。他还认为这增加了它们属于同一个体的概率。由于皮尔当人的特征和断代与其他古人类化石格格不入,奥克利猜想它并非狭义上的人类祖先,而是在英国森林孤立演化的旁支,不到 10 万年前才灭绝。由此可见,当时奥克利并未怀疑化石的真实性。1953 年 7 月,约瑟夫·韦纳在学术会议里见到了皮尔当人化石后,在晚餐期间与奥克利和另一位皮尔当人怀疑论者交流了相关疑点。韦纳在随后几天做了一些试验,发现化石上的诸多特征很容易伪造出来,便请自己的同事威尔弗里德·勒格罗·克拉克出面联系奥克利。当年 11 月,韦纳、奥克利和勒格罗·克拉克在《大英自然博物馆公报》[*Bulletin of the British Museum(Natural History)*]发表文章,用多种证据证明了下颌骨和犬齿是刻意伪造的。2003 年 11 月,自然史博物馆展出了相关证据,以纪念揭露该骗局 50 周年。值得一提的是,自然史博物馆和多所英国大学组成的一个团队于 2016 年在《英国皇家学会开放科学》(*Royal Society Open Science*)发表论文,指出所有假化石都出自"发现者"之一的查尔斯·道森之手,但无法确定是否有人协助造假。

想更重要的任务。这就是为什么卓越且温和的美国天文学家哈罗·沙普利在被马尔凯责备后，不假思索地拒绝了维利科夫斯基的书。然而，以卡尔·萨根为首的一些科学家确实花时间细致批评了维利科夫斯基的幻想，且美国科学促进会专门为之举办了一整场研讨会(Goldsmith, ed., 1977)。

第二个例子：亚伦·埃兹拉希(Ezrahi, 1972)声称，美国科学共同体出于意识形态理由拒绝了阿瑟·詹森关于黑人先天智力低下的"发现"。并且他认为遗传学家在其对詹森的作品的批评中尤其激烈，至少部分是因为他们关心自己的"公众形象和公众支持"。他并未费心去分析詹森的结论所源于的智商测试。假如他这么做了，他将学到：(1)在当时，这种测试是受文化束缚的，故而注定会偏袒白人而非黑人；(2)除非有良确证的智力理论的支持，否则没有智商测试是完全可靠的——而该理论还没有到来(Bunge and Ardila, 1987)。

新科学社会学的另两位直言不讳的成员——哈里·柯林斯和特雷弗·平奇，激烈地捍卫占星术和超心理学(参见 Pinch and Collins, 1979, 1984; Pinch, 1979; Collins and Pinch, 1982)。他们尤其捍卫：(1)法国心理学家高奎林夫妇宣布的"火星效应"(把出生时火星的位置与运动能力联系起来)；(2)约瑟夫·莱因——他们称他为"谨慎的统计方法的主要鼓吹者"——关于传心术、念力移物之类的研究；(3)拉塞尔·塔格和哈罗德·普索夫 1974 年关于"遥视"的作品。同时，他们攻击了超自然现象断言的科学调查委员会(我很自豪成为其成员)及其期刊《怀疑论调查者》(*Skeptical Inquirer*)，因为它们为他们称之为"对科学的标准模型"的东西进行辩护，他们戏称其为"意识形态"。

当然，柯林斯和平奇并未提出对科学的备选"模型"。他们只需要"对科学方法的重新评估"，以便为占星术、超心理学、精神分析和其他"不同寻常的科学"创造一席之地。由于新科学社会学认为科学是"日常社会建构"，所以提出自己的一目了然的科学性标准会与自己背道而驰。但是，除非参照对科学性的**某个**定义，无论是波普尔的定义(Popper, 1935[1959])、默顿的古典定义(Merton, 1949[1957])、我自己的定义(Bunge, 1983b)，还是其他人的定义，否则怎么可能理性地讨论一个观念或实践的科学地位呢？至于占星家、超心理学家、精神分析师之类的所谓的发现的真值，我们怎么能在把真理说成是社会约定的建构主义/相对主义框架中讨论它们呢？例如，引用保罗·库尔茨编辑的《怀疑论者的超心理学手册》(Kurtz，1985)中的任何一项权威研究，会有什么帮助呢？

赫尔嘉·诺沃特尼和希拉里·罗斯编辑的《科学社会学年鉴》第三卷致力于
"科学中的反向运动"。这一卷的多数作者都同情反科学和一般的反主流文化，
而其他作者赞成承认占星术、超心理学和精神分析是科学或至少是"有争议的科
学"。由于他们没有提供对"科学"的新的、精确定义以容纳这种"有争议的科学"，所以他们的东西必须被评为仅是意识形态的牢骚。

这一卷的一些作者写的是科学的"神话"，并攻击理性。一些作者把自己限
制于批评他们视为科学的局限性的东西。还有一些作者公然抨击科学——而他
们把科学误认为是技术——作为资本主义的婢女。但所有这些作者都坚信，"科
学是一种社会关系"，虽然他们并未解释这是什么意思。（无论科学被设想为知
识体、活动还是研究者的共同体，它都不是**关系**，虽然它被如此多的关系与许多
其他物项**关联着**。）

并不令人吃惊的是，这一卷的多数作者都很好骗：一个相信不明飞行物，另
一个相信占星术，第三个相信传心术，第四个这些都相信。他们中的一些人，尤
其是希拉里·罗斯(Rose，1979)，把反科学与左派联系起来，且不会对右派总是
对科学表示怀疑并反对公众科学教育这个历史证据留下深刻印象，即便只因为
无知的人容易被愚弄。转念一想，这应该没什么好令人吃惊的，因为罗斯斥责卓
越的物理学家和科学社会学家贝尔纳对科学抱有信仰，并用一些领导人语录替
代对科学与社会之间的关系的科学分析。显而易见，新左派与旧右派一样反科
学(参见 Gross and Levitt，1994；Sokaland Bricmont，1998)。

还有其他几个左派与右派在文化领域合流的例子。其中之一是 20 世纪
70 年代诞生的"激进哲学"运动，在那里，新马克思主义者与现象学家和存在主义
者一起拒绝科学主义。另一个案例是第三世界的左派和右翼对科学和科学导向
的哲学的共同憎恶。第三个例子是赫希曼(Hirschman，1981)戏称的新马克思主
义经济学家与正统经济学家之间反对发展经济学以及拉美工业化的"邪恶联盟"。

这个邪恶联盟的另一个例子是罗斯夫妇(Rose and Rose，1974)对生物精神
病学以及相伴的使用药物来治疗抑郁症、精神分裂症和其他严重精神疾患的批
评，这些药物抵制临床心理学家的方法。他们反对生物精神病学，因为它寻找
"支持社会秩序难题的生物理论基础"。同样，他们赞成莱因、库珀和埃斯特森的

反精神病学运动，认为精神病学"在政治上不稳定"。为什么不进行到底，出于相同理由偏袒庸医而非"正统"医学呢？最令人吃惊的是，史蒂芬·罗斯是神经生物学家。但他不是被意识形态误导的科学家的第一个案例，也不会是最后一个。

我们的最后一个案例是林奇的常人方法学研究《祭祀与动物身体转变为科学客体：神经科学中的实验室文化和仪式实践》(Lynch，1988)。林奇从涂尔干的宗教社会学研究中得到了启发，声称实验结束时杀死实验室动物是仪式实践的一部分，动物的身体凭此转变为"超验意义的传递者"。他的特色是，省略了呈现任何证据来支持这个不同寻常的断言。当拉图尔和伍尔加(Latour and Woolgar，1979)把科学实验室比作政治委员会时，情况已经够糟了。既然，实验台被呈现为祭坛，那么如果实验室科学家对来自敌方阵营的参观者下达禁令，就不令人吃惊了。没有新科学社会学的帮助，对科学的流行的错误感知已经够糟了。

总结一下本节内容。未能将科学与伪科学区分开来是哲学肤浅的指标，且它在实践上和理论上都是灾难性的。这在社会研究领域尤其如此，因为关于社会的伪科学看法能变成残暴的治理政策（或反治理政策）的概念基础和证成。想想与奴隶制、殖民主义和种族隔离有关的"白种人"的优越性的神话；想想作为反对社会公正的武器的货币主义和一般的新古典经济学；或者想想作为矛盾修辞法的一些政治准则。

结论

对知识社会学尤其是科学社会学的批评，有两条可能路线：摧毁性的和建设性的。前者被多数研究科学的古典学者所拥护，否认该学科的可能性和需要性，并坚持主张激进内部主义视角。这个观点是不平衡的，因为在事实上，认知（且尤其是科研）不能被从知晓者的脑或他的社会中拆分出来：每个知晓者都是嵌入自然环境和社会环境的动物。

当然，外部主义是对内部主义的极端抗拒。在多数方面，这个抗拒太过分了，为了维持"构成的"或"认知的"与"待定的"或"社会的"之间的古典区别，它只声称（缺乏证明）后者决定前者，甚或"认知的"是不同语言包装下的"待定的"，它被剥离了所有"模态"或对科学家的信念和行动的参考（Latour and Woolgar，1979）。这个论题为研究科学的新式学者省去了研究科学观念和实验设计的任务，所以事实上，他从未获得任何研究课题的私密知识：他远观科学，仿佛自己是记者或行政人员。

然而，在另一个方面，新科学社会学在探究科研的社会环境上做得还不够。确实，在多数案例中，它把自己的兴趣限制于探究它所称的"地方阐释性程序"（Krohn，1980；Collins，1983），比如具体的实验室，仿佛具体的场所比科研的泛泛特征和整个社会的结构都更重要（参见 Gieryn，1982）。在这方面，新科学社会学是对马克思主义变体的退却。另一方面，它切合像格尔茨（Geertz，1983）等"诠释"（或释义学）人类学家的论题：所有知识都是地方的。

作为这个只关心本地的（以场所为中心的）视角的结果，新科学社会学未能解决诸如以下的非地方且热门的问题：(1)美国保守政府故意对社会科学研究资助不足，以及英国保守政府故意对一般的科研资助不足；(2)认识共有主义的当前衰退，即作为竞争和商业压力加剧的后果，实验科学家越来越不情愿分享数据、想法和材料（Marshall，1990）；(3)作为对研究基金和工作岗位的不友好竞争的结果，夸大其词的断言和毫不害臊的宣传越来越频繁，欺诈和剽窃的案例越来越多，尤其在生物医学科学中；(4)上述所助长的市侩习气与反智氛围一起导致北美地区和英国的本土科学家和理科学生的数量下降；(5)在西方和东方的所有工业化国家，反科学和伪科学的学说、运动和产业的繁荣，以及相伴的无理性主义哲学的复苏。

新科学社会学未能解决这些难题，因为它是它们的一部分。确实，它一直在批评它称之为"科学的神话"的东西。一直在仔细地监视和分析上文提及的趋势的人主要是非社会学家，尤其是《科学》（*Science*）和《自然》的职工以及《自由探索》（*Free Inquiry*）和《怀疑论调查者》的作者。简而言之，新科学社会学在没有政治和意识形态的地方，即在形式科学和事实科学的内容中看到了政治和意识形态，而在它们阻碍科学发展的地方未能感知到它们。

如何解释新科学社会学的涌现呢？社会学家可能会受诱惑而把它解释为，随着战后科技的爆炸式增长对 STS 教师的需求迅速增长产生的"事与愿违"的结果。这个领域突然出现了太多工作机会，且不能通过延长科学的课程来错过它们,而在早先,这些课程被视为成为一名严肃的研究科学的学者的必要条件。外部主义为不为作为知识体的科学而费心提供了完美借口。

但是,为什么主观主义(建构主义)趋势和相对主义趋势,而且是不尊重科学的趋势,在 20 世纪 60 年代和 70 年代成为热点? 在我看来,就像下文那样,**这个**事件以及相伴的反实在主义哲学和无理性主义哲学的复兴,能以外部主义术语来解释。新科学社会学与在美国和西欧反叛的学生一起诞生并互动,而反叛在 1968 年 5 月的事件中达到顶峰。这些反叛者不仅与美国介入越南作斗争(一旦学生开始被征召)。他们还反叛作为整体的"建制派",且在西欧反叛僵化的大学等级制。

没有理由质疑这些年轻人的善意,但他们被赫伯特·马尔库塞、尤尔根·哈贝马斯和其他"批判理论家"误导了,觉得科技是"建制派"的意识形态。结果便是,他们把一些政治领袖和商业领袖的罪过——主要是贩卖战争、环境恶化、经济剥削甚至政治压迫——怪罪于科技(而就像他们的导师一样,他们混同了科学与技术)。

但由于人们必须相信某个东西,所以这些叛乱者中的许多人接受了无理性主义学说,比如东方神秘主义、存在主义、玄秘主义和激进怀疑论,尤其是以哲学家保罗·费耶阿本德(Feyerabend, 1975)在正确时机创造的流行口号"怎么都行"为核心的认识论无政府主义。对这些反科学的学说的采用,继而使许多年轻人远离对科技的研究,并赞成对科技的社会学研究、历史学研究和哲学研究等非科学取径。科学素养当前的可怜状态以及理工科学生的数量下降,部分是反叛"科学的神话"的结果,因为如果你惧怕、讨厌或鄙视科学或技术,你就不会研究它(参见 Bunge, 1989c)。反叛科学的另一个结果是新科学社会学,以及一般的近来一批建构主义、相对主义和无理性主义的社会研究。(一个代表性的样本,参见 Fiske and Shweder, 1986。)

重申一下。直到 20 世纪 60 年代中期,科学被普遍认为其特色是有一套唯一的严谨标准和自己的精神气质。从那以后,越来越多研究科学的学者声称这是神话,且在他们自己的作品中,他们当然拒绝遵守这些标准和该精神气质。结果是关于科学的一幅完全怪诞的图景。这个结果表明了以下道理。

M1:如果你希望了解科学,就从研究某个科学开始。

M2:忽视哲学,你将重新发明糟糕的哲学。

M3:在怎么都行之处,怎么都不顺利。

第十章　称颂对学术行骗的不容忍

　　直到 20 世纪 60 年代中期，任何希望从事神秘主义或随心所欲的智识欺骗或反智主义的人，都不得不在神圣的大学院校之外做这些事。在那之前的近两个世纪里，大学一直是高等学府，人们在那里培养才智、从事理性讨论、寻求真理、应用真理，或尽其所能地教授真理。可以肯定的是，时不时会发现这些价值中某一个的叛徒，但他会因为奚落和排挤而迅速停止活动。并且总有教授一旦获得终身教职，就拒绝学习任何新东西，故而很快就落伍了。但他很少会滞后超过几十年，所以仍能从事理性论证，也能区分真正的知识与瞎扯，且不会宣布肠胃对脑的优越性或者本能对理性的优越性——当然，除非他碰巧是无理性主义哲学家。

　　情况今非昔比了。在过去约 30 年里，许多大学已被概念严谨和经验证据的敌人所渗透，虽然尚未被其夺权：他们是宣称不存在客观真理因此"怎么都行"的人；他们是把政治观点冒充为科学的人；他们是伪造学术的人。这些人不是非正统的原创思想家；他们完全忽视甚或鄙视严谨的思考和实验。他们不是被误解的伽利略，因提出大胆的新真理或新方法而被掌权者惩罚。相反，如今许多智识懒汉和智识骗子已获得终身教职，被允许以学术自由之名教授垃圾，并由学术期刊和往昔颇有声望的大学出版社发表他们那些虚假甚或毫无意义的作品。此外，他们中的许多人已获得足够的权力来审查真正的学术。他们在学术堡垒里安插了特洛伊木马，意图从内部摧毁高等文化。

　　大学存在的理由（即寻求和传播真理）的学术敌人，能被分为两帮人：常常自称"后现代主义者"的反科学家和伪科学家。前者教导说不存在客观普遍真理，而后者把模糊的概念、狂野的猜想甚或意识形态偷换为科学发现。这两帮人都在学术自由的保护下运转，还常常花着纳税人的钱。他们应该继续利用这些特权误导不计其数的学生、滥用公共资金来污蔑对真理的寻求，还是应该从高等教育的殿堂里被驱逐出去？这是本章要处理的主要难题。但首先，让我们对学术反科学家和学术伪科学家的产物进行取样，范围限制于人文学科和社会研究。

学术反科学

学术反科学是反主流文化运动的一部分。我们几乎能在当代任何文科部的所有系中发现它，尤其是在发达国家。让我们看看学术界大门里的反科学反应的一个小样本：存在主义、现象学、现象学社会学、常人方法学和激进女性主义理论。

例子1：存在主义。存在主义是一堆胡扯、舛误和陈词滥调。请读者从以下样本自行判断，它出自海德格尔的名作《存在与时间》（Heidegger，1927[1986]），海德格尔把这本书献给他的老师、现象学的创始人胡塞尔。论人类存在或此在："此在的存在说的是：先行于自身已经在（世）的存在就是寓于（世内照面的存在者）的存在。"（Heidegger，1927[1986]：192）论时间："时间源始地作为时间性的到时存在；作为这种到时，时间使操心的结构的组建成为可能。"（Heidegger，1927[1986]：331）我敢说没有人有胆量使这些文字游戏说得通，甚或把它们翻译成好的德语。海德格尔的其他著名准则，比如"世界世界着"（*Die Welt weltet*）、"无无着"（*Das Nichts nichtet*）、"语言言说着"（*Die Sprache spricht*）和"价值是有价值的"（*Die Werte gelten*）是可翻译的，且具有简洁的德性，但就和胡扯一样。

不满足于乱写一通和折磨德语，海德格尔（Heidegger，1953[1987]：20，37）蔑视"单纯的科学"，因为它据称无法"唤醒精神"。他还诋毁逻辑学是"学校教师的发明，而非哲学家的发明"（Heidegger，1953[1987]：92）。最后但同样重要的是，海德格尔是纳粹意识形态家且好斗，直到最后都不悔改（Heidegger，1953[1987]：152）。（这里不仅仅是巧合：训练听话的士兵准备为疯癫的犯罪原因献身,从阻止清晰的批判性思维开始。)简而言之,存在主义不是日常垃圾:它是不可回收垃圾。在学术课程中,其学习只有作为对无理性主义、学术骗局、冗繁天书和对反动意识形态卑躬屈膝的例证和警告,才是正当的。

例子2:现象学。这个学派是存在主义的来源,其特色是难懂。请读者从这个样本判断,它出自其创始人对精确科学和自然科学的著名攻击:"我作为原始的我建构了我对超验他者的视域,就像建构了这个世界的超验主体间性的共主体一样。"(Husserl,1936[1954]:187)现象学还是主观主义的现代典范。事实上,按照其创始人,现象学的要旨在于它是"纯粹的自我学",是"具象的超验主体性的科学"(Husserl,1931[1960]:30)。照此,它"与在迄今为止所接受的意义上的实证的、'**客观的**'科学形成了最极端的对比"(Husserl,1931[1960]:30)。现象学家的第一步是对外部世界的"现象学还原"或"悬置"(*epoché*)。"人必须经由悬置失去世界,以便经由普遍的自我审视来重获世界。"(Husserl,1931[1960]:157)他必须这么做,因为他的"普遍任务"是揭开作为超验自我(即非经验的自我)的自己(Husserl,1931[1960]:38)。

这位现象学家佯装诸如椅子和同事等真实事物并不存在,继续揭示它们的本质。为了这个目的,他运用了被称为"本质直观"的特殊直觉——而其本性并未被解释,支持它的证据也完全没有被提供。结果便是一门先验直觉的科学(Husserl,1931[1960]:Section 34)。这门"科学"被证明只不过是超验观念主义(Husserl,1931[1960]:86)。这个主观主义不仅是认识论的,而且是本体论的——"世界本身是个无限的观念"(Husserl,1931[1960]:62)。

怎么能有人认为这个狂野的幻想能阐明除了德国哲学的堕落之外的任何东西呢?这个放肆的言行只能对社会研究产生两个负面影响中的至少一个。一个是聚焦于个体行为,并否认社会系统和宏观社会事实的真实存在:它们将是诸如加总和"诠释"(猜测)等智识程序的产物。另一个可能的负面影响是使学者疏远经验研究,故而使时钟倒退到摇椅("人文主义")社会研究的时代。前者的结果是,**社会**科学是不可能的;后者的结果是,社会**科学**是不可能的。在接下来要审视的两个学派中,这两个影响中的一个或两个都显而易见。

例子3:现象学社会学(比如 Schütz,1932[1967];Berger and Luckmann,1966)。这个学派的特色是精神主义和主观主义,以及个体主义(包括本体论的和方法论的)和保守主义——伦理的和政治的。前两个特征很明显。确实,按照现象学,社会实在是知晓者的建构而非自在物;因为所有社会事实是"有意义的"(具有目的)且是"诠释"(猜测)的主题,由此所有"社会的"东西都是精神的和主观的,或最多是主体间的,而非物质的和独立于观察者的。

现象学的本体论个体主义源于其主观主义。因为个体被说成要"诠释"自己和他人,而不曾面对任何初始的社会事实,所以社会学家的任务是把握"主观的意义结构",而非建构或检验对社会系统或社会过程的模型。尤其是,他必须研究个体的生活世界或日常生活,避开诸如性别歧视和种族歧视、大规模失业、社会冲突和战争等宏观社会问题。现象学社会学家声称直接把握了他研究的客体,声称它们是日常的。此外,让我们记住,"本质直观"使他倍感荣幸,这给予了他即时的洞见。因此,他能摒弃统计学、数学建模、烦琐的论证和经验检验。简而言之,现象学社会学是公然地非科学的,且是对懒惰的邀请。

例子 4:常人方法学(比如 Garfinkel, 1967; Goffman, 1963)。这是现象学与符号互动论联合的产物。这个学派的成员实践着现象学社会学家所布道的东西:他们亲自观察并记录生活世界或日常生活中的琐碎事件,聚焦于符号和交流,并避开任何重要的活动、过程和问题,尤其是大规模的社会冲突和社会变迁。他们从事参与性(短程)观察,但回避他们基于哲学依据而不赞成的实验法。常人方法学家缺乏自己的理论,因此援引释义学、现象学甚至存在主义(所有这些都被宣称为科学的敌人)的含混声明。显然,反对对客观真理的寻求的不科学的哲学几乎不能鼓舞科研。万幸的是,常人方法学家在自己的经验作品中并不运用这些学说。实不相瞒,在田野工作中,他们像实证主义者一样行事,甚至在激烈地公然抨击实证主义时——因为他们把大部分时间花在收集数据上,而由于缺乏理论,他们不能正确地诠释这些数据。

事实上,常人方法学家对"细致的、可观察的实践(进行录音和录像),而这些实践创造了日常社会事实的人格化[?]生产,比如排队服务的顺序、对话的顺序,以及娴熟的具身[?]即兴行事的顺序"(Lynch, Livingston, and Garfinkel, 1983:206)。这句话可翻译为:"常人方法学家记录可观察的日常生活事件。"因此,收集的数据是想必有目的地、明智地行事的人留下的可听或可见的痕迹。这些痕迹是常人方法学家唯一能遵照的线索,由于缺乏理论,他们不能告诉我们是什么使人们运行起来,即他们不能解释他们观察和记录的行为。他们的实践与经验主义者尤其是行为主义者的实践并无不同——就像甚至连该学派的同情者阿特金森(Atkinson,1988)都承认的那样。简而言之,他们像实证主义者一样行事,甚至在猛击实证主义时——实际上这是迂回的攻击科学取径的方式。

只有晦涩的行话暗示了常人方法学家与其哲学导师的亲密接触。例如,加芬克尔(Garfinkel,1967:1)在他的一本书的开头就陈述道,常人方法学"建议""(一个群体的?)成员生产和管理有条理的日常事务的场景[?]所凭的活动,等价于成员的支持使那些场景变得'可阐释'的程序。阐释性[?]实践和阐释的'反思性'[?]特征或'人格化'[?]特征构成了该建议的关键。"或者思考该作者(Garfinkel,1967:11)对常人方法学的定义,它是"对指代性的[情境依赖的]表达和其他实践行动的理性(可理解的?)性质的探究,而这些表达和行动是日常生活有条理的巧妙[目的明确的?]实践的待定的[?]不间断的成就(结果?)。"为什么要用不同寻常的散文来描述对日常生活的日常阐释?

这不是要否认观察常人方法学家最喜欢的材料(诸如偶遇和对话等日常生活事情)的重要性。这种观察是人类学家的常见实践,它为科学家产出原材料,以便参照假说进行加工,以期提出新假说。但该经验材料的用途有限,除非伴随着关于被观察的主体担任的角色的可靠信息,例如老板或雇员。理由是,这种角色——换句话说,主角所嵌入的系统——在很大程度上决定了日常行动的"意义"(目的)和对话的内容(Collins,1987)。但常人方法学家无视宏观社会情境,且对任何大型社会问题都不感兴趣。这个事实,再加上对提出的"诠释"(假说)的检验的缺席和理论的缺乏,解释了常人方法学发现的贫乏。

这个学派的一个特色产物是林奇的研究《祭祀与动物身体转变为科学客体:神经科学中的实验室文化和仪式实践》(Lynch,1988)。林奇从涂尔干的宗教社会学研究中得到了启发,声称实验结束时杀死实验室动物是仪式实践的一部分,动物的身体凭此转变为"超验意义的传递者"。他的特色是,没有呈现任何证据来支持"实验台就是祭坛"这个不同寻常的断言。

例子5:激进女性主义理论。如今"女性主义"一词指谓三个非常不同的对象:支持女性从男性支配中解放出来的运动;对女性的生物境况、心理境况和社会境况的科学研究;以及激进女性主义"理论"。虽然前两个是合乎情理且值得称赞的努力，但第三个是不运用科学的学术产业。此外，它敌视科学，且其特色是伪难题和狂野的臆断。一些激进女性主义理论家承诺了一门"后继科学"，它将最终取代或至少补充她们称之为"男性支配的科学"的东西。其他人则更一致，坚决反对所有科学，因为她们相信理性和实验是男性的支配武器。她们认为科学方法是"男流"的一部分。她们公然抨击精确性（尤其是量化）、理性论证、对经验材料的寻求和对假说的经验检验，因为这些都是男性的支配工具。她们是建构主义者-相对主义者：她们公然抨击她们称之为"客观性的神话"的东西（第二节有更多关于这方面的内容）。

例如，女性主义理论家贝伦基、克林奇、戈德伯格和塔鲁尔（Belenky, Clinchy, Goldberger, and Tarule, 1986）认为，真理是情境依赖的，"知晓者是被知晓的东西的亲密部分"——就因为她们采访的一些女性是这样认为的。桑德拉·哈丁（Harding, 1986:113）竟然到了宣称把牛顿运动定律称为"牛顿的强奸手册"是"启发性的和诚实的"这种程度。（强奸受害者是大自然母亲，而这当然是女性化的。）此外，基础科学将与技术不可区分，且对科学知识的寻求就是对权力斗争的掩盖——就像赫伯特·马尔库塞（Marcuse, 1964）和米歇尔·福柯（Foucault, 1975）早先根据相同的经验证据，即没有经验证据声称的那样。

激进女性主义哲学家对权力而非真理感兴趣。她们想削弱而非推进科学。这样一来，她们对女性解放的原因造成了双重伤害：她们败坏了女性主义，因为使它看上去是野蛮的，且她们剥夺了它的强大杠杆，即对性别歧视的虚伪原因和有害结果的科学研究。此外，她们对科学的攻击使女性疏远科学研究，故而强化了她们在现代社会中的从属地位（Patai and Koertge, 1994:157）。

总结一下，我们的反科学同事的特色是他们对自己攻击的对象（即科学）骇人听闻地无知（参见 Gross and Levitt, 1994）。缺乏智识训练和严谨，他们已经完全荒废了。这并未阻止他们误导不计其数的学生，鼓励学生选择这扇宽广大门，使学生丧失清晰思考和搞清事实的能力，且在许多情况下甚至丧失清晰写作的能力（更多关于反科学尤其是社会研究中的反科学的内容请参见 Bunge, 1996）。为什么任何严肃且具有社会责任感的学者应该容忍决心败坏真正的学术追求甚至摧毁现代文化的野蛮人呢？

学术伪科学

套用格劳乔·马克斯的话：现代文化的标志是科学；如果你能伪造它，你就有成功的把握了。因此，人们被驱动着给毫无依据的臆断甚至古老的迷信披上科学的外衣。诸如占星术、金字塔神秘学、笔相学、不明飞行物学、"科学"神创论、超心理学、精神分析和顺势疗法等流行的伪科学都很容易被发现，因为它们明显与理科部教授的东西相悖。（精神分析似乎会反驳这一论断，但它并不反驳。确实，如今只有一些精神病学系教授精神分析，而它们是医学院而非理科部的一部分。）另一方面，学术伪科学更难被发现，部分是因为世界各地的大学院系都教授它们。第二个理由是，这些伪科学遵守理性，至少乍一看似乎如此。它们的主要缺陷是，它们的建构是模糊的，且与实在并不匹配。（它们中的一些，比如新奥地利经济学，甚至声称自己的理论先验地为真。）让我们看一个小样本。

例子 1：伪数学的符号论。美国社会学的创始人之一彼蒂里姆·索罗金，是他所谓的"量化狂"（Sorokin，1956）行为的早期批评者，他有时也沉溺于"量化"。例如，他把个体的自由定义为愿望之和与满足这些愿望的手段之和的商（Sorokin，1937：162）。但由于他并不费心以数学上正确的方式来定义愿望和手段，所以他"除以了"文字。总之，在这个案例中，他运用的符号仅仅是对直觉概念的速记。

例子 2：法理学中的主观概率。诞生于 20 世纪 60 年代中期的所谓的新证据学，声称运用概率来量度信度，尤其是法律证据的可信性。在这方面，甚至存在对"通过数学来审判"的谈论（参见 Tillers，1991 和随后的论文）。我主张概率很难属于法律论证，因为它只量度随机事件的可能度，而非证据的靠谱性、证人的诚实性或法院作出公正判决的可能度。结果便是，对法律中的概率的谈论，是伪科学的。更糟糕的是，美国和其他国家的刑法要求在"被告有概率实施暴力犯罪"时判处其死刑——好像这种"概率"（实际上仅仅是靠谱性）能被测度或计算。因此，有时不仅是财产和自由，甚至连生命都取决于在科学或工程上没有机会的认识论，而该认识论的唯一功能是证成一个学术产业。

例子 3："科学"种族主义。种族主义非常古老，但"科学"种族主义是 19 世纪的发明，它在纳粹人种学及与其相伴的灭绝营中达到顶峰。这个学说的美国版本是由一些心理学家基于有缺陷的智商测量而引入的，且它在美国限制来自南欧和其他区域的移民的立法中根深蒂固（参见诸如 Gould，1981）。在纳粹恐怖被揭露时，它缄默了一阵，但哈佛大学教授阿瑟·詹森在 1969 年复苏了它，基于一些智商测量，他宣称美国黑人先天智力低下。这一"发现"被科学共同体全体一致地拒绝了，尤其是美国遗传学会警告了"幼稚的遗传论假设的陷阱"（Russell，1976）。

建构主义-相对主义的科学伪社会学的成员亚伦·埃兹拉希（Ezrahi，1972）声称，这个否认是出于意识形态理由。他认为遗传学家在其对詹森的作品的批评中尤其激烈，至少部分是因为他们关心自己的"公众形象和公众支持"。埃兹拉希并未费心去分析詹森的"结论"所源于的智商测试。假如他这么做了，他将学到：(1)这种测试其实是受文化束缚的，故而可能偏袒白人而非黑人；(2)除非有良确证的智力理论的支持，否则没有智商测试是完全可靠的——而该理论早该到来了（参见诸如 Bunge and Ardila，1987）。

理查德·赫恩斯坦和查尔斯·穆雷（Herrnstein and Murray，1994）并未被这种方法论批评吓倒，在他们的畅销书《钟形曲线》中重复了种族主义断言，而没有增加任何新证据。他们的书被美国企业研究所推广，并被右翼记者广泛宣传，而这些人在这本书中看到了支持他们提议取消所有旨在给美国黑人儿童提供机会的社会项目的"科学"基础。其想法当然是，再多钱尤其是公共资金，也无法修正所谓的遗传缺陷。这一次，遗传学家和心理学家反应很慢：也许他们把这本书视为它的本来面目，即政治小册子。另一方面，一些记者和社会学家确实指出了这本书的方法论缺陷，揭开其意识形态来源，并公然抨击它对公共政策的启示[参见 Lane，1994；1995 年第 24 卷第 2 期《当代社会学》(*Contemporary Sociology*)]。①

例子 4：女性主义技术。由于技术是完成、维护和修理事物的艺术和科学，所以心理治疗和法理学也应被视为技术。现在，这些技术在近几年获得了性别：现

---

① 古尔德在其增订版《人的误测》中，增加了对《钟形曲线》的批判。读者可参考 Stephen Jay Gould，*The Mismeasure of Man* (revised and expanded ed.)，New York，N.Y.：W.W. Norton，1996。

在存在对女性主义心理治疗和女性主义法理学的谈论。让我们快速看一下前者。女性主义心理治疗的**特长**是"恢复记忆疗法",它在于"提高"妇女的记忆——在催眠术和药物的帮助下,如果有必要的话——直到她"记起"童年时被父亲性虐待过。然后鼓励病人把父亲告上法庭,以惩罚他并从他身上索取尽可能多的赔偿金——这笔钱会与治疗师共享。在过去十年里,这种诈骗在美国蓬勃发展,直到美国医学会和最重要的虚假记忆综合征基金会警告法院它们上当了。由于这个警告,这类诉讼的数量开始下降。这不是要否认许多儿童被亲戚性虐待过,可反对的东西是,治疗师把虚假记忆植入病人脑中,以及在这个实践之下的"理论":前者是无良的,后者是虚假的。确实,所讨论的"理论"就是精神分析,而它是伪科学,按照它,我们从不忘记任何东西,除非它被"超我"压抑了。这个假说为假:心理学家知道记忆不是照相式的,而是逐渐淡忘的、选择性的、扭曲的甚至建构的。他们也知道许多人是可暗示的,所以无良的心理治疗师能在他们的脑中成功植入虚假记忆。

总结一下,学术伪科学与学术反科学一样有毒。为什么严肃且具有社会责任感的学者应该容忍它?作为对科研的歪曲,它应该被剖析和揭露,以及只为了示例伪造的科学而被教授(更多关于社会研究中的伪科学的内容请参见Bunge,1996)。

两种无知:直接的和有意的

没有化学系会雇用炼金术士。晶体学系不是相信水晶的通灵之力的人的栖身之处。没有工程学院会留下决心设计永动机的人。天文观测站不是相信行星是由天使推动的人的栖身之处。生物学系对任何拒绝遗传学的人关闭大门。否认纳粹集中营或古拉格的存在的人,不能在像样的大学里教授历史。类似地,没有数学系会容忍任何认为数量是男性的以及逻辑学是男性的支配工具的人。任何自我尊重的心理学系都不会教授荣格心理学。相信顺势疗法的人不能把它带进官方认可的医学院里。概括一下:任何科学机构或技术机构都不能容忍被证明的舛误或谎言,并且是出于这个好理由:因为这种机构是为了发现、改进、应用或教授真理这个特定目标而建立的。

从理科部、工科部、医学部或法学部朝文科部走几步。在这里，你将遇到另一个世界，这是一个容忍乃至以工业数量制造和教授舛误与谎言的世界。不警觉的学生可能会学习各种形式的胡扯和迷信的课程。一些教授被雇用、晋升，或被授权去教授理性毫无价值、经验证据没有必要、不存在客观真理、基础科学是资本主义或男性的支配工具之类的内容。我们发现了拒绝过去 500 年来辛苦获得的所有知识的人。这是学生能通过学习几乎所有种类的新旧迷信而获得学分之地，以及学生为了听起来像现象学家、存在主义者、解构主义者、常人方法学家或精神分析师而能抛弃写作之地。纳税人的钱被挥霍在了这个地方：在维系了以故意拒绝理性讨论和经验检验为中心的巨大的文化退化产业。以智识诚实和社会责任之名，必须停止这种欺诈。

请不要搞错：我并非提议我们只教授现在能被弄清为真的东西。相反，我们必须质疑我们的教育，且必须继续教导说我们在多数方面和某种程度上都是无知的。但我们也必须教导说能通过严谨的研究来逐渐克服无知：舛误能被探察，部分真理能被完善——阿基米德计算圆面积的精确值的连续近似值的方法例证了完善部分真理的方式。

我们也应该意识到并教授存在两种无知：自然的和有意的，传统的和后现代的。前者是不可避免的且必须承认的，它是成为好奇的学习者和诚实的教师的一部分。相比之下，有意的或后现代的无知是故意拒绝学习与自己的兴趣有关的物项。例子：心理治疗师和心灵哲学家拒绝学习一点实验心理学和神经心理学；具有社会学兴趣的文学批评家拒绝学习一点社会学；以及科学哲学家拒绝学习一点他所空谈的科学。所有这些都是有意的无知的例子。这是唯一一种不可容忍的无知，因为它是不诚实的一个形式。然而，如今这种无知在许多文科部中被兜售。

有意的无知以两个姿态出现：赤裸的或幼稚的，以及掩盖的或精心的。赤裸的或无学识的无知（*indocta ignorantia*）是对科学的明确拒绝，或者——与之相当的是——对科学与非科学尤其是伪科学之间任何差异的否认。这就是无理性主义者和相对主义者-建构主义者所布道的东西：它是激进的女性主义和环保主义"理论"的一部分，也是存在主义、后结构主义、普通符号学、哲学释义学、解构主义和相似的蒙昧潮流的一部分。

　　第一个否认了科学与非科学之间差异的人是"新"科学哲学和"新"科学社会学的哲学教父之一保罗·费耶阿本德。人们倾听他,是因为错误地相信他知道一点物理学。但事实上,他对这门他试图学习的科学极其无知。因此,他误解了在他的《反对方法》(Feyerabend,1975:62)这本令他一夜成名的书中出现的仅有的两个公式。第一个公式他称为"均分原理",实际上是处于热平衡的粒子系统的麦克斯韦-玻尔兹曼分布函数。(顺便一提,在正确公式中出现的常数不是普适气体常数 R,而是普适得多的玻尔兹曼常数 k。这不是个小错误,因为它使费耶阿本德的公式在量纲上错了。)第二个公式是洛伦兹公式,它并不像费耶阿本德声称的那样,给出了"在**恒定磁场**中运动的**电子**的能量"(强调为我所加)。相反,该公式给出了**任意电磁场**$<E,B>$对带有**任意**电荷的粒子施加的**力**。(顺便一提,常数 c 在费耶阿本德的抄写中缺失了——这再次使他的公式在量纲上不正确。①)更有甚者,费耶阿本德把第二个公式代入第一个公式,并不令人吃惊的是,他得出了奇怪的结果,而这诡异地导致他臆断他的老师费利克斯·埃伦哈夫特想象的(并不存在的)磁单极。但不能这么代入,因为:(1)第二个公式没有给我们能量,而第一个公式出现了能量;(2)第一个公式指称粒子系统,而第二个公式涉及单一粒子;(3)不像是标量的能量,力是矢量,所以它本身不能出现在指数函数的参数中,指数函数只为标量定义(更多关于费耶阿本德的科学无能的内容,请参见 Bunge,1991c)。费耶阿本德的批评者中没有人探察到这些初级错误——这是个对科学哲学的现状令人不安的指标。总之,新科学哲学的权威之一犯了无学识的无知之罪。讽刺的是,他还被视为学生左派运动的上师。

　　然而,无理性主义尤其是对科学的不信任,并无政治色彩:在左派、中间派、

---

①　费耶阿本德的原文是:"现在,按照洛伦兹,在恒定磁场 B 中运动的电子的能量为 $U=Q(E+V\times B)\cdot V$,其中 Q 是运动粒子的电荷,V 是其速度而 E 是电场。"在电动力学中,洛伦兹力的公式是 $F=Q(E+V\times B)$,所以费耶阿本德不仅在方程左边误把力当成了能量,还在方程右边多乘以了速度。值得一提的是,费耶阿本德并未交待 B 究竟是磁场强度还是磁感应强度。在国际单位制下,公式中的 B 是磁感应强度。但在高斯单位制下,电场强度、磁场强度与磁感应强度具有相同的量纲,公式就要相应地变成 $F=Q\left(E+\dfrac{V\times B}{c}\right)$,其中 c 为光速。我感谢香港科技大学物理系副教授王一的邮件指教。

右派中都发现了它。不过,在多数情况下它是被动的:巴比特不是托尔克马达①,但就是对智识追求漠不关心和表示怀疑。另一方面,好斗的市侩习气在新左派、旧右派和宗教新右翼中很强大。这不是巧合:所有这些群体都是威权的。并且正如波普尔(Popper,1945[1962],Chapter 24)在半个世纪前指出的那样,威权主义与广义的理性主义(即"乐意倾听批判性论证和从经验中学习")不兼容。确实,民主国家的公民应该对公共利益问题形成自己的观点,在广场上辩论,并在一定程度上参与对政区的管理。因此,理性是民主生活的必要成分,就像无理性主义是极权政权对忠实臣民的驯化的必要成分一样。记住墨索里尼的戒律——"相信、服从、战斗"。对于学术反科学,就说这么多。

学术伪科学的情形则不同:它微妙得多,所以更难诊断和拔除。确实,它穿着真正的科学的一些行头,尤其是说着愚弄毫无警觉的人的深奥黑话,甚或装备着恐吓不懂算术的人的符号装置(第四章)。它看起来像科学,但并不科学,因为它并不能丰富知识,且远没有自我纠正机制,它是教条的。由于它误导了天真无邪之人,学术伪科学至少与直率的反科学一样具有破坏性。

结论

学术自由是为了保护寻求真理和教授真理而被引入的。我主张,学术骗子并未赢得他们享受着的学术自由。他们并未赢得它,因为他们生产或散播文化垃圾,而这非但不是学术活动,还是反学术活动。让他们在除了学校以外的任何他们乐意的地方这么做,因为学校应该是教育的地方。在骗子把大学弄得面目全非并把认真寻求真理的人排挤在外之前,我们应该把他们从大学里驱逐出去。

应该用朱利安·班达(Benda,1927[1946])在其令人难忘的《知识分子的背

---

① 巴比特是刘易斯(1930年诺贝尔文学奖得主)的小说《巴比特》里的主人公,他浑身充满市侩习气,且文化素养低得惊人。比如,他虽是成功的房地产商人,但对建筑、园林景观和经济学原理一窍不通,甚至对房子的卫生设备也一无所知。他最喜欢的阅读材料就是报纸上记录着日常琐事的连环画,家里摆放的几本书籍、一架钢琴和一幅仿画也是纯装饰性的。托尔克马达(1420年10月14日—1498年9月16日)是西班牙宗教裁判所的首任大审判官,在西班牙形成民族国家的过程中,他驱逐甚至用火刑残忍迫害了大量不愿改信天主教的穆斯林和犹太人。

叛》中攻击他那个时代的知识分子雇佣军时的严谨和精力,来批评乃至公然抨击
学术骗子——顺便一提,这本书为他赢得所有政治观点的所谓"有机知识分子"
的仇恨。放下棍棒,就放纵了骗子。放纵骗子,就把现代文化置于风险之中。危
及现代文化,就削弱了现代文明。削弱现代文明,就为新的黑暗时代做了准备。

在以前,高等教育只是高雅的娱乐形式和社会控制的工具。今天,它是所有
这些以及更多:科学知识、基于科学的技术和理性主义人文学科,不仅是具有内
在价值的公共产品,而且是生产资料和福利,以及民主辩论和理性的冲突和解的
条件。所以应该保护对真正的知识的寻求,使其在学术界内外免受攻击和冒充。

为了保护真正的研究和学术,我提议采用下列章程:

《知识分子学术权利和义务的章程》

1. 每个学者都有义务寻求真理,并有权利教授真理。

2. 每个学者都有权利和义务质疑任何他感兴趣的东西,倘若他以理性
方式质疑的话。

3. 每个学者都有权利犯错,并有义务在探察到错误后纠正错误。

4. 每个学者都有义务揭露瞎扯,无论是流行的还是学术的。

5. 每个学者都有义务以最清晰的可能方式表达自己。

6. 所有学者都有权利讨论自己感兴趣的任何非正统的看法,倘若这些
看法清晰到能被理性地讨论的话。

7. 没有学者有权利把他不能根据理性或经验来证成的观念展现为真。

8. 没有人有权利在知情的情况下从事任何学术产业。

9. 每个学术机构都有义务采纳和执行已知最严谨的学术标准和教育
标准。

10. 每个学术机构都有义务不容忍反主流文化和假冒文化。

总结一下。让我们容忍乃至鼓励所有对真理的寻求,无论它可能看起来如
何古怪,只要它遵守理性或经验。但让我们与所有压制、败坏或伪造这一寻求的
尝试作斗争。让所有真正的知识分子加入真理卫队,并在被拴在学术界里的"后
现代"特洛伊木马摧毁我们之前,帮助拆除它。

参考文献

Agassi, J. 1964[1998]. "The Nature of Scientific Problems and Their Roots in Metaphysics". In *Critical Approaches to Science and Philosophy: Essays in Honor of Karl R. Popper*, ed. M. Bunge. New Brunswick, N.J.: Transaction Publishers.

——. 1981. *Science and Society: Studies in the Sociology of Science*. Dordrecht: Reidel.

Albert, H. 1994. *Kritik der reinen Hermeneutik: Der Antirealismus und das Problem des Verstehens*. Tübingen: J.C.B. Mohr.

Alexander, J.C., B. Giesen, R. Münch, and N.J. Smelser, eds. 1987. *The Micro-Macro Link*. Berkeley, C.A.: University of California Press.

Allais, M. 1979. "The So-called Allais Paradox and Rational Decisions under Uncertainty". In *Expected Utility Hypotheses and the Allais Paradox: Contemporary Discussions of Decisions under Uncertainty with Allais' Rejoinder*, eds. M. Allais and O. Hagen. Dordrecht: Reidel.

Allison, P.D. 1992. "The Cultural Evolution of Beneficent Norms". *Social Forces*, Vol.71 (2):279—301.

Arato, A. and E. Gebhardt, eds. 1978. *The Essential Frankfurt School Reader*. Oxford: Blackwell.

Archer, M.S. 1987. "Resisting the Revival of Relativism". *International Sociology*, Vol.2 (3):235—250.

Arrow, K.J. 1992. "I Know a Hawk from a Handsaw". In *Eminent Economists: Their Life Philosophies*, ed. M. Szenberg. Cambridge: Cambridge University Press.

——. 1994. "Methodological Individualism and Social Knowledge". *American Economic Review*, Vol.84(2):1—9.

Athearn, D. 1994. *Scientific Nihilism: On the Loss and Recovery of Physical Explanation*. Albany, N.Y.: State University of New York Press.

Atkinson, P. 1988. "Ethnomethodology: A Critical Review". *Annual Review of Sociology*, Vol.14:441—465.

Baldi, S. 1998. "Normative versus Social Constructivist Processes in the Allocation of Citations: A Network-Analytic Model". *American Sociological Review*, Vol.63(6):829—846.

Barber, B. 1952. *Science and the Social Order*. Glencoe, I.L.: Free Press.

Barber, B. and W. Hirsch, eds. 1962. *The Sociology of Science*. Glencoe, I.L.: Free Press.

Barnes, B., ed. 1972. *Sociology of Science: Selected Readings*. London: Penguin Press.

——. 1977. *Interests and the Growth of Knowledge*. London: Routledge and Kegan Paul.

——. 1982a. *T.S. Kuhn and Social Science*. New York, N.Y.: Columbia University Press.

——. 1982b. "On the Implications of a Body of Knowledge". *Knowledge: Creation, Diffusion, Utilization*, Vol.4(1):95—110.

——. 1983. "On the Conventional Character of Knowledge and Cognition". In *Science Observed: Perspectives on the Social Study of Science*, eds. K.D. Knorr-Cetina and M. Mulkay. Beverly Hills, C.A.: Sage.

Baumol, W.J. and J. Benhabib. 1989. "Chaos: Significance, Mechanism, and Economic Applications". *Journal of Economic Perspectives*, Vol.3(1):77—105.

Beaumont, J.G., P.M. Kenealy, and M.J.C. Rogers, eds. 1996. *The Blackwell Dictionary of Neuropsychology*. Oxford: Blackwell.

Becker, G.S. 1976. *The Economic Approach to Human Behavior*. Chicago, I.L.: University of Chicago Press.

Becker, G.S. and K.M. Murphy. 1988. "A Theory of Rational Addiction". *Journal of Political Economy*, Vol.96(4):675—700.

Belenky, M.F., B. McV. Clinchy, N.R. Goldberger, and J.M. Tarule. 1986. *Women's Ways of Knowing: The Development of Self, Voice, and Mind*. New York, N.Y.: Basic Books.

Benda, J. 1927[1946]. *La Trahison des Clercs*, 2nd ed. Paris: Grasset.

Berger, P.L. and T. Luckmann. 1966. *The Social Construction of Reality: A Treatise in the Sociology of Knowledge*. Garden City, N.Y.: Doubleday.

Berlin, I. 1958[1969]. "Two Concepts of Liberty". In *Four Essays on Liberty*. New York, N.Y.: Oxford University Press.

Bernal, J.D. 1939. *The Social Function of Science*. New York, N.Y.: Macmillan.

Bernard, C. 1865[1952]. *Introduction à l'Etude de la Médecine Expérimentale*. Paris: Flammarion.

Berry, B.J.L., H. Kim, and H.-M. Kim. 1993. "Are Long Waves Driven by Techno-Economic Transformations? Evidence for the U.S. and the U.K.". *Technological Forecasting and Social Change*, Vol.44(2):111—135.

Bijker, W.E., T.P. Hughes, and T.J. Pinch, eds. 1987. *The Social Construction of Technological Systems: New Directions in the Sociology and History of Technology*. Cambridge, M.A.: MIT Press.

Blatt, J. 1983. "How Economists Misuse Mathematics". In *Why Economics is not yet a Science*, ed. A.S. Eichner. Armonk, N.Y.: M.E. Sharpe.

Bloor, D. 1976. *Knowledge and Social Imagery*. London: Routledge and Kegan Paul.

Borkenau, F. 1934. *Der Uebergang vom feudalen zum bürgerlichen Weltbild: Studien zur Geschichte der Philosophie der Manufakturperiode*. Paris: Félix Alcan.

Bottomore, T. 1956. "Some Reflections on the Sociology of Knowledge". *British Journal of Sociology*, Vol.7(1):52—58.

Boudon, R. 1979. *La Logique du Social. Introduction à l'Analyse Sociologique*. Paris: Hachette.

——. 1990. "On Relativism". In *Studies on Mario Bunge's "Treatise"*, eds. P. Weingartner and G.J.W. Dorn. Amsterdam: Rodopi.

——. 1995. *Le Juste et le Vrai: Études sur l'Objectivité des Valeurs et de la Connaissance*. Paris: Fayard.

——. 1998. *Études sur les Sociologues Classiques*, Vol.1. Paris: Presses Universitaires de France.

Boudon, R. and M. Clavelin, eds. 1994. *Le Relativisme est-il Résistible? Regards sur la Sociologie des Sciences*. Paris: Presses Universitaires de France.

Bourdieu, P. 1975. "The Specificity of the Scientific Field and the Social Conditions of the Progress of Reason". *Social Science Information*, Vol.14(6):19—47.

Bourricaud, F. 1975. "Contre le Sociologisme: Une Critique et des Propositions". *Revue Française de Sociologie*, Vol.16(Supplément):583—603.

Braiman, Y., J.F. Lindner, and W.L. Ditto. 1995. "Taming Spatiotemporal Chaos with Disorder". *Nature*, Vol.378(6556):465—467.

Braudel, F. 1969. *Écrits sur l'Histoire*. Paris: Flammarion.

Brock, W.A. and W.D. Dechert. 1991. "Non-Linear Dynamical Systems: Instability and Chaos in Economics". In *Handbook of Mathematical Economics*, Vol.4, eds. W. Hildenbrand and H. Sonnenschein. Amsterdam: North-Holland.

Brodbeck, M., ed. 1968. *Readings in the Philosophy of the Social Sciences*. New York, N.Y.: Macmillan.

Bronowski, J. 1959. *Science and Human Value*. New York, N.Y.: Harper and Row.

Brown, C. 1994. "Politics and the Environment: Nonlinear Instabilities Dominate". *American Political Science Review*, Vol.88(2):292—303.

Brown, R.H. 1990. "Rhetoric, Textuality, and the Postmodern Turn in Sociological Theory". *Sociological Theory*, Vol.8(2):188—197.

Bukharin, N., et al. 1931[1971]. *Science at the Cross Roads*, 2nd ed. London: Frank Cass.

Bunge, M. 1944. "Presentación". *Minerva*, Vol.1(1):1—2.

——. 1951. "What is Chance?". *Science & Society*, Vol.15(3):209—231.

——. 1959[1979]. *Causality in Modern Science*, 3rd ed. New York, N.Y.: Dover.

——. 1960. *Etica y Ciencia*. Buenos Aires: Siglo Veinte.

——. 1962. *Intuition and Science*. Englewood Cliffs, N.J.: Prentice Hall.

——. 1963a. *The Myth of Simplicity: Problems of Scientific Philosophy*. Englewood Cliffs, N.J.: Prentice Hall.

——. 1963b. "A General Black Box Theory". *Philosophy of Science*, Vol.30(4):346—358.

——. 1964[1998]. "Phenomenological Theories". In *Critical Approaches to Science and Philosophy*: *Essays in Honor of Karl R. Popper*, ed. M. Bunge. New Brunswick, N.J.: Transaction Publishers.

——. 1967. *Foundations of Physics*. Berlin: Springer.

——. 1967[1998]. *Philosophy of Science*, 2 Vols, rev. ed. New Brunswick, N.J.: Transaction Publishers.

——. 1968a. "The Maturation of Science". In *Problems in the Philosophy of Science*, eds. I. Lakatos and A. Musgrave. Amsterdam: North-Holland.

——. 1968b. "Les Concepts de Modèle". *L'Âge de la Science*, Vol.1:165—180.

——. 1969a. "Models in Theoretical Science". *Akten des XIV. Internationalen Kongresses für Philosophie*, Vol.(3):208—217.

——. 1969b. "Four Models of Human Migration: An Exercise in Mathematical Sociology". *Archiv für Rechts- und Sozialphilosophie*, Vol.55(4):451—462.

——. 1973a. *Method, Model and Matter*. Dordrecht: Reidel.

——. 1973b. *Philosophy of Physics*. Dordrecht: Reidel.

——. 1973c. "On Confusing 'Measure' with 'Measurement' in the Methodology of Behavioral Science". In *The Methodological Unity of Science*, ed. M. Bunge. Dordrecht: Reidel.

——. 1974. *Treatise on Basic Philosophy*, Vol.1: *Semantics I*: *Sense and Reference*. Dordrecht: Reidel.

——. 1976. "A Model for Processes Combining Competition with Cooperation". *Applied Mathematical Modelling*, Vol.1(1):21—23.

——. 1977. *Treatise on Basic Philosophy*, Vol.3: *Ontology I*: *The Furniture of the World*. Dordrecht: Reidel.

——. 1979a. "A Systems Concept of Society: Beyond Individualism and Holism". *Theory and Decision*, Vol.10(1—4):13—30.

——. 1979b. *Treatise on Basic Philosophy*, Vol.4: *Ontology II*: *A World of Systems*. Dordrecht: Reidel.

——. 1979c. "The Einstein-Bohr Debate over Quantum Mechanics: Who was Right about What?". *Lecture Notes in Physics*, Vol.100:204—219.

——. 1980a. *The Mind-Body Problem*: *A Psychobiological Approach*. Oxford: Pergamon Press.

——. 1980b. *Ciencia y Desarrollo*. Buenos Aires: Siglo Veinte.

——. 1981a. *Scientific Materialism*. Dordrecht: Reidel.

——. 1981b. "Review of *Genesis and Development of a Scientific Fact*". *Behavioral Science*, Vol.26(2):178—180.

——. 1983a. *Treatise on Basic Philosophy*, Vol.5: *Epistemology & Methodology I*: *Exploring the World*. Dordrecht: Reidel.

——. 1983b. *Treatise on Basic Philosophy*, Vol.6: *Epistemology & Methodology II*: *Understanding the World*. Dordrecht: Reidel.

——. 1985a. *Treatise on Basic Philosophy*, Vol.7: *Epistemology & Methodology III*:

Philosophy of Science and Technology Part I: *Formal and Physical Sciences*. Dordrecht: Reidel.

——. 1985b. *Treatise on Basic Philosophy*, Vol.7: *Epistemology & Methodology III*: *Philosophy of Science and Technology Part II*: *Life Science*, *Social Science and Technology*. Dordrecht: Reidel.

——. 1988a. "Two Faces and Three Masks of Probability". In *Probability in the Sciences*, ed. E. Agazzi. Dordrecht: Kluwer.

——. 1988b. "Niels Bohr's Philosophy". *Philosophia Naturalis*, Vol.25(3—4):399—415.

——. 1989a. *Treatise on Basic Philosophy*, Vol.8: *Ethics*: *The Good and the Right*. Dordrecht: Reidel.

——. 1989b. "Game Theory is not a Useful Tool for the Political Scientist". *Epistemología*, Vol.12(2):195—212.

——. 1989c. "The Popular Perception of Science in North America". *Transactions of the Royal Society of Canada*, Series 5, Vol.4:269—280.

——. 1991a. "The Power and Limits of Reduction". In *The Problem of Reductionism in Science*, ed. E. Agazzi. Dordrecht: Kluwer.

——. 1991b. "A Skeptic's Beliefs and Disbeliefs". *New Ideas in Psychology*, Vol.9(2):131—149.

——. 1991c. "What is Science? Does It Matter to Distinguish It from Pseudoscience? A Reply to My Commentators". *New Ideas in Psychology*, Vol.9(2):245—283.

——. 1995a. "The Poverty of Rational Choice Theory". In *Critical Rationalism*, *Metaphysics and Science*: *Essays for Joseph Agassi*, Vol.1, eds. I.C. Jarvie and N. Laor. Dordrecht: Kluwer.

——. 1995b. "Rational Choice Theory: A Critical Look at Its Foundations". In *Revolutionary Changes in Understanding Man and Society*: *Scopes and Limits*, ed. J. Götschl. Dordrecht: Kluwer.

——. 1996. *Finding Philosophy in Social Science*. New Haven, C.T.: Yale University Press.

——. 1998. *Social Science under Debate*: *A Philosophical Perspective*. Toronto: University of Toronto Press.

Bunge, M. and R. Ardila. 1987. *Philosophy of Psychology*. New York, N.Y.: Springer.

Clark, C.M.A. 1992. *Economic Theory and Natural Philosophy*: *The Search for the Natural Laws of the Economy*. Brookfield, V.T.: Edward Elgar.

Cohen, I.B., ed. 1990. *Puritanism and the Rise of Modern Science*: *The Merton Thesis*. New Brunswick, N.J.: Rutgers University Press.

Coleman, J.S. 1990. *Foundations of Social Theory*. Cambridge, M.A.: Harvard University Press.

Collins, H.M. 1981. "Stages in the Empirical Programme of Relativism". *Social Studies of Science*, Vol.11(1):3—10.

——. 1983. "An Empirical Relativist Programme in the Sociology of Scientific Knowledge". In *Science Observed*: *Perspectives on the Social Study of Science*, eds. K.D. Knorr-Cetina and M. Mulkay. Beverly Hills, C.A.: Sage.

Collins, H.M. and T.J. Pinch. 1982. *Frames of Meaning: The Social Construction of Extraordinary Science*. London: Routledge and Kegan Paul.

Collins, R. 1987. "Interaction Ritual Chains, Power and Property: The Micro-Macro Connection as an Empirically Based Theoretical Problem". In *The Micro-Macro Link*, eds. J.C. Alexander, B. Giesen, R. Münch, and N.J. Smelser. Berkeley, C.A.: University of California Press.

——. 1998. *The Sociology of Philosophies: A Global Theory of Intellectual Change*. Cambridge, M.A.: Belknap Press.

Costantino, R.F., J.M. Cushing, B. Dennis, and R.A. Desharnais. 1995. "Experimentally Induced Transitions in the Dynamic Behaviour of Insect Populations". *Nature*, Vol.375 (6528):227—230.

Cross, J.G. and M.J. Guyer. 1980. *Social Traps*. Ann Arbor, M.I.: University of Michigan Press.

Crowther, J.G. 1941. *The Social Relations of Science*. New York, N.Y.: Macmillan.

Curtis, M., ed. 1970[1997]. *Marxism: The Inner Dialogues*, 2nd ed. New Brunswick, N.J.: Transaction Publishers.

D'Abro, A. 1939. *The Decline of Mechanism(in Modern Physics)*. New York, N.Y.: D. Van Nostrand.

Dahl, R.A. 1985. *A Preface to Economic Democracy*. Berkeley, C.A.: University of California Press.

Damasio, A.R., H. Damasio, and Y. Christen, eds. 1996. *Neurobiology of Decision-Making*. Berlin: Springer.

Dasgupta, P. and D. Ray. 1986. "Inequality as a Determinant of Malnutrition and Unemployment: Theory". *Economic Journal*, Vol.96(384):1011—1034.

Deininger, K. and L. Squire. 1996. "A New Data Set Measuring Income Inequality". *World Bank Economic Review*, Vol.10(3):565—591.

DiMaggio, P. and Hugh Louch. 1998. "Socially Embedded Consumer Transactions: For What Kinds of Purchases Do People Most Often Use Networks?". *American Sociological Review*, Vol.63(5):619—637.

Di Tella, T.S. 1986. *Sociología de los Procesos Políticos*, 3rd ed. Buenos Aires: Eudeba.

Dixon, W.J. and T. Boswell. 1996. "Dependency, Disarticulation, and Denominator Effects: Another Look at Foreign Capital Penetration". *American Journal of Sociology*, Vol.102(2):543—562.

Dumont, L. 1966. *Homo Hierarchicus: Essai sur le Système des Castes*. Paris: Gallimard.

Durkheim, É. 1895[1988]. *Les Règles de la Méthode Sociologique*. Paris: Flammarion.

——. 1972. *Emile Durkheim: Selected Writings*, trans. and ed. A. Giddens. New York, N.Y.: Cambridge University Press.

Durkheim, É. and M. Mauss. 1903[1968]. "De Quelques Formes Primitives de Classification". In *Essais de Sociologie*, by M. Mauss. Paris: Éditions de Minuit.

Elster, J. 1989. *Nuts and Bolts for the Social Sciences*. New York, N.Y.: Cambridge

University Press.

Ezrahi, Y. 1972. "The Political Resources of Science". In *Sociology of Science*: *Selected Readings*, ed. B. Barnes. London: Penguin Press.

Faludi, A. 1986. *Critical Rationalism and Planning Methodology*. London: Pion Press.

Farías, V. 1987[1989]. *Heidegger and Nazism*, eds. J. Margolis and T. Rockmore, trans. P. Burrell and G.R. Ricci. Philadelphia, P.A.: Temple University Press.

Feld, S.L. and W.C. Carter. 1998. "When Desegregation Reduces Interracial Contact: A Class Size Paradox for Weak Ties". *American Journal of Sociology*, Vol. 103 (5): 1165—1186.

Feyerabend, P.K. 1975. *Against Method*: *Outline of an Anarchistic Theory of Knowledge*. London: New Left Books.

——. 1981. *Philosophical Papers*, 2 Vols. Cambridge: Cambridge University Press.

——. 1990. "Realism and the Historicity of Knowledge". In *Creativity in the Arts and Science*, eds. W.R. Shea and A. Spadafora. Canton, M.A.: Science History Publications.

Fiske, D.W. and R.A. Shweder, eds. 1986. *Metatheory in Social Science*: *Pluralisms and Subjectivities*. Chicago, I.L.: University of Chicago Press.

Fleck, L. 1935[1979]. *Genesis and Development of a Scientific Fact*, eds. T.J. Trenn and R.K. Merton, trans. F. Bradley and T.J. Trenn. Chicago, I.L.: University of Chicago Press.

Fogel, R.W. 1994. "Economic Growth, Population Theory, and Physiology: The Bearing of Long-Term Processes on the Making of Economic Policy". *American Economic Review*, Vol.84(3):369—395.

Forman, P. 1971. "Weimar Culture, Causality, and Quantum Theory, 1918—1927: Adaptation by German Physicists and Mathematicians to a Hostile Intellectual Environment". In *Historical Studies in the Physical Sciences*, ed. R. McCormmach. Philadelphia, P.A.: University of Pennsylvania Press.

Foucault, M. 1975. *Surveiller et Punir*: *Naissance de la Prison*. Paris: Gallimard.

Fourier, J.-B. J. 1822[1888]. *Théorie Analytique de la Chaleur*. In *Œuvres de Fourier*, Vol.1, ed. G. Darboux. Paris: Gauthier-Villars.

Frankfort, H., H.A. Frankfort, J.A. Wilson, T. Jacobsen, and W.A. Irwin. 1946. *The Intellectual Adventure of Ancient Man*: *An Essay on Speculative Thought in the Ancient Near East*. Chicago, I.L.: University of Chicago Press.

Friedman, M. 1974. "A Theoretical Framework for Monetary Analysis". In *Milton Friedman's Monetary Framework*: *A Debate with His Critics*, ed. R.J. Gordon. Chicago, I.L.: University of Chicago Press.

Galbraith, J.K. 1987. *A History of Economics*: *The Past as the Present*. London: Hamish Hamilton.

Garfinkel, H. 1967. *Studies in Ethnomethodology*. Englewood Cliffs, N.J.: Prentice Hall.

Garfinkel, H., M.E. Lynch, and E. Livingston. 1981. "The Work of a Discovering Science Construed with Materials from the Optically Discovered Pulsar". *Philosophy of the Social Sciences*, Vol.11(1):131—158.

Geertz, C. 1973. *The Interpretation of Cultures: Selected Essays*. New York, N.Y.: Basic Books.

——. 1983. *Local Knowledge: Further Essays in Interpretive Anthropology*. New York, N.Y.: Basic Books.

Gieryn, T.F. 1982. "Relativist/Constructivist Programmes in the Sociology of Science: Redundance and Retreat". *Social Studies of Science*, Vol.12(2):279—297.

Glass, L. and M.C. Mackey. 1988. *From Clocks to Chaos: The Rhythms of Life*. Princeton, N.J.: Princeton University Press.

Goffman, E. 1963. *Behavior in Public Places: Notes on the Social Organization of Gatherings*. Glencoe, I.L.: Free Press.

Goldsmith, D., ed. 1977. *Scientists Confront Velikovsky*. Ithaca, N.Y.: Cornell University Press.

Goldsmith, M. and A. Mackay, eds. 1964. *The Science of Science: Society in a Technological Age*. London: Souvenir Press.

Goldstone, J.A. 1991. *Revolution and Rebellion in the Early Modern World*. Berkeley, C.A.: University of California Press.

Goodman, N. 1978. *Ways of Worldmaking*. Indianapolis, I.N.: Hackett Publishing Company.

Gottschalk, L., ed. 1963. *Generalization in the Writing of History: A Report of the Committee on Historical Analysis of the Social Science Research Council*. Chicago, I.L.: University of Chicago Press.

Gould, S.J. 1981. *The Mismeasure of Man*. New York, N.Y.: W.W. Norton.

Granovetter, M. 1983. "The Strength of Weak Ties: A Network Theory Revisited". In *Sociological Theory*, ed. R. Collins. San Francisco, C.A.: Jossey-Bass Publishers.

——. 1985. "Economic Action and Social Structure: The Problem of Embeddedness". *American Journal of Sociology*, Vol.91(3):481—510.

Green, D.P. and I. Shapiro. 1994. *Pathologies of Rational Choice Theory: A Critique of Applications in Political Science*. New Haven, C.T.: Yale University Press.

Gross, P.R. and N. Levitt. 1994. *Higher Superstition: The Academic Left and Its Quarrels with Science*. Baltimore, M.D.: Johns Hopkins University Press.

Gurr, T.R. 1970. *Why Men Rebel*. Princeton, N.J.: Princeton University Press.

Habermas, J. 1967[1988]. *On the Logic of the Social Sciences*, trans. S.W. Nicholsen and J.A. Stark. Cambridge, M.A.: MIT Press.

——. 1971. *Toward a Rational Society: Student Protest, Science and Politics*, trans. J.J. Shapiro. London: Heinemann.

Haken, H. 1989. "Synergetics: An Overview". *Reports on Progress in Physics*, Vol.52 (5):515—553.

Hardin, G. 1985. *Filters against Folly: How to Survive Despite Economists, Ecologists, and the Merely Eloquent*. New York, N.Y.: Penguin Press.

Harding, S. 1986. *The Science Question in Feminism*. Ithaca, N.Y.: Cornell University Press.

Harrison, B. and B. Bluestone. 1988. *The Great U-Turn: Corporate Restructuring and the Polarizing of America*. New York, N.Y.: Basic Books.

Harsanyi, J.C. 1956. "Approaches to the Bargaining Problem before and after the Theory of Games: A Critical Discussion of Zeuthen's, Hicks', and Nash's Theories". *Econometrica*, Vol.24(2):144—157.

Harvey, D. 1989. *The Condition of Postmodernity: An Enquiry into the Origins of Cultural Change*. Oxford: Blackwell.

Hebb, D.O. 1980. *Essay on Mind*. Hillsdale, N.J.: Lawrence Erlbaum.

Hedström, P. and R. Swedberg, eds. 1998. *Social Mechanisms: An Analytical Approach to Social Theory*. New York, N.Y.: Cambridge University Press.

Heidegger, M. 1927[1986]. *Sein und Zeit*, 16th ed. Tübingen: Max Niemeyer.

——. 1953[1987]. *Einführung in die Metaphysik*, 5th ed. Tübingen: Max Niemeyer.

Hempel, C.G. 1965. *Aspects of Scientific Explanation: And Other Essays in the Philosophy of Science*. New York, N.Y.: Free Press.

Herrnstein, R.J. 1990. "Rational Choice Theory: Necessary but not Sufficient". *American Psychologist*, Vol.45(3):356—367.

Herrnstein, R.J. and C. Murray. 1994. *The Bell Curve: Intelligence and Class Structure in American Life*. New York, N.Y.: Free Press.

Hesse, M. 1980. *Revolutions and Reconstructions in the Philosophy of Science*. Brighton: Harvester Press.

Hessen, B. 1931[1971]. "The Social and Economic Roots of Newton's *Principia*". In *Science at the Cross Roads*, 2nd ed., by N. Bukharin et al. London: Frank Cass.

Hicks, A., J. Misra, and T.N. Ng. 1995. "The Programmatic Emergence of the Social Security State". *American Sociological Review*, Vol.60(3):329—349.

Hicks, J. 1979. *Causality in Economics*. New York, N.Y.: Basic Books.

Hirschman, A.O. 1970. *Exit, Voice, and Loyalty: Responses to Decline in Firms, Organizations, and States*. Cambridge, M.A.: Harvard University Press.

——. 1981. *Essays in Trespassing: Economics to Politics and Beyond*. New York, N.Y.: Cambridge University Press.

——. 1990. "The Case against 'One Thing at a Time'". *World Development*, Vol.18(8): 1119—1122.

Homans, G.C. 1974. *Social Behavior: Its Elementary Forms*, rev. ed. New York, N.Y.: Harcourt Brace Jovanovich.

Horkheimer, M. and T. Adorno. 1947[1972]. *Dialectic of Enlightenment: Philosophical Fragments*, trans. J. Cumming. New York, N.Y.: Herder and Herder.

Huntington, S.P. 1968. *Political Order in Changing Societies*. New Haven, C.T.: Yale University Press.

Husserl, E. 1931[1960]. *Cartesian Meditations: An Introduction to Phenomenology*, trans. D. Cairns. The Hague: Martinus Nijhoff.

——. 1936[1954]. *Husserliana*, Vol.6: *Die Krisis der Europäischen Wissenschaften und die Transzendentale Phänomenologie*, ed. W. Biemel. The Hague: Martinus Nijhoff.

Jacobs, S. 1990. "Popper, Weber and the Rationalist Approach to Social Explanation". *British Journal of Sociology*, Vol.41(4):559—570.

Jarvie, I.C. 1984. *Rationality and Relativism: In Search of a Philosophy and History of Anthropology*. London: Routledge and Kegan Paul.

Jasso, G. and K.-D. Opp. 1997. "Probing the Character of Norms: A Factorial Survey Analysis of the Norms of Political Action". *American Sociological Review*, Vol.62(6): 947—964.

Kahneman, D., P. Slovic and A. Tversky, eds. 1982. *Judgment under Uncertainty: Heuristics and Biases*. Cambridge: Cambridge University Press.

Kauffman, S.A. 1993. *The Origins of Order: Self-Organization and Selection in Evolution*. New York, N.Y.: Oxford University Press.

Kentor, J. 1998. "The Long-Term Effects of Foreign Investment Dependence on Economic Growth, 1940—1990". *American Journal of Sociology*, Vol.103(4):1024—1046.

Kiel, L.D. and E. Elliott, eds. 1996. *Chaos Theory in the Social Sciences: Foundations and Applications*. Ann Arbor, M.I.: University of Michigan Press.

Knorr-Cetina, K.D. 1981. *The Manufacture of Knowledge: An Essay on the Constructivist and Contextual Nature of Science*. Oxford: Pergamon Press.

——. 1983. "The Ethnographic Study of Scientific Work: Towards a Constructivist Interpretation of Science". In *Science Observed: Perspectives on the Social Study of Science*, eds. K.D. Knorr-Cetina and M. Mulkay. Beverly Hills, C.A.: Sage.

Knorr-Cetina, K.D. and A.V. Cicourel, eds. 1981. *Advances in Social Theory and Methodology: Toward an Integration of Micro- and Macro-sociologies*. London: Routledge and Kegan Paul.

Knorr-Cetina, K.D. and M. Mulkay, eds. 1983. *Science Observed: Perspectives on the Social Study of Science*. Beverly Hills, C.A.: Sage.

Koblitz, N. 1988. "A Tale of Three Equations; or the Emperors Have no Clothes". *Mathematical Intelligencer*, Vol.10(1):4—10.

Kolnai, A. 1938. *The War against the West*. New York, N.Y.: Viking Press.

Kosslyn, S.M. and O. Koenig. 1995. *Wet Mind: The New Cognitive Neuroscience*, 2nd ed. New York, N.Y.: Free Press.

Krimerman, L. I., ed. 1969. *The Nature and Scope of Social Science: A Critical Anthology*. New York, N.Y.: Appleton-Century-Crofts.

Krohn, R.G. 1971. *The Social Shaping of Science: Institutions, Ideology, and Careers in Science*. Westport, C.T.: Greenwood Publishing Corporation.

——. 1980. "Toward the Empirical Study of Scientific Practice". In *Sociology of the Sciences, Yearbook 1980: The Social Process of Scientific Investigation*, eds. K.D. Knorr, R.G. Krohn, and R. Whitley. Dordrecht: Reidel.

Krugman, P. 1996. *The Self-Organizing Economy*. Cambridge, M.A.: Blackwell.

Kuhn, T.S. 1962. *The Structure of Scientific Revolutions*. Chicago, I.L.: University of Chicago Press.

Kurtz, P., ed. 1985. *A Skeptic's Handbook of Parapsychology*. Buffalo, N.Y.: Prometheus

Books.

Lane, C. 1994. "The Tainted Sources of *The Bell Curve*". *New York Review of Books*, Vol.41(20):14—19.

Lang, S. 1981. *The File: Case Study in Correction (1977—1979)*. New York, N.Y.: Springer.

Latour, B. 1980. "Is It Possible to Reconstruct the Research Process? Sociology of a Brain Peptide". In *Sociology of the Sciences, Yearbook 1980: The Social Process of Scientific Investigation*, eds. K.D. Knorr, R.G. Krohn, and R. Whitley. Dordrecht: Reidel.

——. 1983. "Give Me a Laboratory and I Will Raise the World". In *Science Observed: Perspectives on the Social Study of Science*, eds. K.D. Knorr-Cetina and M. Mulkay. Beverly Hills, C.A.: Sage.

——. 1987. *Science in Action: How to Follow Scientists and Engineers through Society*. Cambridge, M.A.: Harvard University Press.

——. 1988. "A Relativistic Account of Einstein's Relativity". *Social Studies of Science*, Vol.18(1):3—44.

——. 1995. "Who Speaks for Science?". *The Sciences*, Vol.35(2):6—7.

Latour, B. and S. Woolgar. 1979. *Laboratory Life: The Social Construction of Scientific Facts*. Beverly Hills, C.A.: Sage.

——. 1986. *Laboratory Life: The Construction of Scientific Facts*, 2nd ed. Princeton, N.J.: Princeton University Press.

Lazarsfeld, P. 1966. "Philosophy of Science and Empirical Social Research". *Studies in Logic and the Foundations of Mathematics*, Vol.44:463—473.

Livingston, P. 1988. *Literary Knowledge: Humanistic Inquiry and the Philosophy of Science*. Ithaca, N.Y.: Cornell University Press.

Luhmann, N. 1990. *Die Wissenschaft der Gesellschaft*. Frankfurt am Main: Suhrkamp.

Lukács, G. 1923[1971]. *History and Class Consciousness: Studies in Marxist Dialectics*, trans. R. Livingstone. Cambridge, M.A.: MIT Press.

Lynch, M.E. 1988. "Sacrifice and the Transformation of the Animal Body into a Scientific Object: Laboratory Culture and Ritual Practice in the Neurosciences". *Social Studies of Science*, Vol.18(2):265—289.

Lynch, M.E., E. Livingston, and H. Garfinkel 1983. "Temporal Order in Laboratory Work". In *Science Observed: Perspectives on the Social Study of Science*, eds. K.D. Knorr-Cetina and M. Mulkay. Beverly Hills, C.A.: Sage.

MacKinnon, C. 1989. *Toward a Feminist Theory of the State*. Cambridge, M.A.: Harvard University Press.

Mannheim, K. 1929[1936]. *Ideology and Utopia*. New York, N.Y.: Harcourt, Brace, and World.

March, J.G. and Z. Shapira. 1987. "Managerial Perspectives on Risk and Risk Taking". *Management Science*, Vol.33(11):1404—1418.

Marcuse, H. 1964. *One-Dimensional Man: Studies in the Ideology of Advanced Industrial Society*. Boston, M.A.: Beacon Press.

Marshall, E. 1990. "Data Sharing: A Declining Ethic?". *Science*, Vol. 248(4958): 952—957.

Marx, K. 1852[1986]. "The Eighteenth Brumaire of Louis Bonaparte". In *Selected Works*, by K. Marx and F. Engels. New York, N.Y.: International Publishers.

——. 1859[1986]. "Preface to *A Contribution to the Critique of Political Economy*". In *Selected Works*, by K. Marx and F. Engels. New York, N.Y.: International Publishers.

Marx, K. and F. Engels. 1986. *Selected Works*. New York, N.Y.: International Publishers.

Mendelsohn, E. 1977. "The Social Construction of Scientific Knowledge". In *Sociology of the Sciences*, *Yearbook 1977*: *The Social Production of Scientific Knowledge*, eds. E. Mendelsohn, P. Weingart, and R. Whitley. Dordrecht: Reidel.

Merton, R.K. 1938[1970]. *Science, Technology and Society in Seventeenth Century England*. New York, N.Y.: Harper and Row.

——. 1942. "A Note on Science and Democracy". *Journal of Legal and Political Sociology*, Vol. 1(1—2): 115—126.

——. 1949[1957]. *Social Theory and Social Structure*, rev. ed. Glencoe, I.L.: Free Press.

——. 1957. "The Role-Set: Problems in Sociological Theory". *British Journal of Sociology*, Vol. 8(2): 106—120.

——. 1973. *The Sociology of Science: Theoretical and Empirical Investigations*, ed. N.W. Storer. Chicago, I.L.: University of Chicago Press.

——. 1977. "The Sociology of Science: An Episodic Memoir". In *The Sociology of Science in Europe*, eds. R.K. Merton and J. Gaston. Carbondale, I.L.: Southern Illinois University Press.

——. 1987. "Three Fragments from a Sociologist's Notebooks: Establishing the Phenomenon, Specified Ignorance, and Strategic Research Materials". *Annual Review of Sociology*, Vol. 13: 1—28.

Meyerson, É. 1921. *De l'Explication dans les Sciences*, 2 Vols. Paris: Payot.

Mill, J.S. 1871[1965]. *Principles of Political Economy*, 7th ed. In *Collected Works of John Stuart Mill*, Vol. 3, ed. J.M. Robson. Toronto: University of Toronto Press; London: Routledge and Kegan Paul.

——. 1872[1952]. *A System of Logic, Ratiocinative and Inductive: Being a Connected View of the Principles of Evidence, and the Methods of Scientific Investigation*, 8th ed. London: Longmans.

——. 1873[1924]. *Autobiography of John Stuart Mill*. New York, N.Y.: Columbia University Press.

Moaddel, M. 1994. "Political Conflict in the World Economy: A Cross-National Analysis of Modernization and World-System Theories". *American Sociological Review*, Vol. 59(2): 276—303.

Moessinger, P. 1996. *Irrationalité Individuelle et Ordre Social*. Genève: Droz.

Mulkay, M. 1972. "Cultural Growth in Science". In *Sociology of Science: Selected Readings*, ed. B. Barnes. London: Penguin Press.

——. 1979. *Science and the Sociology of Knowledge*. London: Allen and Unwin.

Muller, E.N. 1995. "Economic Determinants of Democracy". *American Sociological Review*, Vol.60(6):966—982.

Nadeau, R. 1993. "Confuting Popper on the Rationality Principle". *Philosophy of the Social Sciences*, Vol.23(4):446—467.

Needham, J. 1971. "Foreword". In *Science at the Cross Roads*, 2nd ed., by N. Bukharin et al. London: Frank Cass.

O'Neill, J., ed. 1973. *Modes of Individualism and Collectivism*. London: Heinemann.

Outhwaite, W. 1975[1986]. *Understanding Social Life: The Method Called Verstehen*, 2nd ed. Lewes: Jean Stroud.

Pareto, V. 1916[1963]. *The Mind and Society: A Treatise on General Sociology*, 4 Vols, ed. A. Livingston, trans. A. Bongiorno and A. Livingston. New York, N.Y.: Dover.

Parsons, T. 1951. *The Social System*. Glencoe, I.L.: Free Press.

Patai, D. and N. Koertge. 1994. *Professing Feminism: Cautionary Tales from the Strange World of Women's Studies*. New York, N.Y.: Basic Books.

Persson, T. and G. Tabellini. 1994. "Is Inequality Harmful for Growth?". *American Economic Review*, Vol.84(3):600—621.

Petroski, H. 1992. *The Evolution of Useful Things: How Everyday Artifacts*. New York, N.Y.: Alfred A. Knopf.

Pierson, C. 1995. *Socialism after Communism: The New Market Socialism*. University Park, P.A.: Pennsylvania State University Press.

Pinch, T.J. 1977. "What Does a Proof Do if It Does not Prove?". In *Sociology of the Sciences, Yearbook 1977: The Social Production of Scientific Knowledge*, eds. E. Mendelsohn, P. Weingart, and R. Whitley. Dordrecht: Reidel.

——. 1979. "Normal Explanations of the Paranormal: The Demarcation Problem and Fraud in Parapsychology". *Social Studies of Science*, Vol.9(3):329—348.

——. 1985. "Towards an Analysis of Scientific Observation: The Externality and Evidential Significance of Observational Reports in Physics". *Social Studies of Science*, Vol.15(1): 3—36.

Pinch, T.J. and H.M. Collins. 1979. "Is Anti-Science not-Science?". In *Sociology of the Sciences, Yearbook 1979: Counter-Movements in the Sciences*, eds. H. Nowotny and H. Rose. Dordrecht: Reidel.

——. 1984. "Private Science and Public Knowledge: The Committee for the Scientific Investigation of the Claims of the Paranormal and Its Use of the Literature". *Social Studies of Science*, Vol.14(4):521—546.

Planas, P. 1996. *Karl Popper: Pensamiento Político*. Bogotá: Fundación Friedrich Naumann.

Poincaré, H. 1901[1965]. "Letter to L. Walras". In *Correspondence of Léon Walras and Related Papers*, Vol.3, ed. W. Jaffé. Amsterdam: North-Holland.

Polanyi, K. 1944. *The Great Transformation: The Political and Economic Origins of Our Time*. New York, N.Y.: Farrar and Rinehart.

Polanyi, M. 1958. *Personal Knowledge: Towards a Post-Critical Philosophy*. London:

Routledge and Kegan Paul.

Popper, K.R. 1935[1959]. *The Logic of Scientific Discovery*. London: Hutchinson.

———. 1945[1962]. *The Open Society and Its Enemies*, 2 Vols, 4th ed. London: Routledge and Kegan Paul.

———. 1957[1960]. *The Poverty of Historicism*, 2nd ed. London: Routledge and Kegan Paul.

———. 1959[1984]. "Woran Glaubt der Westen?". In *Auf der Suche nach einer besseren Welt: Vorträge und Aufsätze aus dreißig Jahren*. München: Piper.

———. 1967[1985]. "The Rationality Principle". In *Popper Selections*, ed. D. Miller. Princeton, N.J.: Princeton University Press.

———. 1968. "Epistemology without a Knowing Subject". In *Logic, Methodology and Philosophy of Science III: Proceedings of the Third International Congress for Logic, Methodology and Philosophy of Science, Amsterdam 1967*, eds. B. van Rootselaar and J.F. Staal. Amsterdam: North-Holland.

———. 1970a. "Reason or Revolution?". *European Journal of Sociology*, Vol.11(2):252—262.

———. 1970b. "Normal Science and Its Dangers". In *Criticism and the Growth of Knowledge*, eds. I. Lakatos and A. Musgrave. Cambridge: Cambridge University Press.

———. 1970c. "The Moral Responsibility of the Scientist". In *Induction, Physics, and Ethics: Proceedings and Discussions of the 1968 Salzburg Colloquium in the Philosophy of Science*, eds. P. Weingartner and G. Zecha. Dordrecht: Reidel.

———. 1972. *Objective Knowledge: An Evolutionary Approach*. Oxford: Clarendon Press.

———. 1974. "Intellectual Autobiography". In *The Philosophy of Karl Popper*, Vol.1, ed. P.A. Schilpp. La Salle, I.L.: Open Court.

———. 1988. "*The Open Society and Its Enemies* Revisited". *The Economist*, Vol.307 (7547):19—22.

Popper, K.R. and J.C. Eccles. 1977. *The Self and Its Brain: An Argument for Interactionism*. New York, N.Y.: Springer.

Porter, T.M. 1986. *The Rise of Statistical Thinking, 1820—1900*. Princeton, N.J.: Princeton University Press.

Pound, R. 1922[1954]. *An Introduction to the Philosophy of Law*, rev. ed. New Haven, C.T.: Yale University Press.

Price, D.J. de S. 1964. "The Science of Science". In *The Science of Science: Society in a Technological Age*, eds. M. Goldsmith and A. Mackay. London: Souvenir Press.

Putnam, H. 1978. *Meaning and the Moral Sciences*. London: Routledge and Kegan Paul.

Ranelagh, J. 1991. *Thatcher's People: An Insider's Account of the Politics, the Power and the Personalities*. London: HarperCollins.

Rapoport, A. 1989. *Decision Theory and Decision Behaviour: Normative and Descriptive Approaches*. Dordrecht: Kluwer.

Restivo, S. 1983. *The Social Relations of Physics, Mysticism, and Mathematics: Studies in Social Structure, Interests, and Ideas*. Dordrecht: Reidel.

——. 1992. *Mathematics in Society and History: Sociological Inquiries*. Dordrecht: Kluwer.

Rhees, R. 1969. *Without Answers*. London: Routledge and Kegan Paul.

Robinson, J. and J. Eatwell. 1973[1974]. *An Introduction to Modern Economics*, rev. ed. London: McGraw-Hill.

Roll-Hansen, N. 1983. "The Death of Spontaneous Generation and the Birth of the Gene: Two Case Studies of Relativism". *Social Studies of Science*, Vol.13(4):481—519.

Rorty, R. 1979. *Philosophy and the Mirror of Nature*. Princeton, N.J.: Princeton University Press.

Rose, H. 1979. "Hyper-Reflexivity—a New Danger for the Counter-Movements". In *Sociology of the Sciences, Yearbook 1979: Counter-Movements in the Sciences*, eds. H. Nowotny and H. Rose. Dordrecht: Reidel.

Rose, H. and S. Rose. 1969. *Science and Society*. London: Penguin Press.

——. 1974. "'Do not Adjust Your Mind, There Is a Fault in Reality': Ideology in the Neurobiological Sciences". In *Social Processes of Scientific Development*, ed. R. Whitley. London: Routledge and Kegan Paul.

Rosenau, J.N. 1990. *Turbulence in World Politics: A Theory of Change and Continuity*. Princeton, N.J.: Princeton University Press.

Russell, E.S. 1976. "Report of the Ad Hoc Committee: Resolution on Genetics, Race, and Intelligence". *Genetics*, Vol.83(3/Part 1):S99—S101.

Sarton, G. 1952. *A History of Science, Vol.1: Ancient Science through the Golden Age of Greece*. Cambridge, M.A.: Harvard University Press.

Schelling, T.C. 1978. *Micromotives and Macrobehavior*. New York, N.Y.: W.W. Norton.

Schelting, A. von. 1934. *Max Webers Wissenschaftslehre*. Tübingen: J.C.B. Mohr.

Schütz, A. 1932[1967]. *The Phenomenology of the Social World*, trans. G. Walsh and F. Lehnert. Evanston, I.L.: NorthwesternUniversity Press.

Searle, J.R. 1995. *The Construction of Social Reality*. New York, N.Y.: Free Press.

Shils, E. 1982. "Knowledge and the Sociology of Knowledge". *Knowledge: Creation, Diffusion, Utilization*, Vol.4(1):7—32.

Shweder, R.A. 1986. "Divergent Rationalities". In *Metatheory in Social Science: Pluralisms and Subjectivities*, eds. D.W. Fiske and R.A. Shweder. Chicago, I.L.: University of Chicago Press.

Siegel, H. 1987. *Relativism Refuted: A Critique of Contemporary Epistemological Relativism*. Dordrecht: Reidel.

Simmel, G. 1950. *The Sociology of Georg Simmel*, trans. and ed. K.H. Wolff. Glencoe, I.L.: Free Press.

Smelser, N.J. 1998. "The Rational and the Ambivalent in the Social Sciences". *American Sociological Review*, Vol.63(1):1—16.

Smith, A. 1776[1976]. *An Inquiry into the Nature and Causes of the Wealth of Nations*, ed. E. Cannan. Chicago, I.L.: University of Chicago Press.

Sokal, A. and J. Bricmont. 1998. *Fashionable Nonsense: Postmodern Intellectuals' Abuse of Science*. New York, N.Y.: Picador.

Sorokin, P.A. 1937. *Social and Cultural Dynamics*, Vol.3. London: Allen and Unwin.

——. 1956. *Fads and Foibles in Modern Sociology and Related Sciences*. Chicago, I.L.: Henry Regnery.

Soros, G. 1998. *The Crisis of Global Capitalism: Open Society Endangered*. New York, N.Y.: Public Affairs.

Sørensen, A.B. 1979. "Theory and Models of Mobility". *Institut für Höhere Studien Journal*, Vol.3:B79—B97.

Stigler, G.J. and G.S. Becker. 1977. "*De Gustibus Non Est Disputandum*". *American Economic Review*, Vol.67(2):76—90.

Stinchcombe, A.L. 1968. *Constructing Social Theories*. Chicago, I.L.: University of Chicago Press.

——. 1991. "The Conditions of Fruitfulness of Theorizing about Mechanisms in Social Science". *Philosophy of the Social Sciences*, Vol.21(3):367—388.

Suppes, P. and J.L. Zinnes 1963. "Basic Measurement Theory". In *Handbook of Mathematical Psychology*, Vol.1, eds. R.D. Luce, R.R. Bush, and E. Galanter. New York, N.Y.: John Wiley and Sons.

Tellis, G.J. and P.N. Golder. 1996. "First to Market, First to Fail? Real Causes of Enduring Market Leadership". *MIT Sloan Management Review*, Vol.37(2):65—75.

Thompson, D.B., J.H. Brown, and W.D. Spencer. 1991. "Indirect Facilitation of Granivorous Birds by Desert Rodents: Experimental Evidence from Foraging Patterns". *Ecology*, Vol.72(3):852—863.

Tillers, P. 1991. "Decision and Inference". *Cardozo Law Review*, Vol.13(2—3):253—256.

Tilly, C. 1998. *Durable Inequality*. Berkeley, C.A.: University of California Press.

Tilly, C. and C. Tilly. 1998. *Work under Capitalism*. Boulder, C.O.: Westview Press.

Tilman, D. 1987. "The Importance of the Mechanisms of Interspecific Competition". *American Naturalist*, Vol.129(5):769—774.

Tocqueville, A. de. 1985. *Selected Letters on Politics and Society*, ed. R. Boesche, trans. J. Toupin and R. Boesche. Berkeley, C.A.: University of California Press.

Touraine, A. 1994. *Qu'est-ce que la Démocratie?* Paris: Fayard.

Trigger, B. G. 1998. *Sociocultural Evolution: Calculation and Contingency*. Oxford: Blackwell.

Tuchman, B.W. 1984. *The March of Folly: From Troy to Vietnam*. New York, N.Y.: Ballantine Books.

Tuma, N.B. and M.T. Hannan. 1984. *Social Dynamics: Models and Methods*. Orlando, F.L.: Academic Press.

Tversky, A. 1975. "A Critique of Expected Utility Theory: Descriptive and Normative Considerations". *Erkenntnis*, Vol.9(2):163—173.

Wallace, W.L. 1983. *Principles of Scientific Sociology*. New York, N.Y.: Aldine.

Weber, M. 1920—1921. *Gesammelte Aufsätze zur Religionssoziologie*, 2 Vols. Tübingen:

J.C.B. Mohr.

——. 1922[1980]. *Wirtschaft und Gesellschaft: Grundriß der Verstehenden Soziologie*, 3 Vols, 5th ed., ed. J. Winckelmann. Tübingen: J.C.B. Mohr.

Whewell, W. 1840[1847]. *The Philosophy of the Inductive Sciences, Founded upon Their History*, 2 Vols, 2nd ed. London: John W. Parker.

Wilkinson, R.G. 1994. "Divided We Fall: The Poor Pay the Price of Increased Social Inequality with Their Health". *British Medical Journal*, Vol.308:1113—1114.

Winch, P. 1958. *The Idea of a Social Science*. London: Routledge and Kegan Paul.

Wittgenstein, L. 1953. *Philosophical Investigations*, trans. G.E.M. Anscombe. Oxford: Blackwell.

Wolpert, L. 1992. *The Unnatural Nature of Science*. London: Faber and Faber.

Woolgar, S. 1986. "On the Alleged Distinction between Discourse and *Praxis*". *Social Studies of Science*, Vol.16(2):309—317.

译后记

我要感谢格致出版社和唐彬源等编辑，正因为他们顺利买下了本书的版权，我才有机会把本书翻译给中文读者。而且由于我不断修改译稿，又坚持自己的翻译风格，常常不近人情地否定了他们的编辑意见，所以他们的宽容尤其值得称颂。

我要感谢香港科技大学物理系的王一副教授，他两度阅读了书中涉及物理学的内容，并与我进行了有益的邮件讨论。我还要感谢北京大学生命科学学院的顾红雅教授，如果没有她为我指点迷津，我肯定会误译书中的一个难词。

作者夫人玛尔塔·邦格（1938—2022年）教授给予我的帮助最多。在早先的邮件沟通中，她逐一回应了我指出的原书若干处印刷错误和行文错误。2022年8月1日，她主动发来一份邮件，告诉我如果未来我没有收到她的回复，她的儿子埃里克·邦格（目前是nARCHITECTS建筑事务所的创始人）与女儿西尔维娅·邦格（目前是加利福尼亚大学伯克利分校心理学系教授）会代她为我解惑。我在回信里郑重向她表达了谢意。我和邦格夫人的最后一次通信是在2022年9月初，当时全书的初稿已经成形，我向她承诺等本书正式出版后给她寄一本以作纪念。只可惜天不遂人愿，一个半月后，事实证明她之前的托付是正确的——她在纽约与世长辞了。令我愧疚的是，论及对译文忠实的坚守，我远不如她那样强硬。

我也要感谢万毓泽教授，他不仅多次帮我借阅、扫描邦格发表的几篇章节文章，还花时间阅读了我介绍邦格其人和本书的长篇推文，并对本书的翻译给出了中肯的建议。亚洲金能源有限公司的常务董事卜若柏曾在学生时代担任过邦格的研究助理，能与他取得联系令我惊喜万分。他不仅在百忙之中尽其所能地回答了我的疑问，还告诉了我邦格若干鲜为人知的故事。

六年前奶奶过世后，我开始陆续翻译一些科学哲学和社会科学哲学的书。在本书的翻译工作初步完成后，我的舅公和舅婆也先后过世了。我要在此表达对三位长辈的深深追思。我也要向健在的外婆和父母表达谢意，希望他们永远幸福快乐。我还要感谢我的夫人王晗莹。她是本书的第一位读者，在我完成全书的初步译稿后，她认真通读了两遍，并对一些字句的译法提出了建议（尽管我并未全盘采纳）。本书有她的功劳，当然一切错误都是我的。

我永远不会忘记我与邦格交往的点滴。与邦格邮件交流过的许多人都觉得，他的回信总是过于简短。确实，邦格曾想宣布退休并开始以假名出版著作，这样就不会收到潮水般的邮件了。正因如此，当我于 2019 年 1 月 16 日在邮件里告诉他我有意向翻译他的一些社会科学哲学作品后，罕见地得到了他的长篇回信。邦格与我细致地探讨了哪些书值得翻译，字里行间充满了喜悦之情。如今，我真的兑现了自己的承诺。不仅如此，为了让本书的译文尽可能准确，我参考了邦格的其他作品来澄清他的表述，指出并修正了原文的诸多错误，我甚至连书中提及的两位韩国学者的汉语名字这样的细节都没有放过。在我心里，本书堪比波你尼的《八章书》——它从此定义了邦格著作的中译规范。只可惜邦格无法见证它的诞生。

再见了，马里奥！我会记住你的这句话："享受生活并帮助他人过上值得享受的生活。"

董杰旻

2024 年 7 月于上海

图书在版编目(CIP)数据

哲学与社会学的联系 / (加) 马里奥·邦格著；董
杰旻译. -- 上海 : 格致出版社 : 上海人民出版社,
2024.(2025.7 重印) -- (格致社会科学). -- ISBN 978-7-5432-3542
-7

Ⅰ. B0；C91
中国国家版本馆 CIP 数据核字第 20249ME586 号

责任编辑 唐彬源 顾 悦
封面设计 路 静

格致社会科学

哲学与社会学的联系

[加拿大]马里奥·邦格 著

董杰旻 译

出　　版　格致出版社
　　　　　上海人民出版社
　　　　　(201101　上海市闵行区号景路 159 弄 C 座)
发　　行　上海人民出版社发行中心
印　　刷　上海商务联西印刷有限公司
开　　本　720×1000　1/16
印　　张　15.5
插　　页　2
字　　数　236,000
版　　次　2024 年 10 月第 1 版
印　　次　2025 年 7 月第 2 次印刷
ISBN 978 - 7 - 5432 - 3542 - 7/B·53
定　　价　75.00 元

·格致社会科学·

哲学与社会学的联系
[加拿大]马里奥·邦格 著
董杰旻 译

社会的语法:社会规范的本质和动态演化
[意]克里斯蒂娜·比基耶里 著
丁建峰 朱宇昕 刘洪志 译

资本主义与 18 世纪法国公民平等的兴起
[美]小威廉·H.休厄尔 著
刘军 译

构建国家:意大利、德国的形成与联邦制之谜
[美]丹尼尔·齐布拉特 著
陈立夫 译

博弈论与社会契约(第 1 卷):公平博弈
[英]肯·宾默尔 著
王小卫 钱勇 译

自由现实主义——一个关于自由主义政治的现实主义理论
[英]马特·斯利特 著
杨昊 译

国家建构:聚合与崩溃
[瑞士]安德烈亚斯·威默 著
叶江 译

战争之波:现代世界中的民族主义、国家形成与族群排斥
[瑞士]安德烈亚斯·威默 著
杨端程 译

审问民族志:证据为什么重要
[美]史蒂芬·卢贝特 著
项继发 译

权力与规则——组织行动的动力
[法]埃哈尔·费埃德伯格　著
张月　等译

国家与市场——政治经济学入门
[美]亚当·普沃斯基　著
郦菁　张燕　等译

族群边界制定:制度、权力与网络
[瑞士]安德烈亚斯·威默　著
徐步华　译

经济学方法论:经济解释的哲学基础(第二版)
[英]马克·布劳格　著
苏丽文　译

比较政治中的议题与方法(第四版)
[英]托德·兰德曼　埃德齐娅·卡瓦略　著
汪卫华　译

个体性与纠缠:社会生活的道德与物质基础
[美]赫伯特·金迪斯　著
朱超威　杨东东　等译

政治学、社会学与社会理论——经典理论与当代思潮的碰撞
[英]安东尼·吉登斯　著
何雪松　赵方杜　译

历史视域中的人民主权
[英]理查德·伯克　昆廷·斯金纳　主编
张爽　译